PONS

Abi-Check XXL
GESCHICHTE

PONS Langenscheidt GmbH
Stuttgart

SO ARBEITEN SIE MIT DIESEM BUCH

SO IST DER ABI-CHECK AUFGEBAUT

PONS Abi-Check XXL Geschichte deckt in 20 Kapiteln und vielen Unterkapiteln alle wichtigen Themen ab, die Sie für die Oberstufe und das Abitur im Fach Geschichte brauchen: vom Wiener Kongress bis zur Europäischen Einigung.

SO SIND DIE KAPITEL AUFGEBAUT

Auf den ersten Seiten des Kapitels lernen und wiederholen Sie das wichtigste Basiswissen zu einem Thema.

Größere Kapitel sind dabei zur besseren Übersichtlichkeit in Unterkapitel aufgeteilt.

Auf der letzten Seite des jeweiligen Kapitels können Sie Ihren Lernstand mit Wissenschecks überprüfen.

WISSEN + CHECK = ABI-ERFOLG!

Abivorbereitung muss effizient sein! Deshalb sind die wichtigsten Fakten zu einem Thema für Sie in übersichtliche Wissenskästen gepackt.

So arbeiten Sie sich schnell durch das Thema, ohne sich durch lange Texte zu kämpfen. Trotzdem haben Sie das ganze Abiwissen parat.

Wenn Sie alle Wissenskästen eines Themas abgehakt haben, dann ab zum Wissenscheck. Hier können Sie prüfen, ob das, was Sie gelernt haben, schon sitzt oder ob Sie das Kapitel noch einmal wiederholen sollten. Die Lösungen finden Sie gleich darunter. Beantworten Sie die Fragen und setzen Sie einen Haken hinter jede richtig beantwortete Frage!

INHALT

1

WIENER KONGRESS UND DEUTSCHER BUND

Der Wiener Kongress

DER KONGRESS

Nach dem Sieg über Napoleon wollten die Sieger den europäischen Staaten eine neue politische und territoriale Ordnung geben. Der Friedenskongress dauerte vom 18. 9. 1814 bis zum 9. 6. 1815. An ihm nahmen ca. 200 europäische Staaten, Herrschaften und Städte teil. Den Vorsitz führte der österreichische Staatskanzler Metternich. Neu war, dass Ergebnisse in einem Komitee der fünf Großmächte, vertreten durch Metternich, Castlereagh (britischer Außenminister), Talleyrand (Vertreter Frankreichs), Zar Alexander I. (Russland) und Hardenberg (preußischer Staatskanzler) sowie in Ausschüssen erarbeitet wurden. Die wichtigsten Ausschüsse betrafen die europäischen, die deutschen Angelegenheiten und Grenzfragen. Nur einmal, bei der Vertragsunterzeichnung, gab es eine Vollversammlung. Berühmt wurde der Kongress durch seine gesellschaftlichen Großereignisse (Feste, Bälle, Jagdveranstaltungen etc.). Dementsprechend war die Einschätzung kritischer Teilnehmer. Fürst Charles de Ligne stellte fest: „Der Kongress tanzt, aber er kommt nicht vorwärts." Der preußische Marschall Blücher charakterisierte ihn so: „Der Kongress gleicht einem Jahrmarkt in einer kleinen Stadt, wo jeder sein Vieh hintreibt, es zu verkaufen und zu vertauschen."

SPANNUNGEN UND PROBLEME

Vor allem die Wiederherstellung (Restauration) der von Napoleon veränderten territorialen und dynastischen Verhältnisse sowie die Neugestaltung Europas erzeugten neue Spannungen und verstärkten alte Rivalitäten. Österreich strebte einen wirklichen Machtausgleich zwischen den Großmächten an, der den europäischen Frieden und die Stabilität des österreichischen Vielvölkerstaates erhalten sollte. Großbritannien wollte das kontinentale Gleichgewicht wieder herstellen und Frankreichs Macht wirksam eindämmen. Dabei wurde es von Österreich unterstützt. Russland beanspruchte Polen als Lohn für die Befreiung Europas von Napoleon. Es konnte sich dabei auf Preußen verlassen, das wiederum Entschädigung in Deutschland für seine polnischen Gebietsverluste forderte. Frankreichs Ziel bestand darin, das Misstrauen der Großmächte abzubauen und Frankreich als europäische Großmacht zu erhalten. Das Verhältnis der Großmächte verschlechterte sich. Anfang 1815 schlossen Großbritannien, Österreich und Frankreich ein Bündnis, Kriegsdrohungen wurden laut. Erst die Rückkehr Napoleons von Elba am 1. 3. 1815 erzwang Kompromisse.

BESTIMMENDE PRINZIPIEN

Restauration bedeutete die Wiederherstellung der europäischen Staaten unter ihren alten Herrscherfamilien, wie sie vor der Französischen Revolution bestanden hatten. Diese Forderung betraf jedoch nicht die Gebietsveränderungen, die im Deutschen Reich von 1803 bis 1806 (Reichsdeputationshauptschluss, Säkularisation, Mediatisierung, Ende des Heiligen Römischen Reiches Deutscher Nation) vollzogen worden waren.

Legitimität, d.h. die auf altes, überliefertes Recht gestützte Herrschaftsberechtigung sollte die alleinige Grundlage der Fürstenherrschaft sein. Dies bedeutete auch die Beseitigung der unter Napoleon neu entstandenen Herrschaften, die als nicht legitim galten. Dies ließ sich jedoch nicht generell verwirklichen. Schließlich wurden diejenigen neuen Herrschaften anerkannt, die sich historisch legitimieren ließen. Innenpolitisch stärkte dieser Grundsatz die staatsrechtliche Stellung der Monarchen durch die Betonung des Gottesgnadentums und der Ablehnung des Widerstandsrechts gegenüber dem Herrscher.

Die Solidarität der Mächte sollte außenpolitisch die neu geschaffene Ordnung stabilisieren und die Grenzen sichern sowie innenpolitisch der gemeinsamen Abwehr der „revolutionären" Bestrebungen dienen. Deshalb schlossen sich z.B. Russland, Österreich und Preußen 1815 zur „Heiligen Allianz" zusammen.

ZIELE

- dauerhafte europäische Friedensordnung
- Liquidierung des napoleonischen Europas und dessen Neuordnung
- Regelung des Verhältnisses zu Frankreich
- gemeinsamer Kampf gegen die „revolutionären" Ideen der Aufklärung

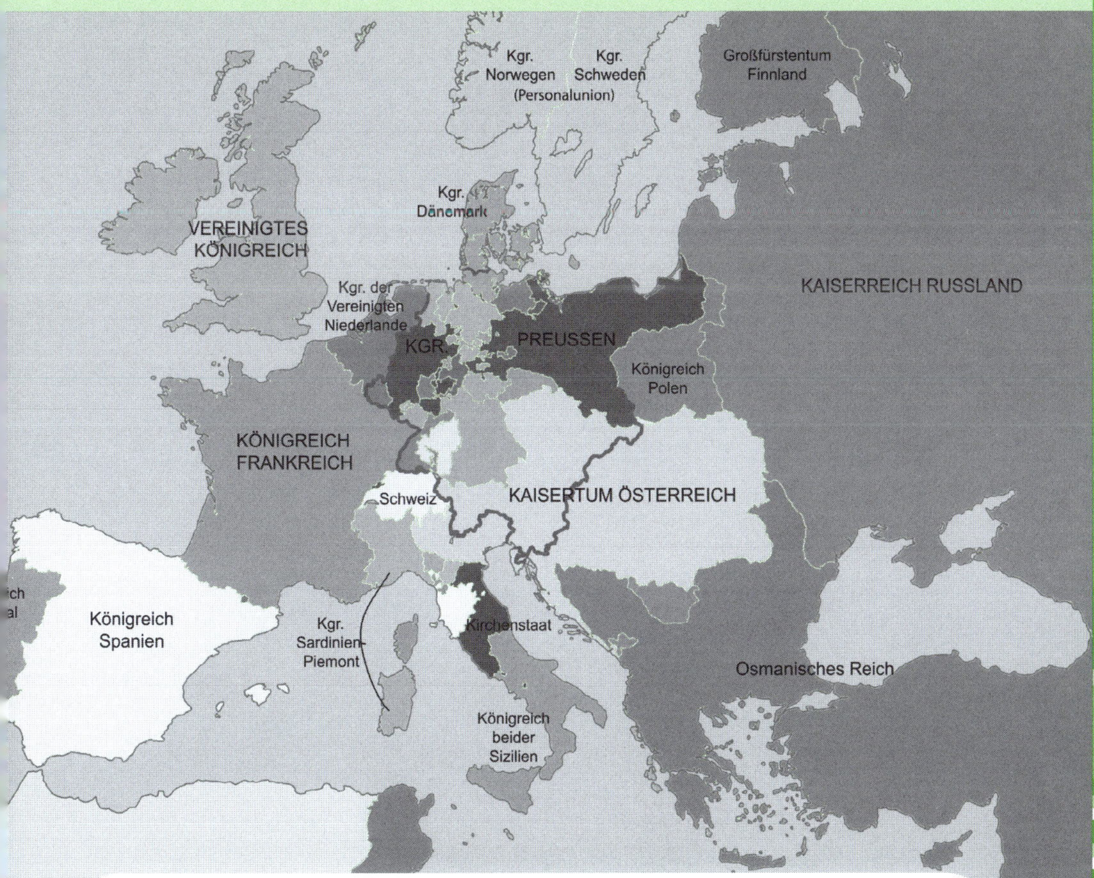

ERGEBNISSE

- Russland erhielt Finnland und den größten Teil des Herzogtums Warschau (= Kongresspolen) als Königreich in Personalunion.
- Großbritannien erhielt die Kapkolonie, Ceylon sowie das strategisch wichtige Malta.
- Österreich erhielt die Lombardei und Venetien („Österreich wächst aus Deutschland hinaus").
- Preußen: nördliches Sachsen, Thorn, Danzig, Posen, Vorpommern, die Rheinlande und Westfalen („Preußen wächst nach Deutschland hinein").
- Frankreich behielt (als Gegengewicht zu Russland) seine Grenzen von 1792.
- Das „Königreich der Vereinigten Niederlande" (Österreichische Niederlande und Holland) wurde als britischer „Festlandsdegen" geschaffen.
- Auch die deutschen Mittelstaaten erhielten Gebietsgewinne.

BEDINGUNGSFAKTOREN

- die territorialen und herrschaftlichen Veränderungen durch Säkularisation und Mediatisierung sowie durch Napoleon
- die Auflösung des Heiligen Römischen Reichs Deutscher Nation (1806)
- Die Bundesakte, die als Teil der Wiener Kongressakte die Modalitäten des Zusammenschlusses beinhaltete, hatte auch festgelegt, dass alle Bundesstaaten eine landständische Verfassung mit gewissen demokratischen Elementen erhalten sollten.
- Die Entwicklung des deutschen Nationalismus seit der Französischen Revolution: Die Forderung, die staatliche Zersplitterung endlich aufzuheben und ein einiges Vaterland zu schaffen, war seit der Französischen Revolution immer lauter geworden. Hierfür gab es drei wesentliche Gründe:

1. Der französische Nationalismus seit 1789 (Ausrufung der Nation durch Abbé Sieyès, Entstehung der Nationalversammlung) beeinflusste die deutschen Nationalen.

2. Die Belastungen der napoleonischen Fremdherrschaft und die Freiheitskriege gegen Napoleon schufen ein Zusammengehörigkeitsgefühl.

3. Die Kulturströmung der Romantik verklärte und mystifizierte die mittelalterliche Kaiserzeit (vgl. den Kult um Friedrich I. Barbarossa, Kyffhäuser; Ludwig Uhlands Gedicht „Der wackere Schwabe") und förderte dadurch den Nationalismus. Der Sieg über Napoleon löste in Deutschland eine große nationale Begeisterung aus. Im Vormärz verband sich der Nationalismus mit dem Liberalismus und dem Konstitutionalismus. Träger dieser modernen Ideen war das Bildungs- und Besitzbürgertum.

Diese Entwicklung widersprach den Vorstellungen der Fürsten. Die Herrscher „von Gottes Gnaden“ sahen zwar die Notwendigkeit, ihren „Untertanen“ nach dem Sieg über Napoleon Verfassungen mit demokratischen Elementen zu geben. Ein einheitliches Deutschland mit einer starken Zentralmacht, einem Kaiser z.B., wie viele forderten, wollten die Fürsten jedoch nicht, da dies ihre Souveränität eingeschränkt hätte. Zudem verhinderten der preußisch-österreichische Dualismus und der Partikularismus der Mittelstaaten (Bayern, Baden, Württemberg, Sachsen) einen deutschen Nationalstaat.

DER DEUTSCHE BUND

Diesen wollten auch die europäischen Großmächte nicht. Die Wiederherstellung des alten Deutschen Reichs, die „renovatio imperii“, bzw. die Schaffung eines neuen hätte das europäische Gleichgewicht empfindlich gestört. Deshalb entstand der Deutsche Bund (mit ca. 30 Mio. Einwohnern), den der Wiener Kongress international anerkannte, als Kompromiss: Eine gewisse Einheit war geschaffen worden, ohne dass sie die deutschen und europäischen Machtverhältnisse veränderte. Grundlegende Reformen verlangten die Einstimmigkeit des Bundestags. Dies bedeutete, dass allein das Herzogtum Liechtenstein mit nur 5546 Einwohnern derartige Reformen verhindern konnte. Der Deutsche Bund enttäuschte die Nationalen, die sich einen geeinten Nationalstaat mit einem Kaisertum früherer Stärke erhofft hatten. Er enttäuschte aber auch die liberale und konstitutionelle Bewegung, da die Souveränität der Mitgliedsstaaten nicht zugunsten einer Volksvertretung eingeschränkt wurde.

DIE CHARAKTERISTIKA DES DEUTSCHEN BUNDES

- Er war ein Staatenbund, d.h. ein lockerer Zusammenschluss souveräner Staaten und Städte.
- Ihm gehörten 35 Fürstentümer und 4 Stadtrepubliken (Hamburg, Bremen, Lübeck und Frankfurt/Main) an.
- Sein Zweck war die „Erhaltung der äußeren und inneren Sicherheit Deutschlands und der Unabhängigkeit und Unverletzbarkeit der einzelnen deutschen Staaten" (= Erhaltung ihrer Souveränität nach außen und innen).
- Da er „beständig" sein sollte und kein Bündnis von Einzelstaaten sich gegen den Bund richten durfte, war er ein unauflösbares Defensivbündnis.
- Österreich und Preußen waren nur mit ihren deutschsprachigen Gebieten Mitglieder.
- Drei ausländische Herrscher gehörten als souveräne deutsche Fürstentümer dem Deutschen Bund an: die Könige von England (Hannover), Dänemark (Holstein, Lauenburg) und der Niederlande (Luxemburg, Limburg).
- Er hatte kein Staatsoberhaupt, keine Exekutive, kein einheitliches Heer, keine einheitliche Verwaltung und Rechtsprechung und auch bezüglich Wirtschaft, Finanzen, Verkehr, Maße, Gewichte etc. gab es keine Vereinheitlichung.
- Der Bundestag zu Frankfurt, ein permanenter Gesandtenkongress, war seine (schwache) Zentralgewalt.
- Seine Beschlüsse banden die Staaten bzw. deren souveräne Fürsten nicht.

WIENER KONGRESS UND DEUTSCHER BUND

1. Welches waren die wichtigsten Ziele des Wiener Kongresses?

a) ______________________________

b) ______________________________

c) ______________________________

d) ______________________________

2. Nennen Sie die drei bestimmenden Prinzipien des Kongresses.

a) ______________________________

b) ______________________________

c) ______________________________

3. Welche Aussagen über den Deutschen Bund sind richtig?

- ☐ **A** Er hatte kein einheitliches Heer und kein Staatsoberhaupt.
- ☐ **B** Seine Beschlüsse waren für die Staaten des Staatenbundes bindend.
- ☐ **C** Sein Zweck war die Erhaltung der Souveränität der einzelnen deutschen Staaten.

LÖSUNGEN

1. a) Europäische Friedensordnung, b) Neuordnung Europas, c) Regelungen mit Frankreich, d) Kampf gegen die Aufklärung • **2.** a) Restauration der Verhältnisse (Kontinuität), b) Legitimität (Wiedereinsetzung der Königs- und Fürstenhäuser), c) Solidarität der Fürsten nach außen • **3.** A, C

2 DIE POLITISCHEN IDEEN DES 19. JAHRHUNDERTS

Liberalismus, Konstitutionalismus

NEUE IDEEN VERÄNDERN STAAT UND GESELLSCHAFT

Die grundlegenden geistig-politischen Ideen des 19. Jahrhunderts waren Liberalismus, Konstitutionalismus und Nationalismus einerseits und die im Gegensatz dazu stehende Idee der Restauration andererseits.

LIBERALISMUS UND KONSTITUTIONALISMUS

Beide Ideen entstanden in der Zeit der Aufklärung (17./18. Jahrhundert). Die Naturrechtsphilosophen und Staatstheoretiker der Aufklärung (Hobbes, Locke, Montesquieu, Rousseau, Kant) entwickelten eine neue Auffassung vom Individuum, der Gesellschaft und dem Staat: Alle Menschen sind von Natur aus frei und gleich. Das Individuum war in der Urgesellschaft zwar absolut frei, aber aufgrund der Rechtsunsicherheit permanent bedroht. Deshalb schlossen sich die Individuen zu Gesellschaften zusammen und richteten eine Ordnungsmacht, den Staat, ein. Dieser hat die Aufgabe, für Ruhe, Ordnung und Sicherheit zu sorgen. Ihrer Meinung nach war der **Staat** also **nicht von Gott gegeben, sondern von** den Mitgliedern **der Gesellschaft** durch einen Vertrag (Rousseau: „Contrat social", **Gesellschaftsvertrag**) mit denen geschaffen worden, denen das Volk die Macht überträgt. Die **Macht geht** also **vom** selbstständigen **(souveränen) Volk aus**, das deshalb auch das Recht hat, die Inhaber der staatlichen Macht abzusetzen, wenn sie ihre Macht missbrauchen **(Widerstandsrecht)**. Um den Machtmissbrauch zu verhindern, forderten die Aufklärer die schriftliche Fixierung der politischen Rahmenbedingungen **(= Verfassung)** und die **Teilung der staatlichen Macht** in Legislative (Gesetzgebung), Exekutive (vollziehende Gewalt) und Judikative (rechtsprechende Gewalt).

NATIONALISMUS

Gegen Ende des Mittelalters entwickelten die Einwohner eines bestimmten Gebietes (z.B. Engländer und Franzosen im Hundertjährigen Krieg 1337–1453, Tschechen zur Zeit der Hussitenkriege Anfang des 15. Jahrhunderts) ein starkes Zusammengehörigkeitsgefühl. Es beruhte auf gemeinsamer Abstammung, Sprache, Kultur, Staatsgebiet und dem historisch-politischen Schicksal. Diese Lebens- und Schicksalsgemeinschaft erzeugte ein Nationalbewusstsein. Der Nationalismus hatte im 17., 18. und 19. Jahrhundert die nationale Selbstbestimmung zum Ziel, die von der Masse des Volkes gegen den Adel als herrschende Schicht durchgesetzt wurde (England: 17. Jahrhundert, Frankreich: 1789). Der Nationalismus erfasste als Folge der Französischen Revolution und der Freiheitskriege gegen Napoleon zu Beginn des 19. Jahrhunderts ganz Europa. Zusammen mit Liberalismus und Konstitutionalismus wurde er zum bestimmenden Geschichtsfaktor der Neuzeit.

Einigungsbestreben
- Nationalstaat
- Machtverlust der Fürsten zugunsten der Nation
- Großmachtpolitik, dementsprechende Außenpolitik

RESTAURATION

Restauration bedeutet

a) die Wiederherstellung eines früheren, als legitim empfundenen Zustands in Staat und Gesellschaft, in der Regel die Wiedereinsetzung einer alten Dynastie, die durch äußere Machteinflüsse oder eine Revolution beseitigt worden war,

b) die Bewegung, die diese erstrebt und

c) die Zeit, in der Restauration betrieben wird.

Heutzutage wird „Restauration" mit dem negativen Begriff „Reaktion" gleichgesetzt. Die Restauration prägte in Europa die Epoche zwischen 1815 und 1848, in der die Fürsten versuchten, die Folgen der Französischen Revolution rückgängig zu machen. Im Deutschen Bund wurde sie vor allem von Preußen und Österreich durchgeführt. Sie beeinflusste den Konflikt des Vormärz (1815–1848) zwischen liberal, konstitutionell und national gesinntem Bürgertum und dem dynastisch-konservativen Fürstentum maßgeblich.

Absolutistische (aufgeklärte) Herrschaft

- Wiederherstellung der Verhältnisse wie vor 1789
- Souveränität der Fürsten
- „Autorität geht vor Majorität"
- Solidarität gegen „revolutionäre" Ideen

„ALLE STAATSGEWALT GEHT VOM VOLKE AUS"

Art. 1 GG (Grundgesetz) bestimmt: „(1) Die Würde des Menschen ist unantastbar. Sie zu achten und zu schützen ist Verpflichtung aller staatlichen Gewalt. (2) Das deutsche Volk bekennt sich darum zu unverletzlichen und unveräußerlichen Menschenrechten als Grundlage jeder menschlichen Gemeinschaft, des Friedens und der Gerechtigkeit in der Welt. (3) Die nachfolgenden Grundrechte binden Gesetzgebung, vollziehende Gewalt und Rechtsprechung als unmittelbar geltendes Recht."

Die Grundrechte (Art. 1–19) enthalten alle liberalen und konstitutionellen Elemente. Die wichtigsten sind: Die Würde des Menschen (Art. 1); Freiheit der Person (Art. 2); Gleichheit vor dem Gesetz (Art. 3); Glaubens- und Gewissensfreiheit (Art. 4); Recht der freien Meinungsäußerung (Art. 5); Schutz der Ehe und Familie (Art. 6); Versammlungsfreiheit (Art. 8); Vereinigungsfreiheit (Art. 9); Post- und Fernsprechgeheimnis (Art. 10.); Freizügigkeit im ganzen Bundesgebiet (Art. 11); Unverletzlichkeit der Wohnung (Art. 13), Gewährleistung von Eigentum (Art. 14). Die Grundrechte können zwar unter bestimmten Voraussetzungen eingeschränkt, jedoch nicht in ihrem Wesensgehalt angetastet werden (Art. 19). Art. 20, auch „Verfassung in der Verfassung" genannt, legt als unveränderliche staatliche Strukturprinzipien die Demokratie fest: den Rechtsstaat, den Sozialstaat und den Bundesstaat (Art. 20, 1: „Die Bundesrepublik Deutschland ist ein demokratischer und sozialer Bundesstaat"; Art. 20, 2: „Alle Staatsgewalt geht vom Volke aus."). Der Rechtsstaat wird durch die Grundrechte und die Gewaltenteilung gesichert, die liberale Demokratie durch die Bestimmungen zu Parteien und Wahlen. Auch das Streben nach nationaler Einheit bestimmte die Deutschland- und Ostpolitik der Bundesrepublik zwischen 1949 und 1990 maßgeblich (vgl. Präambel des Grundgesetzes von 1949, das sich daraus ergebende „Wiedervereinigungsgebot" sowie die Ost- und Deutschlandpolitik zur Überwindung der deutschen Teilung.

Die Ideen des 19. Jahrhunderts und die Bundesrepublik

Die Auswirkungen der modernen Ideen des 19. Jahrhunderts auf die Bundesrepublik

LIBERALISMUS – **KONSTITUTIONALISMUS** – **NATIONALISMUS**

bestimmen das Grundgesetz durch

Liberalismus:

- Unantastbarkeit der Menschenwürde (Art. 1)
- Menschenrechte
- Bindung der Staatsgewalt durch die Grundrechte – Recht auf Leben und körperliche Unversehrtheit

Konstitutionalismus:

- Gleichheit aller vor dem Gesetz
- Religions-, Meinungs-, Versammlungsfreiheit etc.
- demokratischer und sozialer Bundesstaat (Art. 20)
- Rechtsstaatlichkeit (Art. 20)

Nationalismus:

- das Volk als Souverän (Art. 20)
- die grundlegenden Strukturelemente (Art. 1 und 20) sind unveränderlich (Verhinderung einer Diktatur)

Bei der Konzipierung des Grundgesetzes gingen die Mitglieder des Parlamentarischen Rats 1948/49 von dem Leitgedanken aus, die Wiedererrichtung einer Diktatur ein für alle Mal zu verhindern. Deshalb erklärten sie vor dem Hintergrund des Untergangs der Weimarer Republik und der „Machtergreifung" Hitlers die grundlegenden Prinzipien der staatlichen Ordnung für unveränderlich (Art. 79.3). Dazu gehören die Art. 1–19 und 20 des Grundgesetzes.

DIE IDEEN DES 19. JAHRHUNDERTS

1. Nennen Sie die wichtigsten Charakteristika des Liberalismus.

a) ______________________________

b) ______________________________

c) ______________________________

d) ______________________________

2. Welche Schlagworte kennzeichneten das Einigungsbestreben des Nationalismus?

a) ______________________________

b) ______________________________

c) ______________________________

3. Was waren die Grundideen des Konstitutionalismus?

a) ______________________________

b) ______________________________

c) ______________________________

LÖSUNGEN

1. a) Garantierte Menschenrechte, b) Schutz des Individuums vor staatlicher Willkür, c) Freiheit und Gleichheit, d) freie Marktwirtschaft • **2.** a) Nationalstaat, b) Machtverlust der Fürsten zugunsten der Nation, c) Großmachtpolitik, dementsprechende Außenpolitik • **3.** a) Verfassungsstaat, d.h. Bindung der Staatsgewalt an Verfassung und Recht, b) Gewaltenteilung, c) beschränkte Macht der Monarchen

3 DIE REVOLUTION VON 1848/49

Der Vormärz

DEFINITION

Der „Vormärz" bezeichnet in der deutschen Geschichte die Zeit zwischen dem Wiener Kongress und der Märzrevolution von 1848. Sie wird geprägt von der Auseinandersetzung zwischen restaurativen Fürsten und dem liberal, konstitutionell und national geprägten Bürgertum.

DAS WARTBURGFEST

1817

Der Wiener Kongress enttäuschte viele liberale und patriotische deutsche Studenten, die in den Befreiungskriegen gegen Napoleon als Freiwillige gekämpft hatten. Am 18. 10. 1817 trafen sich ca. 500 Mitglieder studentischer Vereinigungen („Burschenschaften") aus ganz Deutschland auf der Wartburg. Offiziell wollten sie den Thesenanschlag Luthers (1517) und die Völkerschlacht von Leipzig (16.–19. Oktober 1813) feiern. Ihre wirkliche Absicht bestand in der Festigung der studentischen Einheit im Kampf um Freiheit und nationale Einheit. Eine kleine Gruppe der Anwesenden verbrannte restaurative Schriften sowie einen Zopf und einen Korporalstock als Symbole der obrigkeitsstaatlichen Verwaltung bzw. des verhassten Militärs. Dieser „aufrührerische Akt" erweckte das Misstrauen der Fürsten gegenüber den Studenten bzw. den Universitäten.

DIE KARLSBADER BESCHLÜSSE

1819

1819 ermordete der Student Karl Ludwig Sand den Schriftsteller und in russischen Diensten stehenden Diplomaten August von Kotzebue, der die studentische Bewegung und ihre Ziele verspottet hatte. Viele Liberale zeigten Verständnis und sogar Bewunderung für diese Tat. Die Fürsten sahen sie als Bedrohung an und vereinbarten deshalb unter der Führung Metternichs zu Karlsbad (heute Karlovy Vary) folgende Beschlüsse:

- Einführung der Pressezensur,
- Kontrolle der Vereine,
- Entlassung der Hochschullehrer, die „schädliche" Lehren verbreiten,
- Überwachung der Universitäten durch Staatskommissare,
- Verbot der Burschenschaften,
- Einrichtung einer zentralen Untersuchungskommission für politische Straftaten in Mainz.

Die rigorose Durchführung dieser Beschlüsse in allen Staaten führte dazu, dass das politische Denken in Deutschland weitgehend zum Erliegen kam. Das Bürgertum zog sich ins Privatleben zurück („Biedermeier") und überließ Politik und Wirtschaft den restaurativen fürstlichen Regierungen.

DAS HAMBACHER FEST

1832

1830 brach in Frankreich erneut eine Revolution aus. Sie belebte in den süddeutschen Staaten die Opposition. 1832 luden politische Radikale – trotz des Verbots – zu einer politischen Versammlung nach Hambach (Pfalz) ein. Ca. 30 000 Liberale und Nationale folgten der Einladung. In z. T. radikalen Reden wurden **liberal-demokratische und nationale Forderungen** gestellt. Das Hambacher Fest hatte eine **große politische Breitenwirkung** und verschärfte deshalb das Vorgehen der Fürsten.

1833

DER FRANKFURTER WACHENSTURM

1833 versuchten Studenten durch die Besetzung der Frankfurter Hauptwache und die Gefangennahme der Delegierten am Bundestag eine Revolution auszulösen. Der Plan schlug fehl, kostete aber neun Menschen das Leben. Diese Aktion beantworteten die Staaten mit einer Verschärfung der Karlsbader Beschlüsse.

DIE GÖTTINGER SIEBEN

1837

Ernst August, Herzog von Cumberland, wurde 1837 König von Hannover. Er erkannte die landständische Verfassung nicht an. Dagegen protestierten sieben Göttinger Professoren, darunter die Gebrüder Grimm. Sie mussten das Königreich verlassen und wurden in ganz Deutschland zu Symbolfiguren der Liberalen und Nationalen.

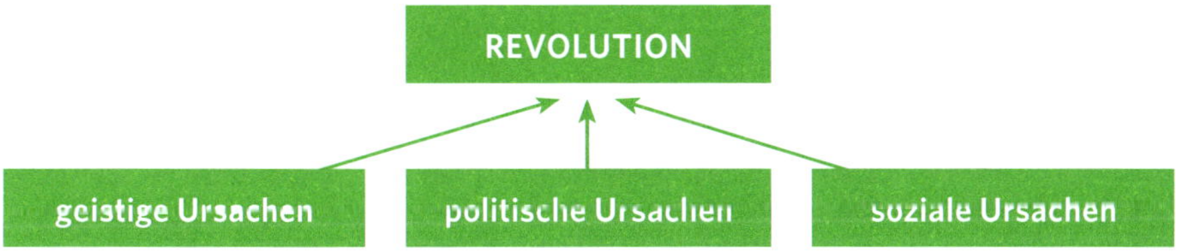

GEISTIGE URSACHEN

Die Aufklärung schuf im 17. und 18. Jahrhundert ein neues Menschenbild, das große Auswirkungen auf Staat und Gesellschaft hatte. Die Naturrechtsphilosophen (z.B. Thomas Hobbes, John Locke, Charles de Montesquieu, Jean Jacques Rousseau und Immanuel Kant) und Adam Smith, der „Vater" der freien Marktwirtschaft, forderten die Unverletzlichkeit des Individuums und dessen Schutz vor staatlicher Willkür sowie die Rechtsgleichheit aller Menschen. Diese Rechte waren für sie „naturgegeben" und „angeboren". Staat und Herrschaft sahen sie nicht als gottgegeben an, sondern als Ergebnis des Gesellschaftsvertrags, den die Gesellschaft mit einem oder mit mehreren schloss. Herrschaft wurde also vom Souverän, dem Volk, übertragen und verpflichtete die Inhaber der staatlichen Gewalt, diese im Sinne des Volkes gerecht auszuüben.

Um Missbrauch zu vermeiden, sollte die staatliche Macht geteilt (Gewaltenteilung) und kontrolliert und die Bürger- und Menschenrechte in einer Verfassung festgeschrieben werden. Gegen einen ungerechten Inhaber der staatlichen Macht hat das Volk das Widerstandsrecht. Das Naturrecht auf Eigentum und persönliche Selbstbestimmung beinhaltete den Rückzug des Staates aus der Wirtschaft. Diese sollte (nach Adam Smith) dem freien Unternehmer und den Markt regulierenden Kräften (Angebot und Nachfrage) überlassen bleiben.

- Aufklärung (Rationalismus): Naturrechtsphilosophie, Staatslehre der Aufklärer
- Menschenrechts- und Demokratiebestrebungen der Französischen Revolution

Am 26. 8. 1789 verkündete die französische Nationalversammlung die Menschenrechte („Déclaration des droits de l'homme et du citoyen"), die der Verfassung von 1791 vorangestellt wurden. Diese Anerkennung der liberalen und konstitutionellen Forderungen beeinflusste alle späteren europäischen Verfassungen.

POLITISCHE URSACHEN

Die vom Wiener Kongress versprochenen landständischen Verfassungen wurden, wie in Preußen und Österreich, nicht erlassen oder die Fürsten hielten sich nicht an sie. Dies und die Unterdrückung liberaler Bestrebungen führte seit 1840 zur Entstehung politischer Zirkel und Vereine. Obwohl sie klein und nicht sehr zahlreich waren, bewirkten sie eine Politisierung der radikaleren Liberalen. Die Bedrohung der Rheingrenze durch Frankreich gab auch der nationalen Bewegung wieder Auftrieb. Diese Entwicklung gipfelte in den Märzforderungen von 1848. Sie beinhalteten die Einführung bzw. Reaktivierung von landständischen Verfassungen, die Garantie der Menschen- und Bürgerrechte, die Abschaffung der Karlsbader Beschlüsse, die Forderung nach politischer Mitbestimmung für weite Teile der Bevölkerung, Forderung nach mehr sozialer Gerechtigkeit (z.B. durch das Recht auf Arbeit) und die Forderung nach der Einheit der deutschen Nation.

- Liberalismus, Konstitutionalismus, Nationalismus
- restaurative Politik der Fürsten
- zunehmende Politisierung des Volkes

SOZIALE PROBLEME

Sie ergaben sich aus gravierenden gesellschaftlichen Veränderungen. Bauernbefreiung, Gewerbefreiheit und der starke Anstieg der Bevölkerung hatten negative Auswirkungen: Viele Bauern verschuldeten sich, da sie die Ablöse ihrer bisherigen Pachthöfe nicht bezahlen konnten. Die Gewerbefreiheit erhöhte die handwerkliche Konkurrenz und verschlechterte die Lebensbedingungen der Handwerker. Der rasche Anstieg der Bevölkerung (in Deutschland zwischen 1800 und 1850 um ca. 50 %) bewirkte Landflucht, Verfall der Löhne und wachsendes städtisches Proletariat. Diese Veränderungen und fehlende arbeits- und versicherungsrechtliche Regelungen hatten eine Massenarmut (Pauperismus) zur Folge (vgl. Gerhart Hauptmanns „Die Weber").

- Proletarisierung der Unterschicht durch Bauernbefreiung, Gewerbefreiheit; Bevölkerungswachstum, Landflucht, Verfall der Löhne, städtisches Proletariat, fehlende soziale Sicherheit

ÖSTERREICH

Die französischen Revolutionsunruhen vom Februar 1848 (Ausrufung der Republik) ließen den revolutionären Funken auf Deutschland überspringen. In Wien wurde die Forderung nach einem deutschen Nationalstaat wieder laut. Als Metternich darauf nicht reagierte, verlagerte sich die Auseinandersetzung zunehmend auf die Straße und wurde gewalttätig. Am 13. März kam es zu heftigen Straßenkämpfen, an denen viele Studenten und Arbeiter beteiligt waren. Nun verlangten auch die Ungarn für ihren Teilstaat eine eigene Verfassung. In dieser prekären Situation entließ Kaiser Ferdinand I. Metternich, die Symbolfigur der restaurativen Politik. Dieser floh nach England. Ferdinand machte den Demonstranten weitgehende Zugeständnisse (Pressefreiheit, Verfassung). Die Bauern wurden von allen Diensten und Pflichten gegenüber ihren Grundherren befreit. Ende April erhielt Österreich eine moderne Verfassung. Damit gaben sich die Bauern und die gemäßigten Liberalen zufrieden.

DIE ARMEE RETTET DIE DONAUMONARCHIE

- Liberale, konstitutionelle und nationale Forderungen sowie politisch-ethnische Konflikte schufen im Vielvölkerstaat eine revolutionäre Situation.
- 13. März: Ausbruch der Unruhen in Wien, Entlassung und Flucht Metternichs.
- Aufstände in Prag, Oberitalien, Wien und Ungarn wurden mit Waffengewalt beendet.
- Kaiser Ferdinand I. dankte Ende 1848 zugunsten seines Neffen Franz Joseph I. ab. Die Regierung Schwarzenberg stellte mit Hilfe des Militärs die alten Verhältnisse wieder her.

PREUSSEN

In Berlin wollte es Friedrich Wilhelm IV. nach dem ruhmlosen Ende Metternichs nicht auf eine Kraftprobe ankommen lassen und versprach eine „zeitgemäße Verfassung". Nach Ausbruch der „Revolution aus Versehen" zog er seine Truppen gegen den Rat der Militärs aus Berlin zurück, um einen Bürgerkrieg zu vermeiden. Er machte weitgehende liberale und nationale Zugeständnisse. So sollte z. B. eine von allen Preußen gewählte Volksversammlung zusammen mit dem König eine Verfassung erarbeiten. Dadurch besänftigte Friedrich Wilhelm IV. die Mehrheit der Bürger, die an der Monarchie festhalten wollte. Die liberalkonstitutionelle Bewegung spaltete sich: Die Gemäßigten begrüßten den Weg des Monarchen, die Radikalen sahen dies als Verrat an.

PREUSSEN „REVOLUTION AUS VERSEHEN"

- 1847: Wachsende Spannungen zwischen Friedrich Wilhelm IV. und dem Bürgertum, das für die Volksvertretung („Vereinigter Landtag") mehr Rechte will; März 1848: Liberale Zugeständnisse des Königs (Aufhebung der Zensur, Wiedereinsetzung des Vereinigten Landtags, Verfassungsversprechen).
- 18. 3. 1848: Berliner wollten dem König vor seinem Stadtschloss danken. Nervöse Wachen eröffneten das Feuer. Die Berliner glaubten sich vom König verraten; Folge: blutige Barrikadenkämpfe (143 Gefallene). Der König lenkte noch am selben Tag ein, versprach in der Proklamation „An meine lieben Berliner" den Abzug der Truppen.
- 19. 3.: Der König ehrte öffentlich die Gefallenen, machte Zugeständnisse an die Nationalen (21. 3.: „Fortan geht Preußen in Deutschland auf.") und bildete ein liberales Kabinett.

MITTEL- UND KLEINSTAATEN

Die Regierungen der Klein- und Mittelstaaten traten die Flucht nach vorn an: Sie installierten liberale Kabinette und setzten „eingefrorene" Verfassungen in Kraft. Im liberalen Baden übernahmen für kurze Zeit radikaldemokratische Republikaner unter ihren Anführern Hecker und Struve die Macht und bildeten eine provisorische Regierung. Die Revolutionäre, die wenig Rückhalt in der Bevölkerung fanden, wurden jedoch bald von fürstlichen Truppen besiegt. In Bayern entstanden in der Pfalz und Franken liberaldemokratische Regierungen, die sich jedoch nicht lange halten konnten. In München richtete sich der Volkszorn nicht gegen die Monarchie an sich, sondern gegen die Einmischung der Geliebten Ludwigs I., der Tänzerin Lola Montez, in die Politik.

RASCHES NACHGEBEN DER FÜRSTEN, LIBERALE ZUGESTÄNDNISSE

Liberale „Märzkabinette", Erlass liberaler Verfassungen; die Fortführung der Revolution durch Radikale in Süddeutschland beendeten im Sommer 1849 preußische Truppen.

DIE REVOLUTION UND IHRE URSACHEN

1. Nennen und datieren Sie die wichtigsten politischen Ereignisse des Vormärz.

a) ______________________________

b) ______________________________

c) ______________________________

d) ______________________________

e) ______________________________

2. Welche politischen Ursachen führten zur Revolution von 1848/49?

a) ______________________________

b) ______________________________

c) ______________________________

3. Welche Folgen hatte die Revolution in Österreich?

☐ **A** Die österreichische Armee beendete alle Aufstände mit Gewalt.
☐ **B** Kaiser Ferdinand I. dankte zugunsten seines Neffen ab.
☐ **C** Die Bauern waren mit der modernen Verfassung nicht einverstanden.

LÖSUNGEN

1. a) Wartburgfest 1817, b) Karlsbader Beschlüsse 1819, c) Hambacher Fest 1832, d) Frankfurter Wachensturm 1833, e) Göttinger Sieben 1837 • **2.** a) Liberalismus/Konstitutionalismus/Nationalismus, b) restaurative Politik der Fürsten, c) zunehmende Politisierung des Volkes • **3.** A, B

DIE PAULSKIRCHENVERSAMMLUNG

Ende März 1848 versammelten sich in Frankfurt 500 Liberale aus ganz Deutschland. Dieses Vorparlament war nicht durch Wahlen bzw. durch Regierungen legitimiert. Die gemäßigten Liberalen, die in der Mehrheit waren, vereinbarten die Erhaltung der Monarchie und die Wahl einer „Konstituierenden Versammlung" auf der Grundlage des allgemeinen Wahlrechts. Die Regierungen der deutschen Staaten und der Bundestag übernahmen diesen Beschluss. Die radikalen Liberalen, die die Abschaffung der Monarchie anstrebten, versuchten bereits zu diesem Zeitpunkt in Südwestdeutschland eine deutsche bzw. badische Republik gewaltsam zu erreichen (Friedrich Hecker, Gustav Struve). Diese Aufstände wurden vom Militär niedergeschlagen. Am 1. Mai fand die freie, gleiche, direkte und geheime Wahl der Abgeordneten statt und am 18. Mai trat die Nationalversammlung, das erste frei gewählte deutsche Parlament in der Frankfurter Paulskirche zusammen. Die Zahl der Abgeordneten betrug (mit Stellvertretern) 830, die der tatsächlich anwesenden schwankte zwischen 300 und 500. Zum Präsidenten wählten die Abgeordneten den allgemein angesehenen gemäßigten Liberalen Heinrich von Gagern.

Die Paulskirchenversammlung bestand überwiegend aus Mitgliedern des Bildungs- und Besitzbürgertums („Honoratiorenparlament"). Sie war von Anfang an aufgrund ihrer Zusammensetzung kaum konsensfähig.

PROBLEME, DIE DIE NATIONALVERSAMMLUNG ZU LÖSEN HATTE

- Staatsform: Monarchie (erblich, Wahl) oder Republik?
- Staatsgebiet: großdeutsch (mit Gesamtösterreich oder Deutschösterreich) oder kleindeutsch (ohne Österreich)?
- Staatsorganisation: Einheitsstaat (unitarisch, starke Zentralgewalt) oder Bundesstaat (starke Einzelstaaten)?

NATIONALVERSAMMLUNG IN DER PAULSKIRCHE

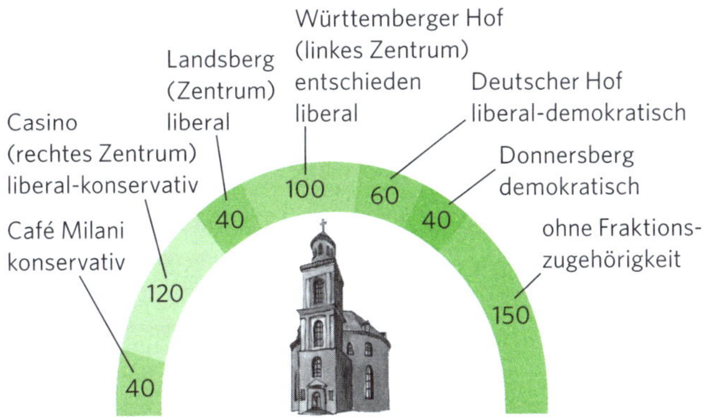

politische Zusammensetzung

Berufe der Abgeordneten und ihrer Stellvertreter

46	Landwirte	37	mittlere Beamte
35	Kaufleute	94	Professoren
14	Fabrikanten	30	Lehrer
4	Handwerker	39	Geistliche
44	ohne Berufsangabe	106	Advokaten
18	Offiziere	23	Ärzte
11	Diplomaten	10	Bibliothekare, Verleger, Buchhändler
110	Richter/Staatsanwälte	20	Schriftsteller
115	höhere Verwaltungsbeamte	35	sonstige Akademiker
21	Bürgermeister		

BERATUNG UND BESCHLÜSSE

Die Abgeordneten strebten eine deutsche Zentralgewalt an. Deshalb wählten sie zuerst Erzherzog Johann von Österreich zum „Reichsverweser" (= Reichsverwalter), der die deutsche Zentralregierung leiten sollte. Ein Diskussionsschwerpunkt waren die „Rechte und Pflichten aller Deutschen", die Grundrechte. Sie wurden nach französischem Beispiel in einem ausführlichen Grundrechtskatalog zusammengefasst.

Die Diskussion über die Modalitäten der nationalen Frage zeigte die Zerrissenheit des Parlaments. Nach erbitterten Debatten einigte man sich mühsam auf eine Verfassung mit folgenden wesentlichen Elementen: kleindeutsche Lösung, erbliche Kaiserwürde, Reichstag als Legislativorgan, bestehend aus dem vom Volk gewählten Volkshaus und dem zur Hälfte gewählten und zur Hälfte von den Einzelstaaten ernannten Staatenhaus.

„GEGEN DEMOKRATEN HELFEN NUR SOLDATEN"

Nachdem sich die Vertreter der kleindeutschen Lösung durchgesetzt hatten, wählten 290 Abgeordnete den preußischen König zum Kaiser, 248 enthielten sich der Stimme. Der auf dem Gottesgnadentum beharrende Friedrich Wilhelm IV. lehnte die ihm am 3. 4. 1849 angebotene Kaiserkrone ab. Im engen Vertrautenkreis bezeichnete er die Krone als „einen solchen imaginären Reif aus Dreck und Letten (Tonerde von schlechter Qualität) gebacken." Sie verunehre „mit ihrem Ludergeruch der Revolution von 1848, der albernsten, dümmsten, schlechtesten, wenn auch Gottlob nicht bösesten dieses Jahrhunderts" die mittelalterliche Kaiserkrone. Ferner stellte er fest, die Abgeordneten der Paulskirche hätten ihm gar nichts zu bieten. „Das (die Kaiserwürde) machte ich mit meinesgleichen aus. Gegen Demokraten helfen nur Soldaten."

GRÜNDE FÜR DAS SCHEITERN DER NATIONALVERSAMMLUNG

- Grundlegende Probleme machten eine Einigung sehr schwierig.
- Die politische Zusammensetzung des „Honoratiorenparlaments" verhinderte die Konsensbildung.
- geringe politische Erfahrung, mangelnder Realitätssinn der Abgeordneten
- Unfähigkeit zum Kompromiss
- kein parlamentarisches Instrumentarium (Fraktionen, Geschäftsordnung etc.)
- Unfähigkeit, Beschlüsse durchzusetzen (keine Verwaltung, schwache Exekutive und kein Geld)
- eigenmächtige, gewaltsame Aktionen süddeutscher Radikaler
- Die Niederschlagung revolutionärer Aktionen durch reguläre Truppen mit Billigung der Mehrheit der Nationalversammlung spaltete diese.
- schwindender Rückhalt in der Bevölkerung
- wachsende soziale Differenzen zwischen Bürgertum und Arbeitern
- Ablehnung der Kaiserkrone durch Friedrich Wilhelm IV.
- Ablehnung der Paulskirchenverfassung durch die Groß- und Mittelstaaten

DIE BEDEUTUNG DER NATIONALVERSAMMLUNG

Schon im Jahre 1848 wich die revolutionäre Begeisterung einer wachsenden Ernüchterung. Mit der Ablehnung der Kaiserkrone war die Paulskirchenversammlung und damit die Demokratie endgültig gescheitert, der dominante Fürstenstaat hatte sich behauptet. Dennoch hatte die Nationalversammlung langfristig eine große politische Bedeutung: Einheitsgedanke, Liberalismus, Konstitutionalismus, kleindeutsche Lösung und das Erbkaisertum hatten sich durchgesetzt (vgl. Verfassung von 1871), Absolutismus war nicht mehr möglich und die Verfassung von 1849 beeinflusste die späteren wesentlich.

WAREN DIE EREIGNISSE VOM MÄRZ 1848 EINE REVOLUTION?

„Klassische" Revolutionen sind die Französische Revolution oder die russische Oktoberrevolution. Sie werden als Modellrevolutionen bezeichnet, weil sie alle typischen Elemente aufweisen. Dazu gehören: erhebliche politische und gesellschaftliche Konflikte; die Revolution geht vom Volk aus; gewaltsames Vorgehen, Blutvergießen; eine politische Konkurrenzideologie; tiefgreifende politische und gesellschaftliche Veränderungen als Ergebnis.

Vor diesem Hintergrund können die Ereignisse vom März 1848 nicht als Revolution bezeichnet werden. Die Konflikte waren nicht erheblich, Träger der Forderungen war nicht das Volk, sondern das Besitz- und Bildungsbürgertum sowie die Studenten, die Mehrheit der Liberalen wollte keine radikalen Veränderungen (keine Republik, lediglich demokratische Verbesserungen). Eine grundlegende gesellschaftspolitische Umstrukturierung wurde nur von einer kleinen, isolierten Gruppe Radikaler angestrebt; insgesamt gab es zu wenig einheitliche Ziele und auch kein gemeinsames Vorgehen. Entscheidend ist, dass nur kurzfristige Gewinne erreicht wurden.

DEFINITION VON „REAKTION“

Das Jahrzehnt von 1849 bis 1859, in dem die Fürsten wieder einen konservativen Obrigkeitsstaat errichteten.

DIE REAKTION IN PREUSSEN

In der zweiten Hälfte des Jahres 1848 schwächte sich die Revolution ab und die Fürsten gewannen wieder an Macht. Im Sommer 1849 endete die Revolution, die Friedrich Wilhelm IV. von Preußen als die „dümmste, albernste und schlechteste“ Revolution des 19. Jahrhunderts bezeichnet hatte, mit einem Sieg der Fürsten, obwohl diese die neuen Ideen nicht völlig unterdrücken konnten.

In der folgenden Epoche der Reaktion bauten die Fürsten ihren Macht wieder aus.

In Preußen hatte die dortige Nationalversammlung beschlossen, Adelstitel, Orden und den Titel „König von Gottes Gnaden“ abzuschaffen. Daraufhin besetzte Friedrich Wilhelm IV. Anfang November Berlin, löste einen Monat später die preußische Nationalversammlung auf und oktroyierte (frz. octroyer = aufzwingen) eine weitgehend liberale Verfassung. 1849 wurde das Dreiklassenwahlrecht eingeführt, 1850 die Verfassung von 1848 zugunsten der königlichen Macht revidiert und 1854 die Erste Kammer zu einer Adelskammer umgewandelt.

Trotz dieser Maßnahmen blieb Preußen ein Verfassungsstaat mit Grundrechten, Gewaltenteilung, Volksvertretung (Mitwirkung an der Legislative, Budgetrecht). Die Verfassungspraxis war dennoch reaktionär: Wahlbeeinflussung, Demokraten- und Sozialistenverfolgung, „Säuberung“ der Beamtenschaft von liberal Gesinnten, Spitzel-, Agentenwesen, Pressezensur, Überwachung der Universitäten, Schulen, Vereine, Verschärfung des Disziplinarrechts und Einschränkung gerichtlicher Rechte verschlechterten die Situation der Liberalen und der Sozialisten und prägten Preußen bis 1918.

DIE REAKTION IN ÖSTERREICH

Auch in Österreich wendete sich mit der Niederschlagung der aufständischen Nationalbewegungen in Prag, Ungarn und Oberitalien und der Abschwächung der revolutionären Bestrebungen das Blatt. Die im März 1849 von Kaiser Franz Joseph oktroyierte Verfassung verlor immer mehr an Bedeutung. Sie wurde 1851 aufgehoben und Österreich wurde zu einem **„neoabsolutistischen" Staat** ohne Verfassung, aber mit dem Kaiser als unumschränkten **„Selbstherrscher"**. Noch rigoroser als in Preußen ging Österreich mit Hilfe seines antiliberalen, zentralistischen Polizei- und Militärsystems in der Folgezeit gegen nationale Bestrebungen und „revolutionäre" Kräfte vor.

DIE REAKTION IN DEN MITTEL- UND KLEINSTAATEN

Die Reaktion in den beiden Großmächten gab auch den Mittel- und Kleinmächten den Mut, ihre Märzzugeständnisse weitgehend zurückzunehmen sowie die Paulskirchenverfassung und die nationalen Einigungsbestrebungen abzulehnen. Sie gingen dabei unterschiedlich hart vor.

DIE RESTAURATION DES DEUTSCHEN BUNDES

Österreich befürchtete, von Preußen aus Deutschland hinausgedrängt zu werden, zumal die Paulskirchenversammlung sich für die kleindeutsche Lösung entschieden hatte. Dies hätte die Situation des Vielvölkerstaats Österreich verschlechtert. Deshalb erzwang es gegenüber Preußen durch unverhohlene Kriegsdrohungen die Wiederherstellung des Deutschen Bundes unter österreichischer Führung. Der wieder hergestellte Bundestag liquidierte über den „Reaktionsausschuss" die Revolution endgültig und vereinheitlichte das gemeinsame Vorgehen gegen die liberalen, demokratischen und sozialistischen Kräfte.

FAZIT

In der Zeit der Reaktion stellten die Fürsten in ganz Deutschland den konservativen Obrigkeitsstaat wieder her und bekämpften die Liberalen, Demokraten, Republikaner und Sozialisten mit repressiven, oft polizeistaatlichen Mitteln. Allerdings modernisierten sie in diesem Zeitraum auch Verwaltung, Gesellschaft und förderten die Wirtschaft.

MASSNAHMEN

- Vereinheitlichung der antiliberalen Linie (Dresdner Konferenz 1850/51)
- Wiederherstellung des Deutschen Bundes
- weitgehende Rückgängigmachung der liberalen und demokratischen Märzzugeständnisse
- 1851: formelle Aufhebung der Grundrechte des deutschen Volkes auf Antrag Preußens und Österreichs
- Überwachung von Demokraten und Sozialisten
- eine Bundeszentralkommission („Reaktionsausschuss") vereinheitlichte die Reaktionspolitik
- 1854: Einschränkung der Presse- und Versammlungsfreiheit
- Festigung des monarchischen Prinzips
- verstärkte staatliche Überwachung und Kontrolle der Schulen, Universitäten und Vereine
- harte Repressionen gegenüber den revolutionären Kräften

ERGEBNISSE

Restauration des konservativen Obrigkeitsstaats, wenn auch mit moderneren Zügen als vor 1848. Das Klima der Verängstigung zwang die liberal-demokratisch gesinnten Deutschen, sich anzupassen oder auszuwandern. Das Bürgertum wandte sich von „revolutionären" Ideen ab, beschränkte sich auf „Realpolitik", hielt jedoch am Nationalstaat fest. Verfassungstradition, nationale und liberal-demokratische Ideen wurden unterdrückt, jedoch nicht ausgelöscht.

DAS SCHEITERN DER REVOLUTION

1. Welche grundlegenden Probleme hatte die Nationalversammlung bei der Errichtung eines Nationalstaates mit starker Zentralgewalt?

a) ______________________________

b) ______________________________

c) ______________________________

2. Welche Faktoren spielen für die Beurteilung der Revolution von 1848/49 eine Rolle?

a) ______________________________

b) ______________________________

c) ______________________________

d) ______________________________

e) ______________________________

3. Definieren Sie den historischen Begriff „Reaktion“ mit einem Satz.

____

____

____

____

LÖSUNGEN

1. a) Staatsform (Monarchie oder Republik), b) Staatsgebiet (großdeutsch oder kleindeutsch), c) Staatsorganisation (Einheitsstaat oder Bundesstaat) • **2.** a) Keine erheblichen Konflikte, b) Träger war nicht das Volk, c) Mehrheit der Liberalen wollte keine radikalen Veränderungen, d) zu wenig einheitliche Ziele, e) kein gemeinsames Vorgehen, keine wesentlichen gesellschaftlichen Veränderungen • **3.** Jahrzehnt von 1849 bis 1859, in dem die Fürsten wieder einen konservativen Obrigkeitsstaat errichteten.

4 DAS DEUTSCHE KAISERREICH

Der preußische Heereskonflikt

DER PREUSSISCH-ÖSTERREICHISCHE DUALISMUS

Die Jahrzehnte nach dem Wiener Kongress waren bestimmt vom Kampf der beiden deutschen Großmächte um die Hegemonie. Preußen übernahm die Forderung des Paulskirchenparlaments nach einem deutschen Nationalstaat, um die „deutsche (Macht)Frage" für sich zu entscheiden. Es ging dabei von der Prämisse aus, dass es wachsen müsse, um seine Macht zu erweitern. Österreich dagegen war überzeugt, dass es Preußen nicht wachsen lassen durfte, um seine Bedeutung in Deutschland nicht zu verlieren. Im Sommer 1849 schlug die preußische Regierung einen neuen Bund der deutschen Fürsten vor, der zu einem Deutschen Reich führen sollte. Dieser kleindeutsche Bund sollte sich in einer Union mit Österreich verbinden und gemeinsame Außen- und Wirtschaftspolitik betreiben. Österreich lehnte diesen Plan kategorisch ab und verlangte stattdessen die Aufnahme Gesamtösterreichs in das Deutsche Reich. Russland schlug sich auf die Seite Österreichs und erzwang die Aufgabe des Plans durch die „Olmützer Punktation" (Punktation: Fixierung einzelner Punkte eines beabsichtigten Vertrags). Preußen musste der Wiederherstellung des Deutschen Bundes von 1815 unter österreichischer Führung zustimmen. Gegen Ende der 1850er-Jahre spitzte sich der Konflikt zu. Österreich erhielt eine neue Verfassung. Danach wandelte sich Österreich und trug sowohl dem deutschen Nationalstaat, als auch den Selbstständigkeitsbestrebungen der österreichischen Völker Rechnung. Österreich galt nun als liberal, sein Ansehen in Deutschland wuchs.

DIE „NEUE ÄRA" IN PREUSSEN

1858 hatte Wilhelm I. die Regentschaft für seinen geisteskranken Bruder Friedrich Wilhelm IV. übernommen. Er versprach eine „Neue Ära". Sie sollte die preußische Monarchie mit dem liberalen Bürgertum aussöhnen und „moralische Eroberungen" in Deutschland durch eine weise Gesetzgebung und die Betonung sittlicher Grundwerte (Ehre, Vaterland, Pflichtbewusstsein etc.) machen. Er legte auch eine positive Einstellung gegenüber der oktroyierten Verfassung von 1848 an den Tag. Durch diese Politik gewann Preußen viele liberal und demokratisch gesinnte Deutsche für die kleindeutsche Lösung. Im Juni 1861 entstand in Preußen eine „Deutsche Fortschrittspartei" als erste moderne deutsche Partei. Bei den Wahlen zum preußischen Abgeordnetenhaus (Volksvertretung) errang sie bereits im Dezember 1861 die Mehrheit.

DER HEERESKONFLIKT ALS MACHTFRAGE

Der Heereskonflikt (auch: Verfassungskonflikt) beendete die „Neue Ära". Dabei ging es von Anfang an nicht um die Notwendigkeit einer umfassenden Heeresreform. Diese wurde auch von den liberalen Abgeordneten akzeptiert. Es ging vielmehr um die Frage, ob das Militär, das entscheidende Machtmittel, auch in Zukunft ausschließlich dem König unterstellt sein sollte oder ob die Abgeordneten ein Mitspracherecht in militärischen Angelegenheiten erhalten sollten. Im Prinzip ging es um Macht. Für Wilhelm I. (König seit 1861) hätte ein Nachgeben in dieser Frage bedeutet, die Volkssouveränität öffentlich anzuerkennen. Deshalb lehnte er ein Nachgeben kategorisch ab und wollte lieber abdanken. Bismarck konnte ihn davon abbringen und die „Periode der Diktatur" endete erst mit dem Sieg Preußens über Östereich 1866.

URSACHEN DES KONFLIKTS

- Heeresreform
- Militär ist Angelegenheit des Königs
- Etatbewilligung ist Recht des mehrheitlich liberalen Abgeordnetenhauses („Budgetrecht“)
- Ablehnung des Etats: zu teuer, Verlängerung der Wehrpflicht von zwei auf drei Jahre, Schwächung der bürgerlichen Landwehr; befürchtete Stärkung des monarchischen Prinzips

VERLAUF

- 1860/61: provisorische Etatbewilligung
- Dezember 1861: Neuwahlen verstärkten die liberale Mehrheit des Abgeordnetenhauses.
- Wilhelm I. löste das preußische Parlament auf und schrieb Neuwahlen aus.
- Die Wahlen bestätigten die liberale Mehrheit.
- Wilhelm I. dachte an Abdankung.
- Kriegsminister von Roon schlug Bismarck als Ministerpräsidenten vor.

FOLGEN

Prinzipienstreit zwischen monarchischem Staat und bürgerlicher Gesellschaft bzw. zwischen Wilhelm I. und dem Abgeordnetenhaus um Grundfragen der Verfassung. Im Prinzip ging es um die Frage, wer sich durchsetzt (= Machtfrage).

ERGEBNISSE

- Ernennung Bismarcks
- Dieser überging das Budgetrecht per „Lückentheorie“: Verfassung regelte eine derartige Unregierbarkeit Preußens nicht. In diesem Falle gingen die Rechte des Parlaments an den König als Verfassungsgeber.
- Bismarck galt bei den Liberalen und Nationalen in Deutschland als „Verfassungsbrecher“.

BISMARCKS GRUNDPRINZIPIEN

- Erhaltung der monarchisch-konservativen Staatsordnung
- Realpolitik: Eigennutz und Egoismus (Staatsegoismus) sind Grundlagen eines starken Staates; oberste Maxime des politischen Handelns ist der Nutzen des Staates.
- Konvenienzprinzip (= unideologisches Zweckmäßigkeitsprinzip, Politik der freien Hand = „Laissez-faire-Politik"): keine starre ideologisch-politische Festlegung bei der Wahl der Bündnispartner (galt für die Außen-, nicht für die Innenpolitik)
- dennoch grundsätzliches Festhalten an den entscheidenden innenpolitisch-ideologischen Grundlagen (monarchisch, antiliberal, antidemokratisch, antisozialistisch)
- bewusste Konfliktverschärfung durch Schaffung von „Reichsfeinden"
- Die „deutsche Frage", die nationale Einheit, ist Mittel zur Erreichung der preußischen Vorherrschaft in Deutschland.
- Kabinetts- und Geheimdiplomatie, Krieg (bei günstiger Lage) als politisches Mittel

DIE POLITISCHEN ZIELE BISMARCKS

- Stärke Preußens
- Führung Deutschlands
- europäische Großmachtsstellung für Preußen bzw. Deutschland

bestimmen die preußische/ deutsche Politik 1862–1890

DER DEUTSCH-DÄNISCHE KRIEG

1863 versuchte König Christian IV. das teilweise dänischsprachige Schleswig, das dem dänischen Königshaus in Personalunion verbunden war, dem dänischen Staat einzuverleiben. Auf Initiative des Deutschen Bundes marschierten **preußische und österreichische Truppen** im Februar 1864 in Jütland ein und **besiegten Dänemark** bei den Düppeler Schanzen. Das dänische Königshaus verlor seine beiden Herzogtümer Schleswig und Holstein. Im **Vertrag von Gastein** (1865) beschlossen die beiden deutschen Großmächte die Verwaltung Holsteins durch Österreich und Schleswigs durch Preußen. Diese Entscheidung war jedoch nur provisorisch und ließ die Frage, welchen endgültigen politischen Status die beiden Herzogtümer erhalten sollten, offen.

DIE ENTSCHEIDUNG DER DEUTSCHEN FRAGE

Bismarck wollte beide Herzogtümer zu einem Staat des Deutschen Bundes machen. Daraufhin legte Österreich die Schleswig-Holsteinische Frage dem Bundestag zur Entscheidung vor und Preußen besetzte daraufhin Holstein. Der Bundestag entschied sich, militärisch gegen **Preußen** vorzugehen. Dies löste den Deutschen Krieg aus, den Preußen aufgrund seiner besseren Bewaffnung (Zündnadelgewehr) und Strategie (Transport der Soldaten per Eisenbahn, Umfassungsschlachten) in wenigen Wochen **gewann**. Die Entscheidung brachten die siegreichen Schlachten bei Königgrätz (östlich von Prag, 3. Juli) bzw. gegen die süddeutschen Staaten im so genannten Main-Krieg bei Üttingen (nahe Würzburg, 26. Juli). Damit war die **Deutsche Frage zugunsten Preußens entschieden**.

DÉFENSE DE PARIS. — Enrôlements volontaires, place du Panthéon, 5e arrondissement. — (Voir page 33)

DAS UNKONVENTIONELLE ENDE DES KRIEGS

König Wilhelm I. und die Militärs wollten - wie es üblich war - in die Hauptstadt des besiegten Feindes einmarschieren und Wien einen harten Frieden diktieren. Dagegen wandte sich Bismarck und drängte auf einen schnellen und milden Frieden, da er ein Eingreifen Frankreichs und Russlands befürchtete. Erst als er mit seinem Rücktritt drohte, lenkte Wilhelm I. ein. Bismarck ließ sich auch von der Überlegung leiten, dass ein harter Friede Revanchegelüste in Österreich schüren und es zu einem potenziellen Bündnispartner Frankreichs (oder Russlands) machen würde. Preußen akzeptierte einen von Napoleon III. vermittelten Vorfrieden von Nikolsburg (26. Juli 1866). Der Krieg wurde durch den Frieden von Prag (23. August 1866) zwischen beiden deutschen Mächten endgültig beendet. Er legte zwar fest, dass Österreich aus der deutschen Politik ausschied, auferlegte ihm aber keine territorialen Verluste oder finanziellen Belastungen.

„RACHE FÜR SADOWA"

Der unerwartete Sieg Preußens veränderte die kontinentalen Machtverhältnisse. Napoleon III. hatte mit einem längeren Krieg gerechnet und sich linksrheinische Gebietsgewinne für eine Vermittlerrolle erhofft. Die starke Enttäuschung darüber und der machtpolitische Aufstieg Preußens verschlechterten das preußisch-französische Verhältnis und ließen in Frankreich den Ruf nach „Rache für Sadowa" (Schlachtort nahe Königgrätz) laut werden. Bismarck hielt einen Krieg gegen Frankreich für „unvermeidbar" und ging davon aus, dass „die deutsche Einheit durch gewaltsame Ereignisse" gefördert werden würde.

Der Norddeutsche Bund legitimierte die preußische Hegemonie nördlich des Mains. Die von Bismarck entworfene Verfassung hatte folgende Charakteristika: Bundespräsident ist der König von Preußen, oberstes Organ der Bundesrat der Fürsten. Der Reichstag, allgemein, direkt und geheim gewählt, hat mit dem Bundesrat die Legislative. Der Bundeskanzler wird vom preußischen König ernannt und ist dem Reichstag nicht verantwortlich.

URSACHEN DES KRIEGS

- preußisch-österreichische Konflikte bei der Verwaltung von Schleswig und Holstein
- Zuspitzung des Dualismus, Bereitschaft, diesen militärisch zu lösen

VERLAUF

- Österreich legte die Schleswig-Holsteinische Frage dem Bundestag vor. Dies betrachtete Preußen als Bruch des Vertrags von Gastein (1865).
- Preußen besetzte Holstein.
- Österreich erreichte vom Deutschen Bund die Mobilmachung gegen Preußen.
- Austritt Preußens aus dem Deutschen Bund. Preußen und 18 norddeutsche Klein- und Mittelstaaten standen Österreich, 13 süddeutschen Staaten sowie Sachsen und Hannover gegenüber.
- Preußen erreichte einen raschen Sieg in Böhmen (Königgrätz) gegen Österreich bzw. gegen die süddeutschen Staaten.

ERGEBNISSE

- Annexion der norddeutschen Staaten, die gegen Preußen gekämpft hatten
- Gründung des Norddeutschen Bundes durch Bismarck (1866)
- Österreich verlor Venetien, schied aus Deutschland aus, hatte keinen Einfluss mehr auf die Neuordnung Deutschlands.
- Die kleindeutsche Lösung hatte sich endgültig durchgesetzt.
- Als Gegenpol zum von Preußen beherrschten Norddeutschen Bund entstand ein unabhängiger Südbund.
- Preußen wurde eine europäische Großmacht.
- Der Erfolg rechtfertigte Bismarcks Vorgehen von 1862. Das preußische Abgeordnetenhaus beschloss die nachträgliche Budgetbewilligung und rechtfertigte das Vorgehen Bismarcks von 1862 durch die Indemnitätsvorlage (Indemnität = Straffreiheit).

DAS DEUTSCHE KAISERREICH

1. Welche Ursachen hatte der preußische Heereskonflikt?

a) ______________________________

b) ______________________________

c) ______________________________

d) ______________________________

2. Nennen Sie die drei wichtigsten politischen Ziele Bismarcks.

a) ______________________________

b) ______________________________

c) ______________________________

3. Welche Aussage über die Ergebnisse des Deutschen Kriegs ist richtig?

☐ **A** Österreich schied aus Deutschland aus.
☐ **B** Es gab keinen Gegenpol zum Norddeutschen Bund.
☐ **C** Preußen war eine europäische Großmacht.

LÖSUNGEN

1. a) Heeresreform, Militär = Angelegenheit des Königs, b) „Budgetrecht" des Abgeordnetenhauses, c) Ablehnung des Etats • **2.** a) Stärke Preußens, b) Führung Deutschlands, c) europäische Großmachtstellung für Preußen bzw. Deutschland • **3.** A, C

DIE SPANISCHE THRONKANDIDATUR

Prinz Leopold von Hohenzollern-Sigmaringen hatte den spanischen Thron angeboten bekommen. Die von Bismarck geförderte und von Wilhelm I. widerwillig akzeptierte Thronkandidatur sah Frankreich als Versuch, die „Einkreisung" durch Habsburg (Karl V.) zu wiederholen. Die französische Regierung verschärfte den Konflikt, indem sie die öffentliche Meinung aufwiegelte (Verletzung der „Interessen und Ehre" Frankreichs). Sie glaubte, durch einen außenpolitischen Erfolg von inneren Schwierigkeiten ablenken zu können. Frankreich akzeptierte die Feststellung Wilhelms I. nicht, dass die Thronkandidatur eine Sache der katholischen Linie der Hohenzollern sei und Preußen nichts angehe. Der **Verzicht** Wilhelms I. auf die spanische Thronkandidatur durch Hohenzollern-Sigmaringen bedeutete eine **diplomatische Niederlage Preußens**.

BISMARCK: „WIE STEHEN DIE TRUPPEN?"

Frankreich wollte Preußens Niederlage noch vergrößern, obwohl die anderen europäischen Mächte das französische Vorgehen als überzogen ansahen und missbilligten. Es forderte von den Hohenzollern den schriftlichen Verzicht auf die spanische Krone für alle Zeit. Bei der Übermittlung dieser Forderung trat der französische Botschafter Graf Benedetti Wilhelm I., der in Bad Ems zur Kur weilte, in unhöflicher und undiplomatischer Weise gegenüber. Als Bismarck davon durch eine Depesche (Telegramm) erfuhr („Emser Depesche"), erkannte er die günstige Gelegenheit. Er erkundigte sich bei der preußischen Generalität, wie die Chancen eines Kriegs gegen Frankreich stünden. Er erhielt positive Auskunft und veröffentlichte darauf die **Emser Depesche** in **verkürzter** und **verschärfter Form**. Frankreich war nun in Europa isoliert. Napoleon III. sah die Ehre Frankreichs verletzt und erklärte Preußen den Krieg. Diese Entwicklung hatte Bismarck beabsichtigt, denn nun stand Frankreich als Aggressor da und Preußen konnte einen „gerechten Verteidigungskrieg" führen.

DIE EMSER DEPESCHE

- Frankreich erreichte von Wilhelm I. die Rücknahme der Thronkandidatur und verlangte einen schriftlichen Verzicht für alle Zeit (9. 7.).
- Der französische Botschafter, Graf Benedetti, bedrängte Wilhelm I. öffentlich (Bad Ems, 13. 7.).
- Diese Vorgänge wurden per Depesche dem preußischen Außenministerium mitgeteilt.
- Bismarck verkürzte (und verschärfte dadurch) die „Emser Depesche“ und ließ sie veröffentlichen → helle Empörung in ganz Deutschland.

KRIEG ALS KALKULIERTES MITTEL DER POLITIK

Für Bismarck war der Krieg die „Fortsetzung der Politik mit anderen Mitteln“. Entscheidend war für ihn, dass sich Preußen in einer diplomatisch und militärisch günstigen Situation befand. Deshalb provozierte er 1870 den Krieg. Seine Überlegungen gingen von Anfang an weit über das Kriegsende hinaus und berücksichtigten die neue Rolle Preußens bzw. Deutschlands im europäischen Machtgefüge. Die militärische Überlegenheit der deutschen Truppen und der schnelle Sieg erstaunten die Weltöffentlichkeit. Bismarck reagierte wie 1866. Er wollte Frankreich nicht demütigen und setzte einen milden Frieden durch. Der Gewinn von Elsass-Lothringen war ein Zugeständnis an die Militärs, die eine weitgehende Schwächung Frankreichs gefordert hatten. Das Ausland betrachtete die neue Großmacht Deutschland mit Misstrauen. Darauf reagierte Bismarck mit einer betont friedlichen Außenpolitik und der Feststellung, dass Deutschland „saturiert“, d.h. zufrieden gestellt sei.

DER DEUTSCH-FRANZÖSISCHE KRIEG

- 19.7.1870: Frankreich erklärte Preußen den Krieg.
- Der Süddeutsche Bund erklärte sich mit Preußen solidarisch.
- Die deutschen Truppen drangen rasch vor.
- erste Schlachten im deutsch-französisischen Grenzgebiet
- Entscheidungsschlacht bei Sedan (2.9.), Gefangennahme Napoleons III., Ausrufung der Republik in Frankreich
- 10.5.1871 Friede von Frankfurt

DIE REICHSGRÜNDUNG

Bismarck nützte die patriotische Begeisterung der Deutschen aus und verhandelte noch während des Kriegs mit den süddeutschen Staaten. Deren Beitritt zum Norddeutschen Bund erreichte er durch das Zugeständnis besonderer Rechte („Reservatrechte") wie z. B. Selbstverwaltung von Post und Bahn etc. Wilhelm I., dem der Titel „deutscher Kaiser" zu nichtssagend war, überredete er, die Kaiserkrone im Interesse Preußens anzunehmen.

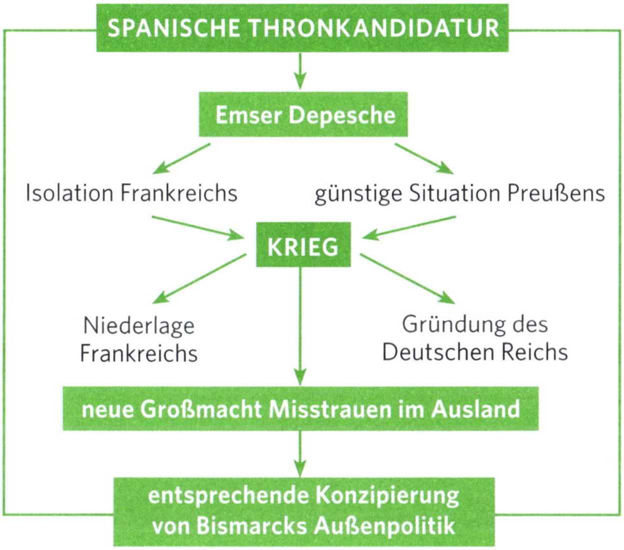

DAS DEUTSCHE KAISERREICH

- Bismarck erreichte, dass Ludwig II. von Bayern Wilhelm I. die deutsche Kaiserkrone anbot.
- 18. 1. 1871: feierliche Proklamation des Kaiserreichs zu Versailles, Wilhelm I. wurde „deutscher Kaiser".
- Das Deutsche Reich wurde von den Fürsten gegründet, das Volk war nicht beteiligt.

DER BUNDESSTAAT „DEUTSCHES REICH“

bestand aus 25 Einzelstaaten (vier Königreiche, sechs Großherzogtümer, fünf Herzogtümer, sieben Fürstentümer und den Freien Städten Hamburg, Bremen und Lübeck). Das Deutsche Reich war eine konstitutionelle Monarchie. Dies bedeutete, dass der Kaiser innerhalb der Verfassung, an die er sich zu halten hatte, die größte Macht innehatte. Der Souverän waren die 22 Fürsten und die drei Senate der Freien Städte.

Da das Volk an der Reichsgründung und der Konzipierung der Verfassung nicht beteiligt war, hatten die Staaten bzw. die Fürsten und Städte ein eindeutiges Übergewicht. Es gab keine Gewaltenteilung, sondern eine Gewaltenverschränkung (Kaiser, Bundesrat = Vertreter der 25 Einzelstaaten).

Die Exekutive bildeten der Kaiser (unkontrollierte politische und militärische Führung) und der von ihm eingesetzte Reichskanzler, der keinerlei Kontrolle durch die Volksvertretung unterlag.

Der Bundesrat war an der Legislative beteiligt und sein Vorsitzender, der auch Reichskanzler war und als Ministerpräsident gleichzeitig Preußen regierte, übte die Exekutive aus.

Die Bedeutung der Staaten war sehr unterschiedlich: Preußen (einschließlich Hannover, Kurhessen, Holstein, Nassau und Frankfurt) umfasste ca. 66 % des Staatsgebietes und ca. 60 % der Bevölkerung. Die politische Bedeutung der einzelnen Staaten verdeutlichen ihre Stimmen im Bundesrat: Von insgesamt 58 Stimmen entfielen allein 17 auf Preußen, das damit eine Sperrminorität ausübte; Bayern hatte 6, Sachsen 4, Württemberg 4, Baden 3, Hessen 2, Mecklenburg-Schwerin 2, Braunschweig 2 und alle anderen Staaten je 1 Stimme. Außerdem hatten die Staaten unterschiedliche Reservatrechte für ihren Beitritt zum Bundesstaat erhalten (Bayern z.B. eigene Gesandtschaften, ein Kriegsministerium, die Post- und Bahnhoheit).

Charakteristika der Verfassung

- Das Deutsche Reich war ein föderalistischer Bundesstaat (22 Fürstentümer, Hamburg, Bremen, Lübeck), der den Einzelstaaten viele Rechte ließ.
- gemäßigt liberal (modernes Wahlrecht für Reichstag)
- Kaiser: völkerrechtliche Vertretung, legislative Mitwirkung, militärischer Oberbefehl, Ernennung/Entlassung der Regierung, Einberufung/Schließung des Reichstags
- Reichsregierung nur dem Kaiser verantwortlich
- Reichstag: Wahl durch die männlichen Deutschen über 25 (allgemein, gleich, frei, geheim); Budgetrecht (ohne Militärhaushalt; Gesetzesinitiative (mit Zustimmung des Bundesrats); keine Kontrolle über Militär, Regierung, Außenpolitik
- Bundesrat: Vertretung des Souveräns, Mitwirkung an der Legislative
- Der Reichskanzler war gleichzeitig preußischer Ministerpräsident und Vorsitzender des Bundesrats.

ihre Problematik

Das Hauptproblem der von Bismarck konzipierten und auf ihn zugeschnittenen Verfassung war die ungleiche Verteilung der Macht.

Weitere Probleme:

- Wenig Mitsprache des Volkes, die Macht lag bei Kaiser, Bundesrat und Reichskanzler.
- Zu starkes Übergewicht der Exekutive, deshalb war das Reich in der politischen Praxis in hohem Maße abhängig von einer fähigen Exekutive (Kaiser und/oder Reichskanzler). Nach 1890 (Entlassung Bismarcks durch Wilhelm II.) wurde diese Problematik vor allem in der deutschen Außenpolitik deutlich.

Die Charakteristika der Verfassung und die damit einhergehenden Probleme bestimmten die politischen Verhältnisse des Kaiserreichs.

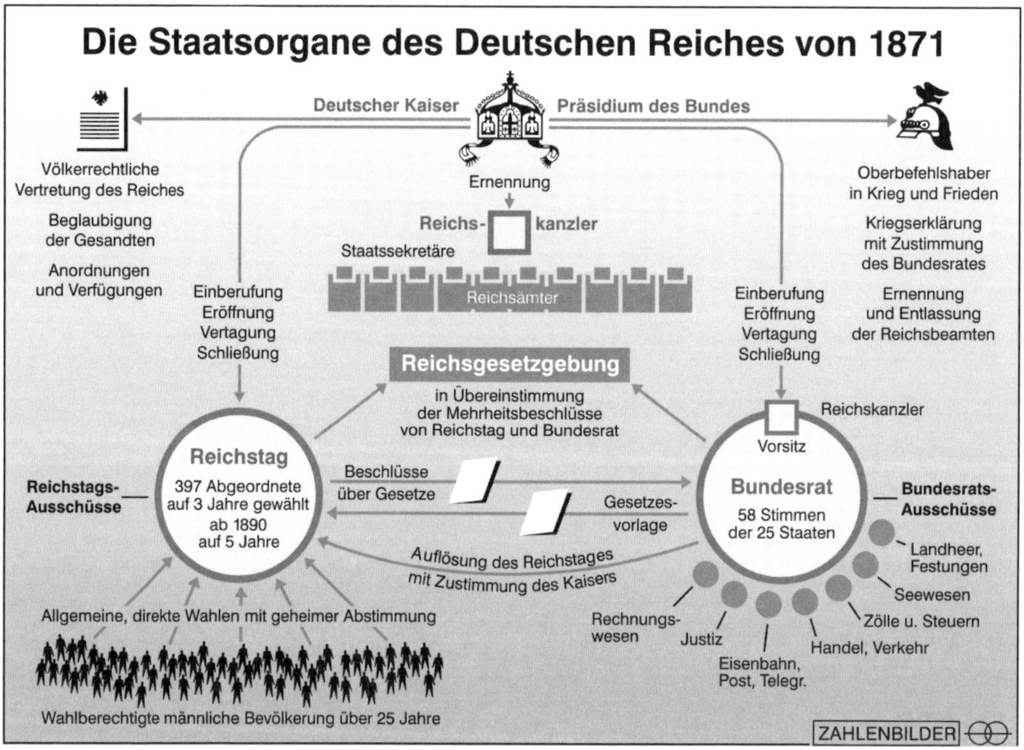
Die Staatsorgane des Deutschen Reiches von 1871
Deutscher Kaiser
Präsidium des Bundes
Völkerrechtliche Vertretung des Reiches
Beglaubigung der Gesandten
Anordnungen und Verfügungen
Oberbefehlshaber in Krieg und Frieden
Kriegserklärung mit Zustimmung des Bundesrates
Ernennung und Entlassung der Reichsbeamten
Ernennung
Reichs-kanzler
Staatssekretäre
Reichsämter
Einberufung Eröffnung Vertagung Schließung
Einberufung Eröffnung Vertagung Schließung
Reichsgesetzgebung
in Übereinstimmung der Mehrheitsbeschlüsse von Reichstag und Bundesrat
Reichstag
397 Abgeordnete auf 3 Jahre gewählt ab 1890 auf 5 Jahre
Reichstags-Ausschüsse
Beschlüsse über Gesetze
Gesetzes-vorlage
Auflösung des Reichstages mit Zustimmung des Kaisers
Reichskanzler
Vorsitz
Bundesrat
58 Stimmen der 25 Staaten
Bundesrats-Ausschüsse
Landheer, Festungen
Seewesen
Zölle u. Steuern
Handel, Verkehr
Eisenbahn, Post, Telegr.
Justiz
Rechnungs-wesen
Allgemeine, direkte Wahlen mit geheimer Abstimmung
Wahlberechtigte männliche Bevölkerung über 25 Jahre
ZAHLENBILDER

REICHSGRÜNDUNG UND VERFASSUNG

1. Stellen Sie die wesentlichen Stationen der Reichsgründung dar.

a) ______________________________

b) ______________________________

c) ______________________________

d) ______________________________

2. Ergänzen Sie die fehlenden Schlagworte des Textes über die Charakteristika der Verfassung von 1871.

Das Deutsche Reich ist ein ____________ Bundesstaat, der den Einzelstaaten viele Rechte lässt. Die Reichsregierung ist nur dem ____________ verantwortlich. Der Reichstag wird gewählt von ____________.

Er hat keine Kontrolle über ____________, ____________, ____________.

Der Reichskanzler ist gleichzeitig ____________ und ____________.

LÖSUNGEN

1. a) spanische Thronkandidatur, b) Emser Depesche, c) Deutsch-Französischer Krieg, d) Deutsches Kaiserreich mit Wilhelm I. als „deutscher Kaiser" • **2.** Föderalistischer, Kaiser, den männlichen Deutschen über 25, Militär, Regierung, Außenpolitik, preußischer Ministerpräsident, Vorsitzender des Bundesrates

Ursachen des Kulturkampfes

KONFLIKTE UND KONFLIKTPARTEIEN: KATHOLISCHE KIRCHE UND MODERNER STAAT

Die katholische Kirche hatte durch Aufklärung und Liberalismus an Macht verloren, da die modernen Staaten seit der Mitte des 19. Jahrhunderts den Ausgleich mit dem liberalen Bürgertum suchten. Deshalb ging der Vatikan dazu über, die katholischen Kräfte im Kampf gegen die „revolutionären" Ideen (Liberalismus, Sozialismus, Sozialdemokratie) zu bündeln und zu stärken. Dieser Aufgabe diente das 1. Vatikanische Konzil (1869/70). Es legte u. a. die **Unfehlbarkeit des Papstes** in Glaubenssachen als Dogma (Lehrmeinung, deren Wahrheitsgehalt unumstößlich ist) fest. Dieses Dogma stieß auch innerhalb der katholischen Kirche auf Kritik, da viele in ihm einen Rückfall der Kirche ins Mittelalter sahen. Katholische Christen, die die Beschlüsse des Konzils nicht akzeptierten, wurden exkommuniziert, traten aus der von Rom geführten katholischen Kirche aus und gründeten in Deutschland die Altkatholische Kirche. Die katholische Kirche ging davon aus, dass sie in ethischen und moralischen Fragen dem Staat übergeordnet sei. Damit waren Konflikte mit der Staatsmacht vorprogrammiert, da es Bereiche gab, in denen kirchliche Ansprüche und staatliche Hoheitsrechte sich überschnitten (Ehe, Familie, Schule, Erziehung).

Auslöser des Kulturkampfes

KATHOLISCHE KIRCHE UND LIBERALISMUS

Für die katholische Kirche bedeutete der Liberalismus eine große Gefahr, da er zum Verfall der sittlichen Werte und zu Zuchtlosigkeit führe. Die Liberalen wiederum sahen die katholische Kirche als überholte Institution an, die aus Machtgier versuche, den modernen Zeitgeist aufzuhalten.

BISMARCK UND DAS ZENTRUM

Im Winter 1870 entstand im Preußischen Abgeordnetenhaus, 1871 auch im Reichstag, eine katholische Fraktion, das „Zentrum". Die neue Partei war rein konfessionell, ihre Mitglieder und Wähler kamen aus allen Schichten. Die Zentrumspartei vertrat die Interessen der Katholiken, ihr Hauptziel bestand in der Erhaltung der Selbstständigkeit der katholischen Kirche im überwiegend protestantischen Preußen und im Reich. Bismarck befürchtete einen Sammlungseffekt der antipreußischen Elemente (Katholiken, Polen, Welfen, Elsässer), weshalb die neue Partei für ihn ein gefährlicher einheits- und reichsfeindlicher Machtfaktor war und deshalb energisch bekämpft werden musste.

DIE ROLLE BISMARCKS

Bismarck war ein strikter Verfechter der Trennung von Staat und Kirche. Deshalb verhielt er sich zunächst neutral. Dies änderte sich, als die katholische Kirche Altkatholiken verbot, ihr Amt auszuüben. Davon waren auch Geistliche betroffen, die als Theologieprofessoren, Religionslehrer und Militärgeistliche gleichzeitig auch Staatsdiener waren. Die Kirche forderte deren Entlassung aus dem Staatsdienst. Dies war für Bismarck ein unzulässiger Eingriff in die Hoheitsrechte des preußischen Staates. Sein Ziel war es nun, die Trennung von Staat und Kirche in Preußen zu vollziehen und die katholische Kirche dem preußischen Staat unterzuordnen. Deshalb ging Bismarck gezielt gegen die katholische Kirche vor (= Kulturkampf).

MASSNAHMEN

- 1871: Aufhebung der katholischen Abteilung im preußischen Kultusministerium
- 1872: staatliche Schulaufsicht (Preußen); Kanzelparagraf (Reichsgesetz); Jesuitengesetz (Reichsgesetz)
- 1873: deutsches Kulturexamen als Voraussetzung für ein geistliches Amt; Beschränkung der kirchlichen Disziplinargewalt; obligatorische Zivilehe (Reichsgesetze)
- 1874: Expatriierungsgesetz für kirchliche Oppositionelle (Reichsgesetz)
- 1875: „Brotkorbgesetz“: Sperrung aller staatlichen Gelder für die katholische Kirche (Preußen); „Klostergesetz“: Verbot der Orden (Ausnahme: Pflegeorden)

ERKLÄRUNGSBEDÜRFTIGE MASSNAHMEN

- Kanzelparagraf: Staatliche Angelegenheiten dürfen nicht in friedensgefährdender Weise von Geistlichen bei ihrer Amtsausübung behandelt werden.
- Jesuitengesetz: Verbot der Jesuiten als einflussreichster katholischer Orden („Speerspitze des Papsttums“)
- Expatriierungsgesetz: Es ermöglichte die Ausweisung Geistlicher aus den Einzelstaaten.

VERLAUF

Der Kulturkampf wurde nicht einheitlich im Reich ausgetragen, sondern unterschiedlich stark in einzelnen Einzelstaaten, am stärksten in Preußen. Manche Maßnahmen wurden Reichsgesetze. 1875 erklärte Papst Pius IX. alle Kulturkampfgesetze für ungültig und drohte allen, die sie befolgten, mit dem Kirchenbann. Bis 1876 wurden alle katholischen Bischöfe in Preußen verhaftet bzw. ausgewiesen. „Schulterschluss“ der Katholiken im Reich, große Wahlgewinne des Zentrums. 1876 war die Niederlage Bismarcks offensichtlich; Beendigung des Kulturkampfes.

DIE ARBEITERSCHAFT ALS „VIERTER STAND“

Bis zur Mitte des 19. Jahrhunderts war die Gesellschaft in Deutschland in drei Stände gegliedert: in Adel, Klerus, Bürger und Bauern. Mit der einsetzenden Industriellen Revolution entstand mit der Arbeiterschaft ein „vierter Stand“, dessen Mitglieder folgende Wesensmerkmale aufwiesen: Lohnarbeit, Besitzlosigkeit, d.h. kein Eigentum an Grund und Boden bzw. Produktionsmitteln (Maschinen), Abhängigkeit vom Arbeitgeber, fehlende arbeitsrechtliche und soziale Absicherung, schlechte Wohn- und familiäre Verhältnisse. Vor diesem Hintergrund entstanden die ersten Arbeitervereinigungen bzw. -parteien. Ihr Hauptziel bestand in der Verbesserung der Lage der Arbeiterschaft. Sie forderten gerechte Löhne, bessere Arbeitsbedingungen, Vorsorge gegen Krankheit, Unfall und Verlust des Arbeitsplatzes, bessere Wohnverhältnisse und politische Gleichheit (gleiches Wahlrecht, Vertretung im Parlament).

DIE ENTSTEHUNG DER SOZIALDEMOKRATIE

Ursache: schlechte soziale Lage der Arbeiter

- 1848: erste Zusammenschlüsse regionaler Arbeiterbildungs- und Arbeiterunterstützungsvereine
- 1863: Ferdinand Lassalle schloss diese in Leipzig zum „Allgemeinen Deutschen Arbeiterverein" zusammen, Ziel: Verbesserung der sozialen Lage mit dem Staat (= evolutionär).
- 1869: August Bebel und Wilhelm Liebknecht gründeten in Eisenach die „Sozialdemokratische Arbeiterpartei", Ziel: Verbesserung der Lage durch sozialistische Gesellschaft (= revolutionär).
- 1875: In Gotha fusionierten beide Parteien zur „Sozialistischen Arbeiterpartei Deutschlands".
- 1890: Umbenennung in „Sozialdemokratische Partei Deutschlands"

STRUKTUR, SELBSTVERSTÄNDNIS UND ZIELE DER SPD

Die Mitglieder der SPD waren überwiegend Arbeiter und einige wenige, sozial engagierte Bildungsbürger. Die Partei bestand seit ihrer Fusion aus evolutionären Mitgliedern („Lassalleaner") und revolutionären (Marxisten). In der Zeit der Sozialistengesetze verstärkte sich das revolutionäre Element, ohne dass es die Oberhand gewinnen konnte.

Die Forderungen der SPD (Sozialismus, Republik und Demokratie) isolierten die Partei und brachten sie in Gegensatz zu allen anderen Parteien:

- zu den Liberalen wegen der Eigentumsfrage (Enteignung, Verstaatlichung),
- zu den Konservativen und Monarchisten wegen ihrer revolutionären demokratisch-republikanischen Forderungen,
- zu den Nationalen wegen des proletarischen Internationalismus und
- zu den religiös orientierten Parteien wegen des marxistischen Atheismus.

Trotz ihres revolutionären Flügels begrüßte die SPD mehrheitlich die nationale Einigung Deutschlands. Die repressiven Maßnahmen Bismarcks und sein radikales Vorgehen gegen die politische Vertretung der Arbeiterschaft bekämpfte die SPD mit entsprechenden Methoden: Die Partei wich in die Schweiz aus und entging so dem Versammlungsverbot. Im Reich wurde die politische Arbeit durch neu gegründete Arbeitersportvereine und Arbeitergesangvereine fortgeführt, die offiziell keine Organisationen der SPD waren.

BISMARCKS EINSTELLUNG ZUR SPD

Bismarcks Verhältnis zur Arbeiterschaft war gespalten. Einerseits sah er ihre schwierige Lage und hatte durchaus Verständnis für ihre nichtpolitischen Forderungen; andererseits war die SPD für ihn eine internationalistische, republikanische und atheistische Partei und deshalb gefährlich. Deshalb wollte er die SPD im Keim ersticken. Hierfür wandte er eine Doppelstrategie an, die er so beschrieb:

„1. Entgegenkommen gegen die Wünsche der arbeitenden Klasse durch Gesetzgebung und Verwaltung [...], so weit mit den allgemeinen Staatsinteressen verträglich.

2. Hemmung der staatsgefährdenden Agitation durch Verbots- und Strafgesetze".

Nach zwei Attentaten auf Wilhelm I. (1878) kam zunächst die zweite Variante zum Tragen. Er verteufelte die Sozialdemokraten als „vaterlandslose Gesellen", machte sie zu Reichsfeinden und ging mit aller Härte gegen sie vor. Als er feststellen musste, dass seine repressiven Maßnahmen nicht den gewünschten Erfolg hatten, gab er 1883–1889 der Arbeiterschaft die für die damalige Zeit in ganz Europa vorbildlichen Sozialgesetze (Kranken-, Unfall-, Alters- und Invaliditätsversicherung). Damit wollte er die Arbeiterschaft mit dem Staat versöhnen und der SPD „den Wind aus den Segeln nehmen".

Reichs-Gesetzblatt.

№ 34.

Inhalt: Gesetz gegen die gemeingefährlichen Bestrebungen der Sozialdemokratie. S. 351.

(Nr. 1271.) Gesetz gegen die gemeingefährlichen Bestrebungen der Sozialdemokratie. Vom 21. Oktober 1878.

Wir Wilhelm, von Gottes Gnaden Deutscher Kaiser, König von Preußen ꝛc.

verordnen im Namen des Reichs, nach erfolgter Zustimmung des Bundesraths und des Reichstags, was folgt:

§. 1.

Vereine, welche durch sozialdemokratische, sozialistische oder kommunistische Bestrebungen den Umsturz der bestehenden Staats- oder Gesellschaftsordnung bezwecken, sind zu verbieten.

DAS SOZIALISTENGESETZ

Ursache: wachsende Bedeutung der für Bismarck „reichsfeindlichen" SPD.

Auslöser: zwei Attentate auf Wilhelm II. (1878) ohne nachgewiesene Verbindung zur SPD, dennoch erreichte Bismarck das „Gesetz wider die gemeingefährlichen Bestrebungen der Sozialdemokratie" (21.10.1878).

Inhalt: Verbot der sozialdemokratischen, sozialistischen Vereine, Zeitungen, Versammlungen; Ausweisungsmöglichkeit bzw. Inhaftierung von Personen, die die öffentliche Ordnung gefährdeten; Geltungsdauer: 2,5 Jahre, bis 1890 verlängert.

Folgen:

- Solidarität der Arbeiterschaft, die SPD verdreifachte ihre Mitgliederzahl 1878–1890.
- große Wahlgewinne, Entwicklung zur modernen Massenpartei
- 1912: Die SPD stellte die größte Fraktion im Reichstag.
- Das Sozialistengesetz vergrößerte die Spaltung im Volk.

DIE AUSSENPOLITISCHEN FOLGEN DER REICHSGRÜNDUNG

Die Reichsgründung hatte das Deutsche Reich zur stärksten europäischen Militärmacht zu Lande gemacht und dadurch die europäischen Machtverhältnisse entscheidend verändert. Daraus ergaben sich die Grundlagen von Bismarcks Außenpolitik:

Er musste das Deutsche Reich in Übereinstimmung mit den neuen europäischen Machtverhältnissen in das politische System Europas integrieren. Dabei hatte er drei Faktoren besonders zu berücksichtigen:

- Das Misstrauen des Auslands gegenüber der neuen Militärmacht, die ihre Stärke in den Kriegen von 1866 und 1870/71 gezeigt hatte,
- die geostrategisch ungünstige Lage des Deutschen Reichs in der Mitte Europas und
- das Revanchebedürfnis Frankreichs.

Aus diesen Gründen musste er Bündnisse zwischen den Großmächten ohne Beteiligung des Deutschen Reichs verhindern.

DIE BEDINGUNGSFAKTOREN DER AUSSENPOLITIK

- Die Schaffung des Deutschen Reichs verschob das europäische Gleichgewicht.
- Abbau des Misstrauens im Ausland
- Stabilisierung des Deutschen Reichs durch Konzentration auf die innere Entwicklung, Verzicht auf Kolonien (= Konfliktbereiche)
- geografische Mittellage Deutschlands
- „Erzfeindschaft" Frankreichs und dessen Revanchebedürfnis für 1870/71
- Gegnerschaft Russland-Österreich auf dem Balkan
- gute Beziehungen zu Russland (Hilfe im Polenaufstand 1863) und zu England (Verwandtschaft der Herrscherhäuser)

DIE AUSSENPOLITISCHE KONZEPTION

- Verstärkung der russisch-österreichischen Rivalitäten und deren Ablenkung an die Peripherie (nach Osten)
- starke Defensivstellung Russlands im Orient und an seinen Küsten, damit das Zarenreich das Deutsche Reich braucht
- befriedigende Verhältnisse für Großbritannien und Russland, damit sie, wie das Deutsche Reich, den Status quo erhalten
- Loslösung Großbritanniens von dem Deutschland feindlich gesinnten Frankreich
- Vermeidung einer russisch-österreichischen Konspiration gegen das Deutsche Reich durch entsprechende politische Beziehungen

ÜBERGEORDNETES ZIEL BISMARCKS

„Politische Gesamtsituation, in welcher alle Mächte außer Frankreich unser bedürfen und von Koalitionen gegen uns durch ihre Beziehungen zueinander nach Möglichkeit abgehalten werden.", so Bismarck im Kissinger Diktat von 1877.

Bismarcks Bündnissystem

BISMARCKS BÜNDNISSE

- 1873 (–1878): Dreikaiserbündnis bzw. Dreikaiserabkommen zwischen Russland, Österreich-Ungarn und dem Deutschen Reich: Verständigung im Falle eines Angriffs durch eine vierte Macht. Damit erreichte Bismarck die Isolierung Frankreichs. Von Russland 1878 aufgekündigt wegen der Balkanfrage.
- 1879 (–1918): Der Zweibund mit Österreich-Ungarn; Beistandsverpflichtung im Falle eines russischen Angriffs. Damit sicherte Bismarck den Beistand Österreich-Ungarns im Falle eines Zweifrontenkriegs gegen Frankreich und Russland = Kernstück des Bündnissystems.
- 1881 (–1887): Das geheime Dreikaiserbündnis zwischen dem Deutschen Reich, Österreich-Ungarn und Russland erneuerte das Dreikaiserabkommen. Die Bündnispartner sicherten sich wohlwollende Neutralität zu, falls ein Land angegriffen wird. Der Vertrag verhinderte ein französisch-russisches Zusammengehen.
- 1882 (–1914): Der geheime Dreibund (Deutsches Reich, Österreich-Ungarn, Italien) verpflichtete die Partner zum Beistand im Falle eines französischen Angriffs; wohlwollende Neutralität beim Angriffs einer anderen Macht.
- 1887 (–1890): Der geheime Rückversicherungsvertrag des Deutschen Reichs mit Russland verhinderte ein russisch-französisches Bündnis. Inhalt: Wohlwollende Neutralität im Kriegsfall (Ausnahmen: Angriff Russlands gegen Österreich-Ungarn bzw. des Deutschen Reichs gegen Frankreich).
- 1887 (–1896): Der Orient-Dreibund bzw. das Mittelmeerabkommen zwischen Großbritannien, Österreich-Ungarn und Italien wurde auf Betreiben Bismarcks geschlossen. Die Erhaltung des Status quo im Mittelmeerraum und im Orient bedeutete die Stärkung Österreichs und die weitere Isolierung Frankreichs.

Bewertung Bismarcks

Zeitgenossen

- 1862–1866: überwiegend Ablehnung: „Verfassungsbrecher", Machtpolitiker, „Reaktionär"
- zwischen 1866 und 1871 Umschwung: „Diktator", „Reichsgründer", „eiserner Kanzler", „Genie Bismarck", Entwicklung zum nationalen Mythos

Weimar, Nationalsozialismus

- Weimarer Republik: erstmals kritische Bewertung Bismarcks
- Nationalsozialismus: „eiserner Kanzler", „Blut-und-Eisen"-Kanzler, machtbewusste Politik, aber Ablehnung seiner unideologischen, „unvölkischen" Innenpolitik

nach 1945

- differenzierte Beurteilung seiner Politik
- negativ: autoritäre Verfassung und Lenkung des Deutschen Reichs; schafft den Obrigkeitsstaat und „Reichsfeinde"; „Spaltung, nicht Einigung des Volkes; „Blut-und-Eisen"-Militarismus (= Keim für den Untergang der preußisch-deutschen Großmacht)
- positiv: kluge, überlegte, sehr komplizierte pragmatische und erfolgreiche Außenpolitik

im Ausland

- 1862–1866 positive Beurteilung
- nach 1866/1871 misstrauisch betrachtet
- nach 1878 großes Ansehen

FAZIT

Auch heute noch kontroverse Beurteilung, abhängig vom historisch-politischen Standort. Grundsätzlich nötig: Unterscheidung zwischen dem fähigen, weitsichtigen Außenpolitiker und dem Innenpolitiker ohne Gespür für die neuen Entwicklungen des 19. Jahrhunderts

BISMARCKS INNEN- UND AUSSENPOLITIK

1. Nennen und datieren Sie die wesentlichen Maßnahmen, mit denen Bismarck a) gegen das Zentrum und b) gegen die Sozialdemokratie vorging.

2. Nennen und datieren Sie die Bündnisse, die Bismarck für das Deutsche Reich schloss und die jeweiligen Bündnispartner.

3. Skizzieren Sie die Bewertung Bismarcks vom Kaiserreich bis heute.

LÖSUNGEN

1. a) Aufhebung der katholischen Abteilung im preußischen Kultusministerium, staatliche Schulaufsicht, Kanzelparagraf, Jesuitengesetz (1872), deutsches Kulturexamen (1873), Expatriierungsgesetz (1874), „Brotkorbgesetz" (1875), b) Verbot der sozialdemokratischen, sozialistischen Zeitungen und Versammlungen, Ausweisung bzw. Inhaftierung von Personen, die die öffentliche Ordnung gefährden (1878) • **2.** Dreikaiserbündnis (1873): Russland, Österreich-Ungarn; Zweibund (1879): Österreich-Ungarn; Dreikaiserbündnis (1881): Österreich-Ungarn, Russland; Dreibund (1882): Österreich-Ungarn, Italien; Rückversicherungsvertrag (1887): Russland • **3.** 1862–1866: überwiegende Ablehnung; 1866–1871: „Genie Bismarck"; Weimarer Republik: erstmals kritische Bewertung; Nationalsozialismus: Verherrlichung als „Blut-und-Eisen"-Kanzler aber unvölkische Innenpolitik; nach 1945: Innenpolitik negativ (kein Verständnis für das 19. Jahrhundert), Außenpolitik positiv (kluge, überlegte, erfolgreiche Außenpolitik)

5 DIE INDUSTRIELLE REVOLUTION

Der Modellfall England

DEFINITION DER BEGRIFFE

„Industrielle Revolution" bezeichnet die sozio-ökonomische (gesellschaftliche und wirtschaftliche) Veränderung eines Landes, die sich mit großem Tempo in wenigen Jahrzehnten vollzieht. Die Industrielle Revolution hat folgende Charakteristika:

- maschinelle Massenproduktion in Fabriken
- Fabriksystem mit arbeitsteiliger Produktion
- sprunghafter Anstieg der Produktion
- erstmals Nutzung von Kohle und Eisen in großen Mengen
- Lohnarbeit als Erwerbsform der Arbeiterschaft
- Landflucht und Verstädterung von Industriezentren

„Industrialisierung" dagegen meint den langen, kontinuierlichen wirtschaftlichen und gesellschaftlichen Entwicklungsprozess eines Landes.

DIE BEDEUTUNG DER INDUSTRIELLEN REVOLUTION

Aufgrund ihrer tiefgreifenden Auswirkungen (Produktionsverfahren, Arbeitstechniken, Maschinen, Transportmittel, Entstehung des „vierten" Standes, Entstehung von Parteien und Interessenvertretungen, gesellschaftliche und politische Veränderungen etc.) ist die Industrielle Revolution die wichtigste Zäsur in der Geschichte der Menschheit seit dem Neolithikum (= Jungsteinzeit, ca. 12. bis 5. Jahrtausend v. Chr.), in dem die Menschen sesshaft wurden, Metalle nutzten und gesellschaftliche Strukturen entwickelten.

DER MODELLFALL ENGLAND

Die Industrielle Revolution setzte in England bereits in den 1870er-Jahren ein. Günstige Bedingungsfaktoren ermöglichten das Zusammenwirken von Technik, Wirtschaft und Politik. Initialzündung und „Motor" der Industriellen Revolution war zunächst die Tuch-, später die Schwerindustrie. Beide Bereiche bewirkten zahlreiche wegweisende technische Erfindungen (z.B. mechanischer Webstuhl, Spinnmaschine, Gussstahl, Verfahren zur Veredelung von Roheisen, Dampfmaschine, Eisenbahn).

Die im Vergleich zum Kontinent moderne englische Gesellschaft steuerte

- liberale Wirtschaftstheorien (z.B. Adam Smith) bei,
- eine entwickelte Geldwirtschaft (Banken, Aktiengesellschaften, Börse),
- eine ausgeprägte Erwerbsmentalität (Calvinismus, englische Händlermentalität),
- die Bereitschaft der besitzenden Klasse, Investitionen zu tätigen und
- die Absicherung wirtschaftlichen Unternehmertums durch liberale Wirtschaftsgesetzgebung (Sicherung des Eigentums, Gewerbefreiheit, Corn Laws, Legitimierung der Trade Unions etc.).

Diese rasche sozio-ökonomische Umstrukturierung der Gesellschaft brachte jedoch auch gravierende soziale, wirtschaftliche und politische Probleme mit sich und löste die „soziale Frage" aus. Dazu gehören: Rasches Wachstum der Städte, Slums, Entstehung von Ballungsräumen („Black Country" in Nordwestengland), Massenarmut, Proletarisierung der unteren Volksschicht, schlechte Arbeitsbedingungen (extreme Arbeitszeiten, fehlender Arbeitsschutz, Frauen- und Kinderarbeit), geringe soziale Absicherung der Arbeiterschaft, Vergrößerung der Klassengegensätze, Ruf nach politischer Mitsprache, Entstehung von Interessenvertretungen, Unruhen und gesellschaftliche Konflikte.

Diese Entwicklung brachte aber auch erste Versuche zur Lösung dieser Probleme hervor (utopischer, wissenschaftlicher, christlicher Sozialismus; Ausbildung der Arbeiterbewegung; staatliche Sozialpolitik).

BEDINGUNGSFAKTOREN DER INDUSTRIELLEN REVOLUTION IN ENGLAND

wirtschaftliche Strukturen
- Laissez-faire-Prinzip
- Handelskompanien
- Eigentum gesichert
- Kapital stets neu investiert
- Landwirtschaft rationell

geografisch-geologische Strukturen
- atlantisches Klima
- Naturhäfen
- allgemeine Küstennähe
- Kohle
- ausreichend Erz
- günstige Infrastruktur

soziale Strukturen
- Bevölkerungsanstieg
- Mobilität
- keine Leibeigenschaft
- Gentry

Kapitalakkumulation
technisch-organisatorische Innovation
expansive Märkte
politische Absicherung

politische Strukturen
- geschlossenes Staats- und Wirtschaftsgebiet
- Grundrechte
- Parlament, Wahlrecht
- konstitutionelle Monarchie

geistige Strukturen
- Liberalismus
- Calvinismus

Außenbeziehungen
- Seemacht
- Kolonialreich
- erfolgreiche Kriege
- Rohstoffe, Absatzmärkte, Dreieckshandel (Sklaven)

STAAT UND GESELLSCHAFT IN DEUTSCHLAND ZU BEGINN DES 18. JAHRHUNDERTS

Die blutigen und kräftezehrenden Kriege des 17. und 18. Jahrhunderts (Dreißigjähriger Krieg, Spanischer Erbfolgekrieg, Schlesische Kriege, Siebenjähriger Krieg) hatten Deutschland wirtschaftlich in einen Zustand der Erschöpfung und Erstarrung versetzt.

Die deutschen Staaten, Österreich und Preußen eingeschlossen, waren arm. Der Pauperismus (vorindustrielle Massenarmut) der 1830er- und 1840er-Jahre machte das Elend großer Bevölkerungsteile und die enormen sozialen Unterschiede deutlich.

Die führenden Schichten (Fürsten, Adel und Klerus) hatten kein Verständnis für technische Entwicklungen und die neuen geistigen Strömungen ihrer Zeit. Erst die Zeitumstände (Niederlagen in den napoleonischen Kriegen, leere Staatskassen, Bevölkerungsexplosion, Pauperismus) bewirkten staatliche Initiativen in bescheidenem Umfang.

Entscheidend für diese Entwicklung war, dass sich die Aufklärung in Deutschland, ganz im Gegensatz zu England und Frankreich, nicht durchgesetzt hatte. Der Adel hatte es vielmehr verstanden, die aus seiner Sicht „gefährlichen" und „revolutionären" Ideen abzuschwächen und für seine Zwecke umzuformen.

Was in den westlichen Staaten per Revolution errungen und verändert worden war, wollte man in Deutschland auf dem Wege der Versöhnung zwischen Fürsten und Landständen in beiderseitigem Einvernehmen erreichen. Deshalb gab es im gesellschaftspolitischen Bereich keine nennenswerten Veränderungen. Die deutschen Staaten verharrten im Stadium agrarisch strukturierter Ständestaaten.

5 Die wirtschaftliche Rückständigkeit Deutschlands

PARTIKULARISMUS	ABSOLUTISMUS	MERKANTILISMUS	GESELLSCHAFT
• territoriale Klein- und Kleinststaaterei • kleine Märkte • Handels-beschränkungen	• der Fürst bestimmt auch über die Wirtschaft • obrigkeitsstaatliches Denken • kein selbstständiges Bürgertum	• Wirtschaft auf Bedürfnisse des Fürsten ausgerichtet • Zölle, Ein-, Ausfuhrverbote • gehemmte Initiative	• starre Klassengesellschaft • unfreie Bauern • handwerkliche Beschränkungen • Adel nicht an Wirtschaft interessiert

sowie

- geringes technisches Können, schlechtes Bildungssystem
- keine Kolonien, kein Überseehandel, teure Rohstoffe
- schwach entwickelte Infrastruktur (Straßen, Verkehrsnetz, Kanäle)

bewirken die
Rückständigkeit Deutschlands

DIE „REVOLUTION VON OBEN" IN PREUSSEN

Die Niederlage gegen Napoleon bei Jena und Auerstedt (1806) hatte deutlich gemacht, dass sich Preußen „auf den Lorbeeren Friedrichs II." ausgeruht hatte. Preußen – und dies galt unterschiedlich stark auch für die anderen deutschen Staaten – war im Vergleich zu England und Frankreich ein rückständiger Staat. Die alten, feudalen Agrarstrukturen behinderten die Nahrungsmittelproduktion, die Wirtschaft war zerrüttet, der Staat unfähig, die finanziellen Lasten zu tragen, der Mittelstand größtenteils erwerbslos. Die rasch anwachsende Bevölkerung, der Druck des stärker werdenden Bürgertums und die Ideen der Aufklärung zwangen das absolutistische Preußen zu umfassenden Reformen. Sie wurden zu Beginn des 19. Jahrhunderts von den Ministern bzw. Staatskanzlern vom Stein und von Hardenberg durchgeführt.

DIE BAUERNBEFREIUNG

Zu Beginn des 19. Jahrhunderts befand sich die überwiegende Mehrheit der bäuerlichen Bevölkerung in einem feudalistischen Abhängigkeitsverhältnis vom Großgrundbesitzer. Sie waren Pächter, der Großgrundbesitzer hatte hoheitliche Rechte (Polizeigewalt und die so genannte Patrimonialgerichtsbarkeit), er konnte Hand- und Spanndienste verlangen und ihm standen Naturalleistungen zu. Die Bauern waren schollen-, d.h. ortsgebunden, benötigten eine Heiratsgenehmigung und hatten kaum Bildungsmöglichkeiten.

Die Reform von 1811 befreite die Bauern von der persönlichen Bindung an den Großgrundbesitzer, wandelte Dienst- und Naturalleistungen in Geld- und Sachleistungen um, verlieh den Bauern das Eigentum an Boden, Gebäuden und Inventar, legte die Modalitäten des Eigentumserwerbs fest und hob die Hoheitsrechte der Großgrundbesitzer auf. Die Bauern waren nun frei, hatten aber auch die Risiken zu tragen (Missernten, Seuchen etc.). Viele verarmten und verloren ihren Besitz. Sie bildeten das Arbeitskräftepotenzial der beginnenden Industriellen Revolution.

DIE GEWERBEFREIHEIT

Die Gewerbefreiheit (von 1807 und 1810) modernisierte Handel und Gewerbe. Sie hob die Zünfte auf und die ständischen Beschränkungen. Nun konnte jedermann, unabhängig von Stand, Rang und fachlicher Ausbildung ein Gewerbe betreiben.

Allerdings bestimmten von nun an Konkurrenz und wirtschaftliches Risiko Handel und Gewerbe. Auch hier gab es positive und negative Auswirkungen. Hierzu gehörten die rasch wachsende Zahl der Handwerker und damit eine große Konkurrenz, die Einführung fortschrittlicher Produktionsverfahren sowie Frauen- und Kinderarbeit. Die Gewerbefreiheit machte den Weg frei für Eigeninitiative und Unternehmergeist. Allerdings verstärkte sie die Verelendung der unteren Volksschichten und trug zusammen mit der Bauernbefreiung wesentlich zum Pauperismus (= vorindustrielle Massenarmut) bei (vgl. Gerhart Hauptmanns Drama „Die Weber").

DER DEUTSCHE ZOLLVEREIN

Erste Impulse gingen auch in diesem Bereich von Preußen aus. 1815 fielen dort alle Zollschranken und Preußen wurde ein einheitliches Zoll- und Marktgebiet. Dieser Preußische Zollverband erzwang weitere Zusammenschlüsse. 1828 entstanden drei große Zollvereine: der preußisch-hessische, der mitteldeutsche und der süddeutsche Zollverein (Bayern und Württemberg). Am 1.1.1834 trat auf Initiative von Friedrich List der Deutsche Zollverein in Kraft, dem Österreich nicht angehörte. Er ermöglichte eine einheitliche Wirtschaftspolitik nach außen, vergrößerte den deutschen Binnenmarkt, verbesserte die Konkurrenzfähigkeit der deutschen Produkte, bewirkte den Aufschwung der Industriegebiete an Rhein und Ruhr und war eine wichtige Voraussetzung für die politische Einigung Deutschlands.

Die Bedingungsfaktoren der Industriellen Revolution in Deutschland

Die Bedingungsfaktoren der Industriellen Revolution in Deutschland (1835/50–1873)

Bevölkerungsexplosion
- gesteigerter Bedarf an Nahrungsmitteln, Kleidung etc.
- Vergrößerung des Arbeitskräftepotenzials

Bauernbefreiung und Gewerbefreiheit
- Mobilisierung von Arbeitskräften
- Eigeninitiative
- Wettbewerb

Deutscher Zollverein (1834)
- Abschaffung der Zollschranken
- erweitertes, einheitliches Wirtschaftsgebiet
- einheitliche Wirtschaftspolitik nach außen
- Konkurrenzfähigkeit

Liberalisierung merkantilistischer Wirtschaftspolitik
- Unternehmerinitiative neben staatlicher Lenkung
- Wettbewerb teilweise möglich
- Stärkung des Bürgertums

Veränderung der Produktionstechniken
- erhöhte Produktivität im Textilbereich, im Bergbau, in Eisen erzeugender und Eisen verarbeitender Industrie
- Verbesserung im Dienstleistungssektor

Ausbau des Geldwesens und der Banken
- Voraussetzung für modernen Zahlungsverkehr
- Kredite
- Verbindung von Banken und Industrieunternehmen

Fortschritte im Bildungswesen
- Bildungsreformen
- technische Hochschulen
- Fachhochschulen
- technisches Know-how

Ausbau des Verkehrswesens
- vor allem Ausbau des Schienennetzes
- engeres Zusammenrücken des Wirtschaftsraums
- schneller, billiger Transport

Durchbruch der Industriellen Revolution in Deutschland

DIE DATIERUNG DER INDUSTRIELLEN REVOLUTION

Historiker setzen den Beginn der Industriellen Revolution entweder mit 1835 oder mit 1850 an. Für 1835 sprechen: die Entstehung des „vierten Standes" (vermögenslose lohnabhängige Arbeiter), Übergang von der Hand- zur Maschinenarbeit, starke Handelsimpulse durch den Deutschen Zollverein, effektiveres Bankenwesen, Ausbau des Verkehrswesens (Eisenbahn) und verkehrsmäßige Erschließung des einheitlichen Wirtschaftsraums.

Für 1850 sprechen: erstmals große industrielle Investitionen, spürbare Beschleunigung des Wirtschaftswachstums, sprunghafte Steigerung der Produktion. Ausreichende Eisenbahnverbindungen existieren erst ab 1850. Als Ende der Industriellen Revolution gilt der Beginn der Gründerkrise (1873).

DIE AUFBRUCHSPHASE (1800–1835/50)

- Revolution von oben
- Abbau von Zöllen
- erste Ansätze einer wirtschaftlichen Einigung

STARTPHASE (TAKE-OFF, 1835/50–1873)

- neue, verbesserte Produktionsverfahren, Arbeits- und Betriebsmittel
- verbesserte Verfahren der Stahlproduktion
- neue technische Entwicklungen (Schnellpresse, Dynamomaschine, Elektromotor)
- industrielle statt gewerblicher Produktion
- Ausbau der Verkehrswege
- neue Transportmittel (Eisenbahn)
- erhöhte landwirtschaftliche Produktion
- rasches Anwachsen der Schwerindustrie (= Schlüsselindustrie)
- verstärkte Kapitalinvestitionen

GRÜNDERKRISE (1873–CA. 1885)

- riskante wirtschaftliche Spekulationen
- 1873 Zusammensturz von Banken und Wirtschaftsunternehmen
- Folgen: wirtschaftlicher Rückgang, statt Wirtschaftsliberalismus Neomerkantilismus, Preisrückgang für gewerbliche Produkte, Verschlechterung der Situation des Arbeiterproletariats

AUSBAUPHASE (CA. 1885–1914)

- nach Überwindung der Gründerkrise (Gesundschrumpfungsprozess) erneute Hochkonjunktur
- Deutschland wird zur stärksten europäischen Wirtschaftsmacht, Gründe: starkes Bevölkerungswachstum, einheitliches Wirtschaftsgebiet, günstige Produktionsbedingungen, reiche Kohle- und ausreichend Erzvorkommen, Verbesserung der schulischen und technischen Ausbildung sowie die Entstehung von Industriebanken und Aktiengesellschaften.

DIE ENTWICKLUNG DER SCHWERINDUSTRIE

Die Verbesserung der Verhüttungstechnik (Verhüttung: kommerziell betriebenes Ausschmelzen von Metallen aus Erzen und deren Weiterverarbeitung) steigerte die Produktion von Eisen und Stahl enorm. Zwischen 1890 und 1910 stieg die Zahl der Hochöfen in Deutschland um mehr als 100 %, das Metallgewerbe wuchs zwischen 1873 und 1914 um 210 %, die Produktivität im gleichen Zeitraum gar um 270 %. Ausschlaggebend dafür waren Erfindungen und Weiterentwicklungen, die den Produktionsprozess verbesserten: Die nach Henry Bessemer benannte Bessemer-Birne (1856) führte dem geschmolzenen Metall Luft zu und entzog gleichzeitig dem Eisen Kohlenstoff. Das Ergebnis war besserer und billigerer Stahl. 1869 verbesserte Wilhelm Siemens diese Technik und erreichte eine höhere Temperatur im Schmelzofen. Nun konnte Alteisen beigemischt werden, was den Stahl verbilligte. Einen weiteren Fortschritt brachte das Thomas-Verfahren (nach Sidney Thomas, 1879), das die im Ofen entstehenden Phosphate band und dadurch die Produktion hochwertigen Stahls aus weniger hochwertigen Eisenerzen (z.B. aus Lothringen) ermöglichte. Das Zusammenwirken von Verhüttung und chemischer Industrie machte Deutschland um die Jahrhundertwende zum weltweit bedeutendsten Stahlproduzenten. Der rasante Aufschwung der Eisen- und Stahlproduktion ermöglichte eine ebenso starke Entwicklung des Maschinenbaus, besonders der Dampfmaschinen.

DIE CHEMISCHE INDUSTRIE

Die wissenschaftlichen Grundlagen schuf Justus von Liebig mit seinem 1840 erschienenen Buch „Die Chemie in ihrer Anwendung auf Agrikultur und Physiologie“. Er entwickelte 1842 die ersten chemischen Fabriken, die Superphosphat-Dünger erzeugten. Neben Landwirtschaft und Schwerindustrie profitierte vor allem die Textilindustrie von der Chemie. Die frühe Anwendung synthetischer Farben und des Anilins (aus der Indigo-Pflanze chemisch hergestellter blauer Farbstoff) durch Adolf von Baeyer (1880) machten Deutschland in diesem Bereich führend.

DIE ELEKTROINDUSTRIE

1847 baute Werner von Siemens die erste Telegrafenleitung von Berlin nach Potsdam. 1872 existierten in Deutschland über 4000 Telegraphenstationen, 1913 bereits mehr als 47 000. Zusammen mit Georg Halske baute Siemens in wenigen Jahren die weltweit führende „Telegrafenbauanstalt Siemens und Halske" mit Filialen in London und St. Petersburg auf. Die von Siemens 1856 erfundene Dynamomaschine, die mechanische Energie in elektrische umwandelt, machte Strom billig und die damit betriebenen Geräte mit der Dampfmaschine konkurrenzfähig. In diesem Bereich gewann Deutschland bis zum Ende des Jahrhunderts einen deutlichen Vorsprung vor anderen Industrienationen.

DIE AUTOINDUSTRIE

Mit den Erfindungen von Nikolaus Otto (Verbrennungsmotor, 1876), Gottfried Daimler und Wilhelm Maybach (erstes von einem Benzinmotor getriebenes Auto, 1886), Karl Benz (Viertaktmotor, 1886) und Rudolf Diesel (rohölbetriebener Motor, 1897) begann das Automobilzeitalter.

SOZIO-ÖKONOMISCHE ENTWICKLUNG

- ab 1850 sprunghaftes Ansteigen der Produktion
- Schrittmacher ist die Eisenbahn.
- Industrielle Zentren sind das Ruhrgebiet, Schlesien und das Saarland.
- Binnenwanderung von Arbeitern und deren Familien vom Osten in den Westen Deutschlands führte zu einer Bevölkerungsumschichtung.
- Die Elektro- und die chemische Industrie waren weltweit führend.
- enge Verflechtung von Industrie und Banken
- starke Proletarisierung der Arbeiterschicht

AUFSTIEG ZUR FÜHRENDEN WIRTSCHAFTSMACHT

- starke Steigerung der Eisen- und Stahlproduktion aufgrund verbesserter Verhüttungstechnik
- Die chemische und pharmazeutische Industrie (z.B. Kunstdünger, Anilin) brachten Deutschland einen Produktionsvorsprung.
- Gleiches galt für die Elektroindustrie; die Dynamomaschine von Siemens erzeugte günstig Strom, die „Telegrafenbauanstalt Siemens und Halske“ wurde weltweit führend.
- intensiver Ausbau des Verkehrswesens: Chausseebau, Eisenbahn, Autoindustrie, Luftfahrt (Lilienthal, Zeppelin)
- sprunghaft anwachsender Außenhandel
- starker Ausbau des Geld- und Bankenwesens (Reichsbank, bargeldloser Zahlungsverkehr)
- „Made in Germany“ wurde ein Qualitätszeichen.

DIE INDUSTRIELLE REVOLUTION

1. Warum war Deutschland im 19. Jahrhundert wirtschaftlich rückständig?

a) ______________________________

b) ______________________________

c) ______________________________

d) ______________________________

e) ______________________________

2. Welche wesentlichen Faktoren lösten die Industrielle Revolution in Deutschland aus?

a) ______________ b) ______________

c) ______________ d) ______________

e) ______________ f) ______________

g) ______________ h) ______________

3. Nennen Sie die Bereiche, durch die Deutschland zur führenden Wirtschaftsmacht aufsteigen konnte.

____

____

____

LÖSUNGEN

1. a) Partikularismus (Kleinstaaterei), b) Handelsbeschränkungen), c) Absolutismus (obrigkeitsstaatliches Denken, kein selbstständiges Bürgertum), d) Merkantilismus (Zölle, Verbote), e) Gesellschaft (starre Klassengesellschaft, Beschränkungen, Desinteresse des Adels), Weitere: schlechtes Bildungssystem, keine Kolonien, schwache Infrastruktur • **2.** a) Bevölkerungsexplosion, b) Bauernbefreiung und Gewerbefreiheit, c) Fortschritte im Bildungssystem, d) Deutscher Zollverein, e) Liberalisierung der Wirtschaftspolitik, f) Veränderung der Produktionstechniken, g) Ausbau des Bankwesens, h) Ausbau des Verkehrswesens • **3.** Eisen-/Stahlproduktion, chemisch-pharmazeutische Industrie, Elektroindustrie

URSACHEN DER SOZIALEN FRAGE

Die soziale Frage hatte vier wesentliche Ursachen:

1. Die Entstehung einer breiten Schicht gewerblicher Lohnarbeiter, die aufgrund ihrer wirtschaftlichen und politischen Situation völlig abhängig vom Arbeitgeber waren.
2. Niedrige Löhne, die aufgrund des Überangebots an Arbeitskräften von den Unternehmern an der Grenze des Existenzminimums gehalten wurden.
3. Die große Konkurrenz im Handwerk drückte die Einkommen.
4. Der Wirtschaftsliberalismus verhinderte bis Mitte der 1850er-Jahre ein staatliches Engagement und machte auch privatunternehmerische Lösungsversuche zur Ausnahme.

DER SOZIALE KONFLIKT

1871 waren allein in Berlin 10 600 Personen obdachlos. Das harte Vorgehen der Behörden gegen sie führte im Juli 1872 zu erbitterten Barrikadenkämpfen, die von der Polizei niedergeschlagen wurden. Daran zeigte sich deutlich, dass trotz Reichsgründung und wirtschaftlichem Aufschwung die sozialen Konflikte die Gesellschaft in zunehmendem Maße bestimmten. Vor allem der Gegensatz zwischen Arm und Reich wurde immer größer. Ein Zeitgenosse sprach vom „Massenelend furchtbarster Art" auf der einen und „ungeheuren Gewinnen ohne jede volkswirtschaftliche Gegenleistung" auf der anderen Seite. Dieser offen zu Tage tretende Konflikt äußerte sich in harten Fabrikordnungen, Aussperrung und Ausbeutung einerseits und Streiks, Lohnkampf und politischen Forderungen andererseits.

Adel und Bürgertum hielten das Proletariat für unmündige Kinder, denen eine starke Hand Not tue oder sogar für vaterlandsloses (vgl. Marx: „Proletarier aller Länder, vereinigt euch!"), sittlich und moralisch gefährdetes oder sogar verkommenes Gesindel. Sorgen machte man sich in diesen Kreisen jedoch nicht, denn das Bündnis zwischen Adel und Bürgertum stand fest. Die Monarchie hielt man für unerschütterlich, das Heer sah man als sicheren Garanten der bestehenden Verhältnisse an.

DIE VERÄNDERUNG DER ARBEITSWELT

Die Industrialisierung brachte eine völlige Veränderung der Arbeits- und Lebensbedingungen mit sich. Hatte früher der Mensch sich der Maschine bedient, so diente er nun ihr. Er war zu ihrem Sklaven geworden. Sie diktierte das hohe Arbeitstempo und den meist monotonen Arbeitsrhythmus und zwang ihn, sich der Maschine anzupassen. Häufig beklagten die Betroffenen auch, dass die Arbeitsteilung die Arbeit selbst unbefriedigend mache, da sie keine Identifizierung mit dem fertigen Produkt erlaube. Die Unterordnung und die Anpassung an die jeweiligen Verhältnisse erzwangen harte Fabrikordnungen, die die Fabrikbesitzer nach Gutdünken erließen. Deshalb wurden die Fabriken von vielen Arbeitern als „despotischer Staat im Kleinen" angesehen, in dem „Gehorsam als einzige Bürgerpflicht" galt.

DAS TRUCKSYSTEM

Das Trucksystem (engl. truck = Tauschsystem) verdeutlicht die extreme Abhängigkeit der Arbeiter. Es bedeutet, dass sie ihren Lohn entweder in Waren vom Unternehmer erhielten oder diese von ihm kaufen mussten. Oft waren diese Waren unnütze, billige Produkte von schlechter Qualität oder Lebensmittel, für die sie überteuerte Preise bezahlen mussten. Die Fabrikanten hatten dadurch einen zweiten Gewinn, die Arbeiter konnten keine finanziellen Rücklagen bilden und sich deshalb nicht aus der völligen Abhängigkeit von ihren Brotherren lösen.

5 Die soziale Frage

Die soziale Frage im 19. Jahrhundert

Arbeit

- inhumane Arbeitsbedingungen
- überlange Arbeitszeiten
- fehlende Sicherheitsvorkehrungen
- gesundheitliche Schäden
- Frauen-, Kinderarbeit
- handwerkliche Konkurrenz
- niedrige Löhne
- strenge Arbeitsdisziplin

Leben

- Leben am Existenzminimum
- Armut, Hunger
- Wohnungselend (Mietskasernen, Slums)
- schlechtes Familienleben
- Verwahrlosung von Familien
- keine soziale Sicherheit
- Trucksystem
- extreme gesundheitliche Bedingungen

Rechte

- politische Rechtlosigkeit
- Benachteiligung durch das Dreiklassenwahlrecht
- Streikverbot
- Koalitionsverbot
- politische und gesellschaftliche Deklassierung

prägt das Leben der Arbeiterschaft

SOZIALISTISCHE RICHTUNGEN

Im 18. und 19. Jahrhundert bildeten sich verschiedene sozialistische Richtungen aus: Die Frühsozialisten (= utopische Sozialisten) des 18. und beginnenden 19. Jahrhunderts (Fourier, de Saint-Simon, Owen, Proudhon, Blanc, Weitling, Heß), die revolutionären und evolutionären Sozialisten (Karl Marx, Friedrich Engels, August Bebel, Wilhelm Liebknecht; Ferdinand Lassalle) und die Kathedersozialisten (national-ökonomische Wissenschaftler) der Siebzigerjahre des 19. Jahrhunderts.

ALLGEMEINGÜLTIGE PRINZIPIEN DES SOZIALISMUS

Alle sozialistischen Richtungen gingen bzw. gehen von folgenden Prinzipien aus:

1. Ursache aller materiellen und gesellschaftspolitischen Ungleichheit ist die Industrialisierung, da sie zu Arbeitsteilung, wirtschaftlicher Ausbeutung und politischer Unterdrückung führt.
2. Eine grundlegende Veränderung dieser Verhältnisse ist nur durch wirtschaftliche Gleichheit zu erreichen sowie durch Gemeinschaftsgeist und Solidarität anstelle der Konkurrenz.
3. Privateigentum reizt zur Ausbeutung, dient nur der individuellen (= egoistischen) Nutzung.
4. An die Stelle des Privateigentums muss deshalb gemeinsames Eigentum treten, das zum Wohle aller genutzt wird.

DER HISTORISCHE UND DIALEKTISCHE MATERIALSMUS NACH MARX

Der Historische Materialismus beruht auf den Produktionsverhältnissen. Die treibenden Kräfte jeder Entwicklung sind die Produktivkräfte (Werkzeuge, Maschinen, Rohstoffe, Arbeiter). Sie bestimmen die Produktionsverhältnisse (= Besitz an den Produktionsmitteln). Produktivkräfte und Produktionsverhältnisse bilden die ökonomische Basis, die zwei (sich feindlich gegenüberstehende) Klassen hervorbringt: Die herrschende Klasse der Besitzenden (= Ausbeuter) schafft sich den ideologischen Überbau und bestimmt so die juristischen und politischen Verhältnisse sowie ideologische Formen (Kunst, Bildung, Religion etc.). Der ideologische Überbau dient ausschließlich der Erhaltung der bestehenden Verhältnisse und der Unterdrückung der ausgebeuteten Klasse. Religion ist deshalb nur „Opium für das Volk".

Das Prinzip der Dialektik (= Dialektischer Materialismus) bestimmt den Ablauf der Geschichte: Sie ist geprägt von der permanenten Auseinandersetzung zwischen der herrschenden Klasse (= These) und der unterdrückten Klasse (= Antithese), also zwischen Kapitalisten und Proletariern. Per Revolution vollzieht sich der Übergang zur nächst höheren Gesellschaftsform (= Synthese). Diese Entwicklung verlaufe nach bestimmten Prinzipien (= Determinismus der Geschichte) wie eine Rolltreppe ohne Unterbrechung nach oben (= Rolltreppenbegriff der Geschichte) und ende zwangsläufig im Kommunismus. Erste Stufe ist die Erhebung des Proletariats und die Expropriation (= Enteignung) der Bourgeoisie (besitzenden Klasse); dann tritt an die Stelle der bürgerlichen die klassenlose Gesellschaft. In der Übergangsphase vom Kapitalismus zum Kommunismus, im Sozialismus, gibt es durchaus noch Überreste der bürgerlichen Gesellschaft (z.B. Parteien, Parlament, Staat), die aber im Zuge der fortschrittlichen Entwicklung abgebaut werden. Die Herrschaftsform dieser Phase ist die Diktatur des Proletariats. Im Kommunismus, der Endstufe, gibt es keine Ungleichheit mehr, weshalb der Staat nicht mehr nötig ist und abstirbt.

DER WISSENSCHAFTLICHE SOZIALISMUS

Er geht auf Marx und Engels zurück und wird als „wissenschaftlich“ bezeichnet, weil beide behaupteten, mit den wissenschaftlichen Methoden (ihrer Zeit) zu arbeiten. Von Marx stammen die wesentlichen Theorien dieser Ideologie, von Engels die philosophische Umsetzung der Marx'schen Erkenntnisse. Für Marx bestand das eigentliche Ziel der menschlichen Evolution in der Selbstverwirklichung des Menschen, also in der Freiheit, sich selbst bestimmen zu können. Die Hindernisse auf dem Weg zu diesem Ziel sah er in den ungleichen Besitzverhältnissen. Deshalb strebte er eine sozialistische Gesellschaftsordnung an, da sich der Mensch nur in ihr verwirklichen könne. Das Mittel zur Erreichung dieser Gesellschaftsordnung war für ihn der Klassenkampf, der per Revolution vom Kapitalismus in den Sozialismus und schließlich in den Kommunismus führt.

PRIVATWIRTSCHAFTLICHE LÖSUNGSVERSUCHE

Einzelne Privatunternehmer wie z. B. Harkort, Stumm, Krupp, Abbe und Zeiß trugen zur Verbesserung der sozialen Frage bei durch:

- Einrichtung von Betriebskassen (Kranken-, Invaliditäts-, Witwen-, Waisen- und Sparkassen)
- innerbetriebliche Rente, Betriebswohnungen, höhere Löhne, ärztliche Betreuung, Kleinkinder- und Hüttenschulen
- erwartete Gegenleistungen: Treue, völlige Unterordnung (patriarchalische Betriebsordnung), Gehorsam, Fleiß, ordentlicher Lebenswandel
- Carl Zeiß: Gewinnbeteiligung, Weihnachtsgeld, bezahlter Urlaub, Kündigungsschutz, Achtstundentag (seit 1900)

STAATLICHE GESETZGEBUNG

- 1883: Krankenversicherung
- 1884: Unfallversicherung
- 1889: Invaliditäts- und Altersversicherung

FORDERUNGEN DER ARBEITERPARTEIEN, DER GEWERKSCHAFTEN UND DES MARXISMUS

- allgemeines, gleiches, direktes und geheimes Wahlrecht für alle Deutschen
- freier Volksstaat und Erreichung der sozialistischen Gesellschaft ohne Gewalt
- direkte Gesetzgebung und Rechtsprechung durch das Volk
- allgemeine, kostenlose Schulpflicht
- unbeschränktes Koalitionsrecht
- Abschaffung aller Benachteiligung der Arbeiter
- achtstündiger Arbeitstag
- Verbot der Kinder- und der Nachtarbeit
- Veränderung der Verhältnisse per Revolution durch Vergesellschaftung des Privateigentums an Produktionsmitteln (Marxismus); deren Umwandlung in gemeinsames Eigentum und dessen Nutzung zum Wohle aller; klassenlose Gesellschaft

DIE SOZIALE FRAGE BEI MARX

Marx ging bei der Erstellung seiner revolutionären Lehre von den Gesellschaftsverhältnissen seiner Zeit aus. Die negativen Auswirkungen der Industriellen Revolution lernte er in England aus nächster Nähe kennen. Diese Erlebnisse und Erkenntnisse, die er im ersten Band des „Kapitals" verarbeitete, bildeten die Ausgangsposition seiner Lehre.
Die soziale Frage charakterisierte er durch folgende Theorien:

- **Entfremdungstheorie:** Es findet eine vierfache Entfremdung des Arbeiters statt, nämlich vom Produkt der Arbeit (wegen Arbeitsteilung), von der (sinnvollen) Arbeit selbst, von der menschlichen Natur (Abhängigkeit vom Unternehmer und/oder der Maschine), vom Mitmenschen.
- **Mehrwerttheorie:** Die Differenz zwischen dem Wert der erarbeiteten Ware und der Bezahlung des Arbeiters (= Mehrwert) „stiehlt" der Kapitalist und bereichert sich dadurch.
- **Akkumulationstheorie:** Dieser Mehrwert führt zur Konzentration des Kapitals in den Händen weniger.
- **Verelendungstheorie:** Vom Unternehmer aus Profitgier durchgeführte Mechanisierung und Rationalisierung führt zur wachsenden Verelendung der Arbeiterklasse.
- **Konzentrationstheorie:** Kleine Unternehmen können der Konkurrenz nicht standhalten, gehen in größeren auf.
- **Krisentheorie:** Diese Entwicklung löst zyklische Wirtschaftskrisen aus (ca. alle 10 Jahre).
- **Zusammenbruchstheorie:** Diese Krisen bewirken den wachsenden Gegensatz zwischen den Kapitalisten und Proletariern. Diese werden per Revolution enteignet, der Sozialismus („Diktatur des Proletariats") beginnt und leitet zum Kommunismus über.

KRITIK AM MARXISMUS

- Viele Aussagen stimmten für das 19. Jahrhundert.
- Aber: Die ökonomischen und gesellschaftspolitischen Strukturen haben sich völlig anders entwickelt als von Marx prognostiziert.
- Der Marxismus ist eine Ideologie, basiert nicht auf wissenschaftlichen Erkenntnissen.
- Die These, dass das materielle Sein das Bewusstsein bestimmt, ist zu einseitig.

DIE EINSTELLUNG DER KIRCHEN ZUR SOZIALEN FRAGE

Lange Zeit unternahmen die Amtskirchen keine Versuche zur Lösung der sozialen Frage. Für diese im Gegensatz zu ihrer christlichen Grundeinstellung stehenden Haltung gibt es mehrere Gründe:

- Die seit der Aufklärung bestehende Trennung von Staat und Kirche;
- das konservative Selbstverständnis der Kirchen erschwerte ein frühes Engagement, da es die Gefahr mit sich gebracht hätte, zu sehr in die Nähe der Sozialisten, Kommunisten und sonstiger kirchen- bzw. staatsfeindlicher Randgruppen zu geraten.
- Die Industrialisierung trug nach kirchlicher Ansicht zur Verwilderung der Sitten und zur Zügellosigkeit der Masse bei. Sie wurde als negative Begleiterscheinung mit Abneigung und Misstrauen betrachtet, zumal sie die grundlegenden gesellschaftlichen Werte bedrohte.

Deshalb gingen kirchliche Lösungsversuche bis zu Beginn der 1880er-Jahre von einzelnen Personen aus, die sich aus christlich-humanitären Erwägungen und aus Furcht vor einer geistigen und sittlichen Verwilderung der Menschen engagierten. Die Amtskirchen betrachteten dieses Engagement mit Skepsis oder erschwerten es sogar. Erst das staatliche Eingreifen zu Beginn der 1880er-Jahre bewirkte ein Umdenken. Die Sozialenzyklika „Rerum novarum“ von Papst Leo XIII. aus dem Jahre 1891 (Enzyklika: Rundschreiben des Papstes an alle Bischöfe eines Gebietes und damit an alle dortigen Katholiken) dokumentiert das späte offizielle Engagement der Kirchen. Für den Papst war die soziale Frage in erster Linie eine sittliche und religiöse und musste deshalb nach den Grundsätzen der Religion gelöst werden. Dies bedeutete friedliche Zusammenarbeit der am Wirtschaftsleben Beteiligten zum Wohle des Ganzen. Hierfür ermahnte der Papst die Arbeiterschaft zu gewissenhafter Arbeit und zu jeglichem Verzicht auf Klassenkampf. Von den Unternehmern forderte er die Achtung der Würde der Arbeiter, akzeptable Arbeitsbedingungen, gerechten Lohn und die Akzeptanz von Gewerkschaften.

CHRISTLICH-KIRCHLICHE LÖSUNGSVERSUCHE

- Franz von Baader (kath. Religionsphilosoph) forderte: Akzeptanz der Gewerkschaften, Petitions- und Beschwerderecht, stärkeres soziales Engagement des Klerus.
- Johann Hinrich Wichern (ev. Theologe) gründete das „Rauhe Haus" für Jugendliche und die „Innere Mission" (Lebenshilfe für gesellschaftliche Randgruppen).
- Adolf Kolping (kath. Pfarrer) gründete Gesellenvereine und Gesellenhäuser.
- Wilhelm von Ketteler (Bischof von Mainz) forderte rechtlichen Schutz der Arbeiter, Verbot der Kinderarbeit, gesetzliche Arbeitsregelungen.
- Friedrich von Bodelschwingh setzte sich für Wandergesellen, Epileptiker, Gemüts- und Geisteskranke ein und gründete 1874 nahe Bielefeld das Haus „Bethel" (Heil- und Pflegeanstalt für Epileptiker).
- Papst Leo XIII. forderte die Zusammenarbeit von Staat, Kirche, Unternehmern und Arbeitern.

DIE SOZIALE FRAGE

1. Welche wesentlichen Ursachen hatte die soziale Frage?

a) ____________________

b) ____________________

c) ____________________

d) ____________________

2. Nennen Sie Privatunternehmer, die sich der sozialen Frage annahmen.

a) __________ b) __________

c) __________ d) __________

e) __________

3. Wie wollte Marx die soziale Frage lösen?

____

____

____

____

____

____

____

LÖSUNGEN

1. a) Entstehung einer abhängigen Arbeiterschicht, b) niedrige Löhne, c) Konkurrenz im Handwerk, d) Wirtschaftsliberalismus • **2.** a) Harkort, b) Stumm, c) Krupp, d) Abbe, e) Zeiß • **3.** Abschaffung von Privateigentum in den Händen des proletarischen Staats, Verstaatlichung der Produktionsmittel, Zentralisierung des Kapitals, Absterben des Staats, Führung des Volkes durch das Proletariat

6 WILHELMINISCHE ÄRA UND IMPERIALISMUS

Die Charakteristika der Wilhelminischen Ära

„DER KURS BLEIBT DER ALTE UND NUN MIT VOLLDAMPF VORAUS!"

Seit 1862 hatte Bismarck in Preußen und seit 1871 im Deutschen Reich eine unangefochtene Machtstellung inne. Sie hatte zwei Ursachen:

Wilhelm I. war kein tatkräftiger, machtbewusster Herrscher, weshalb er auf ein persönliches Regieren verzichtete und er vertraute seinem Kanzler völlig. Deshalb konnte Bismarck seine Epoche politisch maßgeblich prägen und bestimmen. Am 9. März 1888 starb Wilhelm I., einundneunzig Jahre alt. Ihm folgte sein schwerkranker Sohn Friedrich III., der liberal eingestellt war. Seine Herrschaft dauerte (bis zum 15. Juni) nur 99 Tage. Nachfolger wurde sein 29-jähriger, ungenügend auf das Amt vorbereiteter Sohn Wilhelm II. Ohne Übergang folgte also auf die erste Generation die dritte. Dies wirkte sich zusammen mit der persönlichen Problematik des jungen Kaisers in der Folgezeit negativ aus.

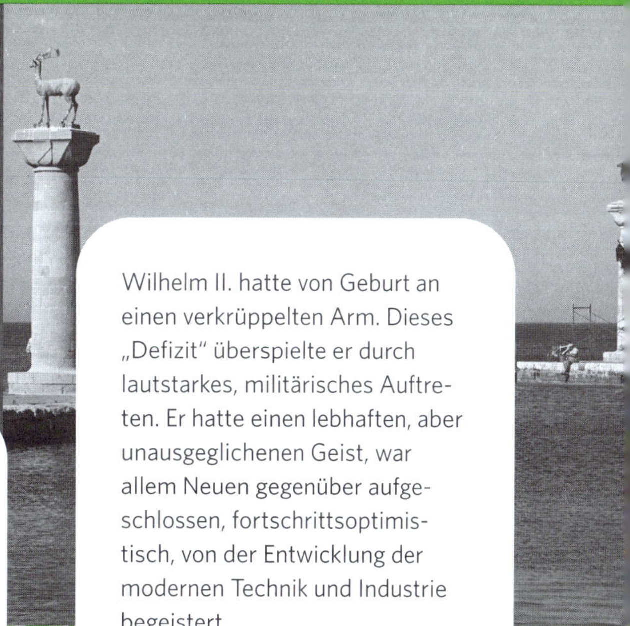

Nach dem Amtsantritt Wilhelms II. kam es schnell zu wachsenden **Spannungen zwischen** dem jungen, ungestümen und impulsiven **Kaiser** und dem 73-jährigen vorsichtigen, taktierenden **Kanzler**. Sie entzündeten sich an der sozialen Frage. Wilhelm II. wollte ein sozialer Kaiser sein und die Sozialversicherung durch einen großzügigen Arbeiterschutz ergänzen. Bismarck dagegen wollte eine Verschärfung des Sozialistengesetzes und eine Neuorganisation des Reichs durch einen Staatsstreich, was wiederum Wilhelm II. ablehnte. Entscheidend war jedoch, dass Wilhelm II. sein eigener Kanzler sein und die politische Macht nicht mit einem anderen teilen wollte („Einer nur ist Herr im Reich, keinen anderen dulde Ich!"). Deshalb verlangte er am **17. 3. 1890** den **Rücktritt Bismarcks**, den dieser am folgenden Tag einreichte.

Im Gegensatz zu seiner Ankündigung, den Kurs beibehalten zu wollen, betrieb Wilhelm II. einen **grundlegenden Wandel der deutschen Politik** in Inhalt und Methode.

Wilhelm II. hatte von Geburt an einen verkrüppelten Arm. Dieses „Defizit" überspielte er durch lautstarkes, militärisches Auftreten. Er hatte einen lebhaften, aber unausgeglichenen Geist, war allem Neuen gegenüber aufgeschlossen, fortschrittsoptimistisch, von der Entwicklung der modernen Technik und Industrie begeistert.

Dennoch blieb er in seinem politischen Denken **reaktionär**. Reichstag, Parteien und andere verfassungsmäßige Institutionen lehnte der antisemitisch eingestellte Kaiser rundweg ab.

Wilhelm war einerseits der gefeierte Kaiser des imperialistischen, nationalistischen Großbürgertums; andererseits weckten seine Sprunghaftigkeit, seine Takt und Maßlosigkeit in öffentlichen Äußerungen, sein unverhohlener Militarismus und seine unverhüllte Weltmachtpolitik **Misstrauen im Ausland**.

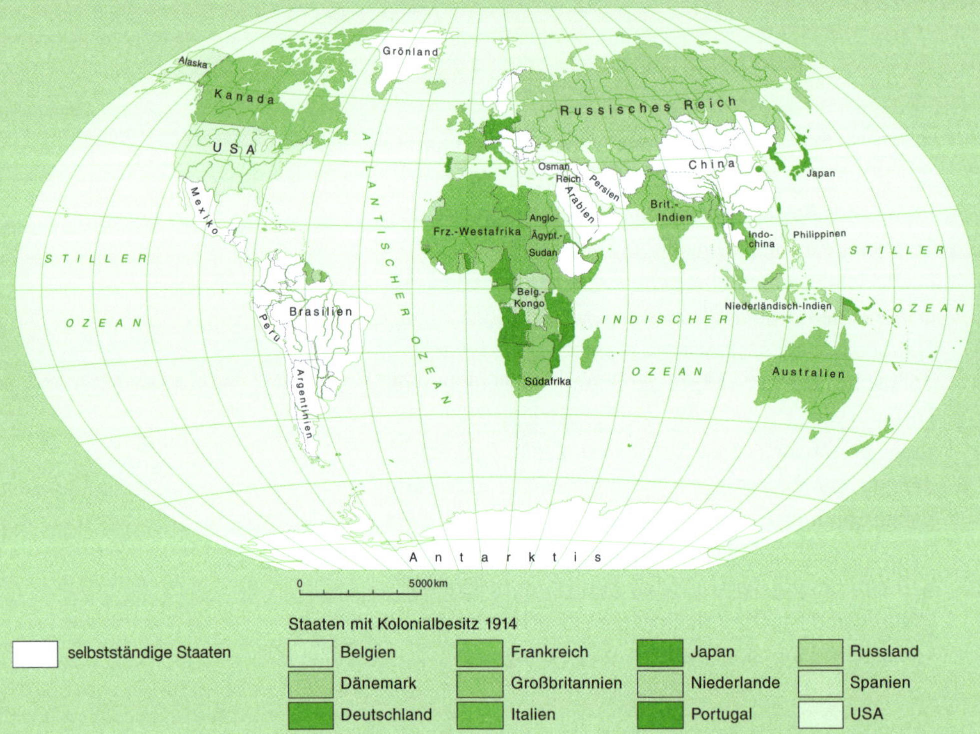

DEFINITION

1. systematische Politik des Erwerbs und der Ausbeutung von Kolonien durch hohes staatliches und gesellschaftliches Engagement
2. Außenpolitik europäischer Staaten, der USA und Japans ca. 1880–1914/18

GRÜNDE UND URSACHEN

- Wirtschaftswachstum (neue Absatzmärkte, billige Rohstoffe, rentable Kapitalanlagen)
- Machtpolitik und außenpolitisches Prestige
- Nationalismus, Sendungsbewusstsein
- Populationsventil überbevölkerter Nationen

DER „KLASSISCHE" IMPERIALISMUS

Bereits in der Antike und in der Frühen Neuzeit hatten Reichsbildungen (Persisches Reich, Alexanderreich, Römisches Reich, Osmanisches Reich, Kolonialreiche Spaniens, Portugals, Englands, Frankreichs und der Niederlande) imperialistische Züge. Die Epoche des „klassischen" Imperialismus begann um 1880. Nationalistisches, rassisch-biologisches und machtpolitisches Denken prägte die öffentliche Meinung mit Formeln wie „the white man's burden" (die Zivilisierung „primitiver" Völker sei die mühevolle Aufgabe der „weißen Rasse"), „mission civilisatrice" (zivilisatorische Sendung), „am deutschen Wesen soll die Welt genesen", „manifest destiny" (= offensichtliche Vorherbestimmung der USA, den weniger entwickelten Völkern und Ländern die Errungenschaften des amerikanischen Unabhängigkeitskriegs zu bringen).

Verstärkt wurden diese Einstellungen durch die Industrialisierung, die starke innenpolitische Spannungen hervorrief, und durch den starken wirtschaftlichen Konkurrenzdruck unter den industrialisierten Ländern. Das britische Protektorat („Schutzherrschaft") über Ägypten (1882) löste einen Wettlauf der europäischen Mächte (mit Ausnahme Österreich-Ungarns) um die Aufteilung der Welt aus. Die Berliner Afrikakonferenz von 1884/85 legitimierte den imperialistischen Erwerb von Kolonien. Zunächst konkurrierten in Afrika Großbritannien und Frankreich. 1898 standen sich bei Faschoda (im Sudan) britische und französische Truppen kampfbereit gegenüber. Die Faschodakrise führte zur vertraglichen Regelung des britischen und französischen Kolonialbesitzes in Nordafrika und war der Ausgangspunkt einer Annäherung beider Mächte, an deren Ende die Entente cordiale (1905) stand.

Die nach 1890 beginnende imperialistische Politik der „verspäteten Nationalstaaten" Deutschland und Italien verschärfte die Konkurrenzsituation. Ursprünglich hatte der Imperialismus die Konflikte der europäischen Großmächte an die Peripherie abgeleitet. Mit der Ausweitung der kolonialen Herrschaft Großbritanniens, Frankreichs, Deutschlands, Russlands, der USA und Japans in den asiatischen und pazifischen Raum schlugen die dabei entstehenden Konflikte verstärkt auf Europa zurück und trugen wesentlich zur Atmosphäre des Ersten Weltkriegs bei.

AUSWIRKUNGEN

Wettlauf um Kolonien, Konkurrenz, Aufrüstung, Konflikte; Prägung der internationalen Politik, Verstärkung des Nationalismus

WILHELMINISCHE ÄRA UND IMPERIALISMUS

1. Welche Eigenschaften charakterisieren die Person Wilhelms II.?

a) ______________________________

b) ______________________________

c) ______________________________

2. Welche Staaten kann man als imperialistische Mächte bezeichnen?

- ☐ **A** Großbritannien
- ☐ **B** Japan
- ☐ **C** Frankreich
- ☐ **D** Russland
- ☐ **E** Spanien
- ☐ **F** China
- ☐ **G** USA
- ☐ **H** Kanada

3. Welche Auswirkungen hatte der Imperialismus?

a) ______________________________

b) ______________________________

c) ______________________________

d) ______________________________

LÖSUNGEN

1. a) Kompensation persönlicher Defizite, b) geringe politische Fähigkeiten, c) übersteigertes Sendungsbewusstsein • **2.** A, B, C, D, E, G • **3.** a) Prägung der internationalen Politik, b) Wettlauf um Kolonien, c) Aufrüstung, d) Verstärkung des Nationalismus

7 DER ERSTE WELTKRIEG

Die Ursachen und der Ausbruch des Kriegs

DER ZERFALL VON BISMARCKS BÜNDNISSYSTEM

1890 verlängerte die Führung des Deutschen Reichs den Rückversicherungsvertrag nicht, obwohl Russland dies wünschte. Stattdessen gab es eine gleichzeitige Annäherung des Deutschen Reichs an Großbritannien. Anfang Juli 1890 schlossen beide Länder den Helgoland-Sansibar-Vertrag, der das bisher englische Helgoland Deutschland zusprach im Tausch gegen koloniale Besitzungen in Afrika. Auf diesen außenpolitischen Kurswechsel reagierte Russland mit einer Annäherung an Frankreich. 1892 schlossen beide eine Militärkonvention, die 1893/94 zu einem Bündnisvertrag ausgebaut wurde. Damit endete die politische Isolierung Frankreichs, die das Kernstück der Außenpolitik Bismarcks gewesen war. Der russisch-französische Zweibund richtete sich gegen den Dreibund und sah den Bündnisfall vor bei einem Angriff einer Dreibund-Macht auf Russland oder Frankreich. Den im Kriegsfalle wahrscheinlichen Zweifrontenkrieg betrachtete die deutsche Führung als ein (lösbares) militärstrategisches Problem. Dies bedeutete die Auflösung des von Bismarck geprägten europäischen Bündnisgeflechts. Es zerfiel in den folgenden Jahren in ein dualistisches Bündnissystem (Dreibund contra Entente cordiale bzw. Triple Entente).

DEUTSCHLANDS PLATZ AN DER SONNE

In den 1880er-Jahren wurden die Forderungen nationalistischer und militaristischer Vereine und Verbände (z.B. Alldeutscher Verband, Deutscher Flottenverein) und der Öffentlichkeit nach einer deutschen Kolonial- und Weltmachtpolitik immer stärker. 1897 forderte der spätere Reichskanzler von Bülow im Reichstag einen „Platz an der Sonne" für Deutschland. Wilhelm II. gab nicht nur die bisherige Außenpolitik auf, sondern betrieb von Anfang an eine deutsche Weltmachtpolitik. Bei dem Stapellauf eines Schlachtschiffes verkündete er im Jahre 1900 diesen Anspruch öffentlich: „Der Ozean ist unentbehrlich für Deutschlands Größe. Aber der Ozean beweist auch, dass auf ihm in der Ferne, jenseits von ihm, ohne Deutschland und ohne den Deutschen Kaiser keine große Entscheidung mehr fallen darf."

Problematisch war das sehr ungeschickte außenpolitische Auftreten Wilhelms II. 1896 gratulierte er dem Präsidenten der südafrikanischen Burenrepublik Transvaal, „Ohm" Krüger, zur erfolgreichen Abwehr eines britischen Überfalls („Krüger-Depesche"), obwohl lediglich eine Privatarmee von ca. 500 Mann, darunter drei britische Offiziere in Transvaal eingefallen waren.

Im Sommer 1900 verabschiedete er das Expeditionskorps, das den chinesischen Boxeraufstand (Freiheitsbewegung gegen die imperialistischen Mächte) niederschlagen sollte mit der „Hunnenrede". Darin forderte er die Soldaten auf, wie die Hunnen zu kämpfen („Pardon wird nicht gegeben! Gefangene werden nicht gemacht!"). In Großbritannien prägte diese Rede den Begriff „the huns" (= die Hunnen!) für die Deutschen und spielte in der alliierten Propaganda des Ersten Weltkriegs eine große Rolle.

1908 erklärte er gegenüber der englischen Zeitung Daily Telegraph, als Freund Englands gehöre er in Deutschland zu einer Minderheit. Während des Burenkriegs (von 1895) habe er England gute Ratschläge gegeben; mit seinem Feldzugsplan hätte die Niederlage vermieden werden können.

DIE DEUTSCHE FLOTTENPOLITIK

Der Flottenbau verschlechterte das deutsch-britische Verhältnis. Durch eine starke Kriegsflotte sollte ein Konflikt mit dem Deutschen Reich für jeden Gegner zu einem Risiko werden („Risikoflotte“). Deshalb sollte die deutsche Flotte waffentechnisch sogar der britischen überlegen sein. Damit begann ein Rüstungswettlauf zwischen beiden Ländern. Trotzdem bot Großbritannien dem Deutschen Reich mehrmals Absprachen an, machte sie aber davon abhängig, dass der deutsche Flottenbau die Überlegenheit der britischen nicht gefährden dürfe. Dieser deutsche Konfrontationskurs trieb Großbritannien 1904 in die Entente cordiale mit Frankreich und 1907 in die Triple Entente (GB, F, R). Den letzten Einigungsversuch unternahm der britische Kriegsminister Haldane 1912. Wilhelm II. lehnte es jedoch strikt ab, über „seine Flotte“ überhaupt zu verhandeln. Vielmehr glaubte Berlin derartige Absprachen durch seine Flottenpolitik erzwingen zu können.

DIE URSACHEN DES ERSTEN WELTKRIEGS

- machtpolitische Gegensätze in Europa
- Auswirkungen des Imperialismus
- ausgeprägte Prestigepolitik der Großmächte
- ethnisch-politische Schwierigkeiten des österreichisch-ungarischen Vielvölkerstaates
- Zerfall des Osmanischen Reichs
- Pulverfass Balkan
- deutsch-britische Rivalität im Flottenbau
- Weltmachtpolitik Wilhelms II.

DIE AUSSENPOLITIK WILHEMS II.

- aggressive, imperialistische Außenpolitik („Platz an der Sonne")
- 1896 Krügertelegramm: Wilhelm II. beglückwünschte Ohm Krüger (Präsident der Burenrepublik) zum Sieg gegen Großbritannien
- 1898: Orientreise Wilhelms, Bau der (Istanbul-)„Bagdadbahn" durch Deutschland
- 1900: „Hunnenrede"
- Ausbau des Zweibunds, „Politik der freien Hand" (= keine Rücksicht auf britische Interessen
- Flottenbauprogramm („Risikoflotte")
- „Daily Telegraph-Interview" (1908): arrogante Kommentierung der britischen Politik
- 1898–1901 und 1912 („Haldane-Mission"): Ablehnung britischer Flottenvertragsangebote

BÜNDNISKONSTELLATIONEN

- 1894: französisch-russisches Defensivbündnis gegen Angriff einer Dreibundmacht nach Nichterneuerung des deutsch-russischen Rückversicherungsvertrags (von 1887)
- 1904: Entente cordiale (GB, F); ursprünglich koloniale, dann zunehmend europäische, speziell antideutsche Bedeutung
- 1907: Triple Entente (GB, F, R)

DIE „JULIKRISE" 1914

Auslöser des Ersten Weltkriegs war die Ermordung des österreichischen Thronfolgers Franz Ferdinand und seiner Frau in der bosnischen Hauptstadt Sarajevo (28. 6. 1914) durch den bosnischen Studenten Gavrilo Princip, einem Mitglied der serbischen Untergrundorganisation „Schwarze Hand". Eine direkte Beteiligung der serbischen Regierung wurde nicht deutlich. Dieser Mord löste die „Julikrise" aus. Sie war geprägt von Drohgebärden, halbherzigen diplomatischen Vermittlungsversuchen und eklatanten Fehleinschätzungen. In der Folgezeit drängte Wilhelm II. Österreich-Ungarn durch seinen Blankoscheck vom 5. Juli (bedingungslose Bündnistreue des Deutschen Reichs auch bei einem Eingreifen Russlands) zum Krieg gegen Serbien, da er glaubte, dass Russland nicht kriegsbereit und kriegswillig sei. Am 23. Juli richtete Österreich-Ungarn ein mit der deutschen Regierung abgesprochenes hartes Ultimatum an Serbien, das dieses jedoch überraschenderweise im Wesentlichen annahm. Obwohl nun kein Kriegsgrund mehr bestand, hielt Wilhelm Österreich-Ungarn nicht davon ab, Serbien am 28. 7. den Krieg zu erklären, was die Mobilmachung des Zarenreichs bewirkte und angesichts des Verhältnisses der Großmächte und deren Bündnissysteme (Triple Entente, Dreibund) einen Kriegsautomatismus auslöste.

VORAUSGEGANGENE KRISEN

- 1. Marokkokrise (1905): Das Deutsche Reich wandte sich gegen den französischen Einfluss in Marokko (1905). Wilhelm II. betonte in Tanger Marokkos Unabhängigkeit. Die Konferenz von Algeciras bestätigte den französischen Einfluss. Das Deutsche Reich war isoliert, galt als „Provokateur".
- 1. Balkankrise (1908): Österreich-Ungarn annektierte das türkische Bosnien-Herzegowina.
- 2. Marokkokrise (1911): Marokkanischer Aufstand gegen die Vorherrschaft Frankreichs, die Entsendung eines deutschen Kanonenboots („Panthersprung nach Agadir"), um deutsche Interessen zu demonstrieren, verschärfte die Konfliktsituation.
- 2. Balkankrise (1913): Im 1. Balkankrieg (1912) verlor die Türkei gegen Serbien, Bulgarien, Montenegro, Griechenland fast alle europäischen Besitzungen. Der 2. Balkankrieg (1913) unter den Siegern machte den Balkan endgültig zum „Pulverfass".

ENTFESSELUNG DES KRIEGS 1914

- 28. 6.: Ermordung von Franz Ferdinand (Sarajevo)
- 23. 7.: österreichisch-ungarisches Ultimatum an Serbien
- 28. 7.: Kriegserklärung Österreich-Ungarn an Serbien
- 1. 8.: Kriegserklärung des Deutschen Reiches an Russland
- 3. 8.: Kriegserklärung des Deutschen Reiches an Frankreich
- 4. 8.: Kriegserklärung Großbritanniens an das Deutsche Reich

DIE KRIEGSZIELE

Alle Großmächte hatten koloniale und europäische Ziele, die sich nur militärisch erreichen ließen.

Deutsches Reich: Hegemonie auf dem Kontinent, Vergrößerung des Kolonialbesitzes, Beseitigung der englischen Vorherrschaft zwischen Gibraltar und Indien und ein Sonderfriede mit Russland, um den Rücken gegen die verbündeten Westmächte freizubekommen.

Österreich-Ungarn: Erhaltung des Vielvölkerstaates und Sicherung des Großmachtstatus in Südosteuropa durch die Ausschaltung Russlands als Konkurrenzmacht auf dem Balkan.

Frankreich: Rückgewinnung der kontinentalen Hegemonie; Revanche für 1870/71, Annexion des Saarlands und sichere Ostgrenzen.

Großbritannien: Verhinderung einer deutschen Weltmachtstellung durch Beendigung der deutschen Seemacht und Wegnahme der Kolonien.

Russland: Zugang zum Mittelmeer durch Gewinnung der Dardanellen, Gewinnung Ostpreußens und Galiziens (Südosten Polens) und Zusammenfassung aller Slawen in einem vom Russland geführten panslawistischen Reich.

DER ERSTE WELTKRIEG ALS TOTALER KRIEG

General Ludendorff, der zusammen mit Hindenburg seit Sommer 1916 die 3. Oberste Heeresleitung (OHL) führte, bezeichnete den Ersten Weltkrieg als „totalen" Krieg. Eine militärische Auseinandersetzung ist ein totaler Krieg, wenn es sich nicht nur um einen Zusammenprall feindlicher Heere, sondern ganzer Völker handelt und wenn dieser Krieg mit allen, auch **mit extremsten Mitteln** und unter **Missachtung des Kriegsrechts** geführt wird. Der totale Krieg umfasst alle Lebensbereiche, versetzt die gesamte Gesellschaft eines Staates in einen Kriegszustand, mobilisiert alle wirtschaftlichen, militärischen und geistigen Kräfte und richtet sie auf den Krieg aus. Er wird auch bewusst gegen die Zivilbevölkerung und gegen zivile Einrichtungen des Gegners geführt.

Ziel des totalen Kriegs ist nicht – wie beim „normalen" Krieg – die Besiegung, sondern die **Vernichtung des „Tod-" oder „Erzfeindes"**. So sahen den Ersten Weltkrieg von Anfang an die beteiligten Großmächte. Der französische Botschafter in St. Petersburg sagte bei Kriegsausbruch: „Der jetzige Krieg gehört nicht zu denjenigen, die durch einen politischen Vertrag beendet werden [...] Es ist ein Krieg auf Leben und Tod, in welchem jeder Kämpfende seine nationale Existenz aufs Spiel setzt."

CHARAKTERISIERUNG

Erster totaler Krieg, erster Weltkrieg der Menschheitsgeschichte; fast alle Staaten der damaligen Welt beteiligt; 70 Mio. Soldaten aus allen Kontinenten; aus Bewegungskrieg wird schnell Stellungs- und Materialkrieg; neue Waffen und brutale Kriegsführung bewirken Zerstörung und Vernichtung in bisher ungeahntem Ausmaß; 16 Mio. Tote (10 Mio. Soldaten, 6 Mio. Zivilisten); tiefgreifende machtpolitische, territoriale und gesellschaftspolitische Folgen.

DIE VERFEINDETEN MÄCHTE

Im Ersten Weltkrieg standen sich zwei feindliche Blöcke gegenüber:

Die Mittelmächte (Deutsches Reich, Österreich-Ungarn, Türkei, Bulgarien seit 1915) und die Alliierten (Großbritannien, Frankreich, Russland, Serbien). Auf deren Seite traten Japan, Italien (1915), Portugal und Rumänien (1916), Griechenland und die USA (1917) sowie zahlreiche alliierte bzw. assoziierte Länder in den Krieg ein. Zu ihnen gehörten z.B. Kanada, Australien, Neuseeland, die Südafrikanische Union, Portugal, Arabien, Französisch-Westafrika, Libyen, Sudan, Ägypten, Brasilien, Peru, Bolivien, Ekuador, Panama, Kuba, El Salvador, (Britisch-)Indien, China, Siam, die Philippinen und weitere kleine Länder.

Bei Kriegsende befanden sich 25 Staaten sowie deren Kolonien mit insgesamt 1,35 Mrd. Menschen (ca. 75 % der damaligen Weltbevölkerung) im Kriegszustand. In Europa blieben nur Dänemark, Norwegen, Schweden, die Niederlande, Albanien, Spanien und die Schweiz neutral. Die Mittelmächte waren von Anfang an in einer militärisch-strategisch schlechteren Position. Sie hatten deutlich weniger Soldaten (Mittelmächte bei Kriegsausbruch ca. 8 Mio; Alliierte 1914: ca. 11,5 Mio.), ihnen fehlten kriegswichtige Rohstoffe (Erze, Buntmetalle), die britische Blockade der deutschen Küsten verhinderte den Import kriegswichtiger Güter aus überseeischen Gebieten und die Mittelmächte mussten einen strategisch ungünstigen Zweifrontenkrieg führen.

DAS EPOCHENJAHR 1917

1953 bezeichnete der deutsche Historiker Hans Rothfels das Jahr 1917 als „Epochenjahr" der Weltgeschichte, da mit ihm eine neue Epoche, die der jüngsten Geschichte, der Zeitgeschichte, beginne. Die universalhistorische Bedeutung dieses Jahres ergibt sich daraus, dass sich mit dem Kriegseintritt der USA und der russischen Oktober-revolution die bipolare Weltordnung entwickelte. Zwei neue, konträre politische Visionen lösten das offensichtlich gescheiterte Gleichgewichtsmodell des „alten Europa" ab: Wilsons liberal-kapitalistisches Demokratiemodell „make the world safe for democracy" und Lenins Vorstellung von der sozialistischen Weltrevolution. Beide Modelle erhoben einen weltweiten Gültigkeitsanspruch und erzielten eine ehebliche Propagandawirkung. Sie teilten in letzter Konsequenz die Welt in ein östliches und westliches Lager. Dieser extreme ideologisch-politische Gegensatz beeinflusste wesentlich die europäische Außenpolitik und die innenpolitischen Verhältnisse zahlreicher europäischer Staaten in der Zwischenkriegszeit. Zwischen 1941/42 und dem Ende des Zweiten Weltkriegs wurde dieser Gegensatz von dem gemeinsamen Ziel der Besiegung des nationalsozialistischen Deutschlands überdeckt. Nach 1945 entwickelte er sich rasch zum Ost-West-Konflikt und bestimmte die europäische und die Weltpolitik bis zum Zerfall der UdSSR 1990/91 maßgeblich.

DIE KRIEGSPHASEN

- 1914: „Hurrapatriotismus" auf allen Seiten
- 1915: Materialschlachten, riesige Verluste, U-Boot Krieg, Bewegungskrieg wird zu Stellungskrieg
- 1916: extrem verlustreiche Schlachten (Verdun, Schlacht an der Somme)
- 1917: „Epochenjahr": Kriegseintritt der USA (Krieg wird zum Weltkrieg), Waffenstillstand mit Russland (Oktoberrevolution)
- 1918: „Diktatfriede" von Brest-Litowsk mit Russland, Waffenstillstand und bedingungslose Kapitulation des Deutschen Reichs

KRIEGSSCHULDFRAGE

Aufgrund des Blankoschecks und der säbelrasselnden Außenpolitik Wilhelms II. sahen die Historiker lange Zeit den Kaiser, seinen Kanzler Bethmann-Hollweg und damit das Deutsche Reich als Hauptschuldige an. Diese Ansicht lehnt die Mehrheit der Historiker heute ab und geht davon aus, dass der Krieg das Ergebnis eines sehr komplexen Geflechts von verschiedenen politischen Ursachen und Ereignissen war (gegenseitiges Misstrauen, Fehleinschätzungen, expansionistische Außenpolitik, nationalistische Bestrebungen, militärische Strategien) und dass deshalb alle Großmächte und Serbien bzw. deren führende Politiker und Militärs zum Ausbruch des Ersten Weltkriegs beitrugen, den sie nicht bewusst auslösen wollten: Österreich-Ungarn hielt starr an seinem Vielvölkerstaat fest und ließ sich vom Deutschen Reich unter Druck setzen. Wilhelm II. drängte Österreich-Ungarn zum Krieg gegen Serbien, das wiederum aggressiv versuchte, seine Nationalidee zu verwirklichen. Russland wollte einen Prestigeverlust vermeiden und die drohende Revolution im Innern durch Krieg nach außen verhindern und Zugang zum Mittelmeer erreichen. Großbritannien brachte seine Stärke diplomatisch-mäßigend zu wenig ein und Frankreich benutzte die Entente, um die Niederlage von 1870/71 zu revidieren.

DER ERSTE WELTKRIEG BEENDETE DAS „LANGE" 19. JAHRHUNDERT

Mit dem Ersten Weltkrieg ging auch eine Epoche zu Ende, nämlich das „lange" 19. Jahrhundert. Es wird in der Geschichtsschreibung auch das „bürgerliche" Jahrhundert genannt, obwohl es mit dem politischen Aufstieg des Bürgertums in der Französischen Revolution begann und erst 1918 endete.

Für den Charakter einer Epochenzäsur gibt es folgende Belege:

- Der Krieg, die „Urkatastrophe des 20. Jahrhunderts", wie der US-Diplomat George Kennan ihn nannte, beendete den optimistischen Fortschrittsglauben, der das 19. Jahrhundert geprägt hatte.
- Die republikanische Staatsform löste die Monarchie ab, das parlamentarisch-demokratische Regierungssystem das konstitutionelle.
- Europa verlor seine globale Führungsrolle an die USA und damit einen Großteil seiner bisherigen weltpolitischen Bedeutung.

IST DER ERSTE WELTKRIEG DER BEGINN DES ZWEITEN DREISSIGJÄHRIGEN KRIEGS?

Der Erste Weltkrieg wirkte sich fatal auf die weitere Geschichte Europas aus. Deshalb wird die Zeit zwischen 1914 und 1945 von manchem Historiker auch als der „zweite Dreißigjährige Krieg" oder als „Katastrophenzeit" der deutschen Geschichte bezeichnet. Die in diesem Zusammenhang entscheidende Frage lautet: Welche Bedingungsfaktoren verliehen der Zeit von 1914 bis 1945 so viel Kontinuität, dass eine derartige Charakterisierung gerechtfertigt ist? Der Krieg schuf eine Fülle von Spannungen, ungelösten Problemen und Konflikten, die die Zwischenkriegszeit in fast allen europäischen Staaten, wenn auch unterschiedlich, stark beeinflussten:

- Der Kreuzzugscharakter des Kriegs brachte Friedensverträge hervor, die die Ablehnung der besiegten Staaten, vor allem Deutschlands, provozierten, die in hohem Maße emotionalisierten und die zahlreiche Konfliktbereiche (Kriegsschuld, Reparationen, territoriale Verluste etc.) in sich trugen. Die daraus resultierende Revisionspolitik bestimmte die Innen-, Außen- und bis 1936 die geheime deutsche Rüstungspolitik maßgeblich.
- Das traumatische Erleben des Kriegs führte in fast allen europäischen Ländern zu extremen linken und rechten Ideologien und dadurch zu einer Radikalisierung von Rechts- und Linksgruppierungen (Faschismus, Nationalsozialismus, Sozialismus, Kommunismus).
- Autoritäre und totalitäre Herrschaftsformen entstanden, die Krise der Demokratie erfasste nicht nur die 1918/19 geschaffenen Demokratien, sondern auch die gewachsenen.
- Daraus resultierte eine generelle Radikalisierung der Politik und eine Vergiftung der innenpolitischen Atmosphäre, die wiederum negative Auswirkungen auf das Verhältnis der europäischen Staaten hatte.
- Aus diesen Gründen ist der Zweite Weltkrieg ohne den Ersten schwer denkbar und die Charakterisierung dieser Zeit erscheint trotz ruhigerer Phasen als gerechtfertigt.

ERGEBNISSE UND AUSWIRKUNGEN DES ERSTEN WELTKRIEGS

- Europa verlor seine bisherige Bedeutung als bestimmende Kraft, als „Regulator“ der Weltgeschichte, an die USA.
- Er bewirkte den Untergang von vier Imperien: Deutsches Reich, Österreich-Ungarn, Zarenreich, Osmanisches Reich.
- Als Folge entstanden zahlreiche neue Staaten (z.B. Finnland, die baltischen Staaten, Tschechoslowakei, Ungarn) mit neuen ethnisch-territorialen Konflikten und Zündstoffen.
- In vielen europäischen Staaten vollzogen sich als Folge des Kriegs (z.B. Sturz der Monarchien, Gewöhnung an autoritäre Herrschaft) tiefgreifende Veränderungen der Herrschaftssysteme hin zu militärisch-diktatorischen Strukturen.

FRIEDENSSCHLÜSSE DER ALLIIERTEN MIT DEN BESIEGTEN

- Deutschland: Versailles (28. 6. 1919)
- Österreich: Saint-Germain-en-Laye (10. 9. 1919)
- Bulgarien: Neuilly-sur-Seine (27. 11. 1919)
- Ungarn: Trianon (4. 6. 1920)
- Osmanisches Reich: Sèvres (10. 8. 1920)

DER ERSTE WELTKRIEG

1. Nennen Sie die wesentlichen Ursachen des Ersten Weltkriegs.

____

____

____

____

____

2. Charakterisieren Sie den Ersten Weltkrieg.

____

____

____

____

____

3. Welche Auswirkungen und Ergebnisse hatte der Erste Weltkrieg?

- ☐ **A** Europa verlor seine bisherige Bedeutung als bestimmende Kraft an Russland.
- ☐ **B** Es gab tiefgreifende Veränderungen der Herrschaftssysteme in vielen Staaten.
- ☐ **C** Der Krieg verhalf Lenin an die Macht.
- ☐ **D** Der Krieg löste den Kampf zwischen Demokratie, Faschismus und Bolschewismus Aus.

LÖSUNGEN

1. Machtpolitische Gegensätze in Europa, Auswirkungen des Imperialismus, Prestigepolitik der Großmächte, Schwierigkeiten des österreichisch-ungarischen Vielvölkerstaates, Pulverfass Balkan, Zerfall des Osmanischen Reiches, Weltmachtpolitik Wilhelms II • **2.** Erster totaler Krieg, Stellungs- und Materialkrieg, brutale Zerstörung und Vernichtung, tiefgreifende Folgen • **3.** B, C, D

8 DIE WEIMARER REPUBLIK 1918–1929

Die innenpolitischen Veränderungen 1916–1918

DER WAFFENSTILLSTAND

Bis in den Spätsommer 1918 hinein ließ die Oberste Heeresleitung (OHL) wider besseres Wissen die Bevölkerung im Glauben an ein siegreiches Ende des Kriegs.

Im September kam die radikale Wende: Die OHL forderte von der Regierung im Vertrauen auf die Friedenspolitik Wilsons (Kongress-Rede vom 2. 4. 1917, 14-Punkte-Programm vom 8. 1. 1918) nun schnellstens einen Waffenstillstand. In einer Note (offizielles politisches Schreiben) vom 23. 10. 1918 teilte Wilson jedoch mit, dass die USA nur mit Vertretern des deutschen Volkes, aber keinesfalls mit „den militärischen Beherrschern und monarchistischen Autokraten Deutschlands" verhandeln würden. Daraufhin änderte die OHL ihren Kurs radikal und proklamierte den heroischen, wenngleich sinnlosen Widerstand bis zum Untergang.

Als die Anfang Oktober zur „Machtübernahme befohlenen" Parteien bzw. deren Regierung Max von Baden diesen Kurs ablehnten, stahl sich Ludendorff durch seinen Rücktritt aus der Verantwortung. Seinen Mitarbeitern gegenüber erklärte er: „Die (Politiker der neuen Regierung) sollen nun den Frieden schließen, der geschlossen werden muss. Sie sollen die Suppe jetzt essen, die sie uns eingebrockt haben."

Am 11. November unterzeichnete Matthias Erzberger (Zentrumspartei) als Vertreter der Regierung den Waffenstillstand. Da sich die innenpolitischen Veränderungen seit 1916 hinter den Kulissen abgespielt und die Politiker der Weimarer Koalition (SPD, Zentrum, Fortschrittliche Volkspartei) die Rolle der Militärs nicht deutlich gemacht hatten, wurden die Parteien der Weimarer Koalition und die Demokratie mit dem Makel des verlorenen Kriegs und des Versailler Vertrages belastet und von vielen Deutschen deshalb abgelehnt.

INNENPOLITISCHE VERÄNDERUNGEN

- Von der konstitutionellen Monarchie zur Militärdiktatur: August 1916 Berufung von Hindenburg und Ludendorff an die Spitze des Heeres; dies bedeutete die Entmachtung Wilhelms II. Die neue OHL bestimmt die Kriegsführung.
- Zerfall des „Burgfriedens"
- Die extremen Bedingungen für Militär- und Zivilbevölkerung lösten 1916/17 eine breite Friedensdiskussion aus; Entstehung des kommunistischen Spartakusbundes; Frühjahr 1917: Friedensresolution des Reichstags, initiiert von SPD, Zentrum und Fortschrittlicher Volkspartei.
- Die parlamentarische Monarchie: Aufgrund der sich abzeichnenden Niederlage verordnete die OHL Anfang Oktober 1918 eine demokratische Regierung (= Revolution von oben); Regierungsbildung durch die Weimarer Koalition (SPD, Z, Fortschrittliche Volkspartei) unter Reichskanzler Max von Baden (parteilos).

DIE NOVEMBERREVOLUTION

- 28.10.: Die Flotte sollte in Richtung Themsemündung auslaufen (= sinnloser Leistungsnachweis).
- 29.10.–2.11: Die Meuterei erfasste Wilhelmshaven und Kiel; Wilhelm II. lehnte die von Max von Baden vorgeschlagene Abdankung ab.
- 3.11.: erstes Blutvergießen zwischen Matrosen und Militär
- 4.11.: erste politische Forderungen (Abdankung des Kaisers, Republik)
- 5./6.11.: Die Revolution erfasste ganz Deutschland.
- 7.11.: Sturz Ludwigs III. von Bayern und Ausrufung der Räterepublik durch Kurt Eisner (USPD); Ultimatum der SPD an Wilhelm II. abzudanken
- 9.11.: Wilhelm II. lehnte ab, Max von Baden „dankt ihn ab"; Ausrufung der „deutschen Republik" durch Scheidemann (SPD) bzw. der „freien sozialistischen Republik" (Liebknecht); Rücktritt Max von Badens; Kanzler für einen Tag: Friedrich Ebert (SPD).

DAS ENDE DER MONARCHIE

Um eine Radikalisierung der revolutionären Stimmung zu verhindern, forderte Reichskanzler Max von Baden Wilhelm II. auf, zurückzutreten.

Wilhelm weigerte sich mit der Begründung, er denke gar nicht daran, „Wegen ein paar hundert Juden und der tausend Arbeiter" den Thron zu verlassen. Der Starrsinn und die Unfähigkeit Wilhelms, die Realität zu erkennen, haben die Republik bewirkt. Seine rechtzeitige Abdankung hätte die Erhaltung der Monarchie in ihrer modernen, parlamentarisch-demokratischen Form ermöglicht. Nach der Nachricht von der Ablehnung des Kaisers ließ Max von Baden eigenmächtig über das Wolff'sche Telegraphen-Bureau in Berlin am 9.11. um 12.30 Uhr die Nachricht von der Abdankung des Kaisers verkünden: „Der Kaiser und König hat sich entschlossen dem Throne zu entsagen." Unmittelbar danach trat Max von Baden zurück. Wilhelm II. ging ins Exil nach Doorn (Holland).

DER ANFANG DER REPUBLIK

Um die Mittagszeit des 9. November befanden sich revolutionäre Arbeitermassen auf dem Marsch ins Berliner Regierungsviertel, um die Herrschaft der Regierung und der Parteien, die als Repräsentanten des alten Systems betrachtet wurden, zu beenden. Um der radikalisierten Arbeiterschaft um Karl Liebknecht zuvorzukommen, verkündete Philipp Scheidemann (SPD) ohne Absprache mit seiner Parteiführung und sehr zu deren Ärger um 14 Uhr das Ende der Monarchie: „Das Alte und Morsche ist zusammengebrochen; der Militarismus ist erledigt! Die Hohenzollern haben abgedankt! Es lebe die deutsche Republik!" Zwei Stunden später rief Liebknecht die „freie sozialistische Republik" aus und verkündete die neue Marschroute des revolutionären Teils der SPD mit der Parole: „Alle Macht den Arbeiter- und Soldatenräten."

DIE BEWERTUNG DER NOVEMBEREREIGNISSE

Keine klassische Revolution; sie geht nicht vom Volk aus, ist ein Zufallsprodukt; keine grundlegende gesellschaftspolitische Umstrukturierung; SPD will evolutionäre Entwicklung (= Demokratie), die „alten Mächte" (Verwaltung, Justiz, Militär) behalten ihre Bedeutung.

DER NAME „WEIMARER REPUBLIK“

Hauptstadt und politisches Zentrum des Deutschen Reichs war Berlin. Daran änderte sich auch nach dem Ende der Monarchie nichts. Ende 1918 und Anfang 1919 wurden die Verhältnisse in Berlin chaotisch (Matrosen-, Spartakusaufstand). Deshalb wichen die am 19.1.1919 gewählten Mitglieder der Verfassunggebenden Nationalversammlung in das ruhige Weimar aus. Dies wurde mit dem „Geist Weimars“ (Goethe, Schiller) begründet.

DIE CHRONOLOGISCHE STRUKTUR DER WEIMARER REPUBLIK

Die Weimarer Republik ist nicht offiziell gegründet und beendet worden. Die Übergänge vom Kaiserreich und zum Dritten Reich waren fließend. Es gibt deshalb für Beginn und Ende der Weimarer Republik eine Reihe von Daten, jedoch keine eindeutige Datierung. Ihren Beginn kann man ansetzen mit dem 28. Oktober 1918 (der Reichstag beschloss, dass die Regierung vom Vertrauen des Reichstags abhängig ist = Parlamentarisierung), mit dem 9. November 1918 (Abdankung des Kaisers, Ende der Monarchie, Ausrufung der Republik), mit dem 6. Februar (Zusammentreten der Nationalversammlung zu Weimar) oder mit dem 11. August 1919 (Unterzeichnung der neuen Verfassung durch Reichspräsident Ebert).

Auch für das Ende der ersten deutschen Republik gibt es mehrere Datierungen: 27. März 1930 (Scheitern der letzten parlamentarischen Reichsregierung, Beginn der Präsidialregierungen); 30. Mai 1932 (Sturz des letzten Reichskanzlers, der zwar keine parlamentarische Mehrheit besaß, aber wenigstens keine Mehrheit gegen sich hatte); 30. Januar 1933 (Ernennung Hitlers zum Reichskanzler); 28. Februar 1933 (die Reichstagsbrandverordnung hob die Grundrechte „bis auf Weiteres“, de facto bis zum Untergang des NS-Regimes auf); 14. Juli 1933 (Verbot aller Parteien außer der NSDAP); 2. August 1934 (Hitler vereinigte die Ämter des Reichspräsidenten und des Reichskanzlers und wurde damit Diktator).
Als entscheidende Daten gelten der 9. November 1918 und der 30. Januar 1933.

DIE ETABLIERUNG DER WEIMARER REPUBLIK

Der Rat der Volksbeauftragten (RdV) (10.11.1918)

Die Berliner Arbeiter- und Soldatenräte wählten die neue Regierung (= Rat der Volksbeauftragten, 3 MSPD, 3 USPD Mitglieder) und als Kontrollorgan den Vollzugsrat.

Der Pakt mit den alten Mächten (10.11.1918)

SPD (Ebert) - Militär (Groener); reines Zweckbündnis; die SPD wollte Ruhe, Ordnung, Demokratie, das Militär wollte seine Bedeutung erhalten.

Reichskonferenz der Arbeiter- und Soldatenräte (16.-19.12.1918)

Demokratie (MSPD) oder Räterepublik (USPD)?; SPD setzte sich durch; exekutive legislative Macht an RdV; Entscheidung für Nationalversammlung (= Entscheidung für Demokratie).

Berliner Matrosenaufstand (23./24.12.1918)

Matrosen bedrohten die Regierung; blutige Straßenschlacht; die SPD setzte Militär ein; Austritt der USPD aus RdV.

Der Spartakusaufstand (5.-12.1.1919)

Ursache: evolutionärer Kurs der MSPD; blutige Straßenkämpfe in Berlin; RdV setzte Militär ein; brutale Niederschlagung, „Säuberung" Berlins von Spartakisten; Ermordung von Rosa Luxemburg und Karl Liebknecht; Spartakusaufstände, Ausrufung und Bildung von Räterepubliken im Reich, Niederschlagung bzw. Beendigung durch das Militär.

DIE PHASEN DER WEIMARER REPUBLIK

9.11.1918-1923

Etablierung der Republik, permanente Bedrohung durch Aufstände, Putschversuche, Räterepubliken, Ruhrkampf, Separatismus, Inflation

1924-1929

ruhige innere Entwicklung, große außenpolititische Erfolge (Rapallo, Locarno, Mitglied im Völkerbund); prägender Einfluss Stresemanns

1929-30.1.1933

Weltwirtschaftskrise, erstarkender Rechts- und Linksradikalismus, Auflösung des parlamentarischen Systems, Präsidialkabinette, bürgerkriegsähnliche Verhältnisse

DIE ZERRISSENE GESELLSCHAFT

Die gesellschaftspolitische Entwicklung im Kaiserreich und vor allem der Erste Weltkrieg prägten die Gesellschaft der Weimarer Republik. Ihre Zerrissenheit, die sich in der großen Parteienlandschaft und den zahllosen politischen Gruppierungen dokumentierte, hatte eine Reihe von Ursachen:

- Die Weimarer Republik war von Anfang an mit dem Makel des verlorenen Kriegs und der Dolchstoßlegende belastet. Diese schob der „Heimat", besonders den Parteien, die sich seit 1916 für eine Beendigung des Kriegs ausgesprochen hatten (SPD, USPD, Zentrum, Fortschrittliche Volkspartei, seit Ende 1918 Deutsche Demokratische Partei, DDP), die Schuld an der Niederlage zu.
- Republik und Demokratie waren nicht gewachsen, sondern praktisch über Nacht gekommen. Noch dazu waren sie von außen, in erster Linie von den USA im Verlauf der Waffenstillstandsverhandlungen erzwungen worden; sie galten vielen Deutschen, die überwiegend immer noch monarchisch eingestellt waren, als „undeutsch".
- Die Wirren der Anfangszeit (Aufstände, das Vorgehen der provisorischen Regierung des Rats der Volksbeauftragten – seit 27.12.1918 reines MSPD-Gremium – mit Hilfe von Polizei und Militär gegen Matrosen, Spartakusbund und Räterepubliken) verkleinerten die Parteibasis der MSPD und verschärften die Konflikte innerhalb der Arbeiterschaft.
- Die linksaußen stehenden Parteien und Gruppierungen der Arbeiterschaft fühlten sich von der MSPD verraten, da sie von einer Revolution größere Gewinne für die breite Masse erwartet hatten.
- Der Schock der unerwartet harten Friedensbedingungen vergrößerte die politische Kluft zwischen denen, die weiterhin den demokratischen Staat trugen und denen, die enttäuscht, verbittert und bereit waren, den neuen Staat zu bekämpfen und zu beseitigen.

DAS RÄTESYSTEM

In der Theorie des Rätesystems werden wichtige Entscheidungen von der politischen Basis getroffen. Sie wählen auch ihre Räte, die wiederum die Räte der nächsthöheren Ebene wählen. Dadurch ergibt sich eine **hierarchische Struktur**, an deren Spitze ein Zentralrat steht. Alle Räte tagen öffentlich und haben in ihrem Bereich legislative, exekutive und judikative Macht (**Gewaltenkonzentration**), die von Volkskommissaren ausgeübt wird.
In der politischen Praxis entartete das Rätesystem. Es setzte einen hohen Grad an politischer Mitarbeit aller voraus. Dies, die Machtkonzentration und die nicht durchführbare Kontrolle übergeordneter Räte durch die Basis führten dazu, dass in der Regel nur eine kleine Gruppe von Berufsfunktionären bestimmte.

Das Rätesystem ist in der kommunistischen Theorie das Regierungssystem, das in **der Revolutions- und Übergangsphase** vom Kapitalismus zum Sozialismus die Diktatur des Proletariats sichern soll.

DIE POLITISCHE STRUKTUR DES RÄTESYSTEMS

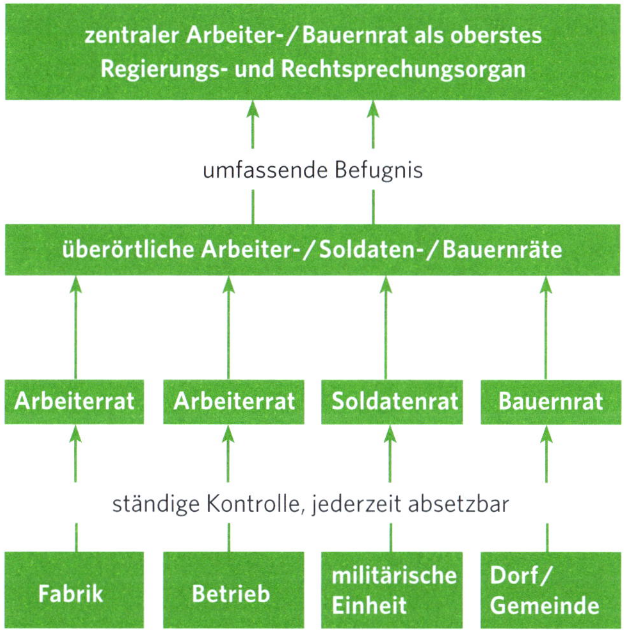

DIE POLITISCHE LANDSCHAFT ZU BEGINN DER WEIMARER REPUBLIK

Bürgerliche Gruppierungen
Verteidigung der bürgerlichen Privilegien
Ziel: Liberalisierung
staatstragend bis antidemokratisch

Antidemokraten
Offiziere, Berufs-, Frontsoldaten, Verwaltung, Justiz, Adel, Großgrundbesitzer, Großunternehmer; gegen Sozialismus und Demokratie, konservativ

Weimarer Koalition
Demokratie,
Verhinderung „russischer Verhältnisse“,
ruhige, evolutionäre Entwicklung,
Regierungsgewalt und Legitimation durch Wahlen

Arbeiter- und Soldatenräte
Beseitigung des alten Systems,
Räterepublik,
Sozialismus

Spartakus/KPD
Diktatur des Proletariats,
Weltrevolution,
Beseitigung des kapitalistischen Systems

grün: staatstragend
grau: staatsablehnend

DIE REICHSTAGSWAHLEN 1919 UND 1920

Reichstagswahl 1919: Weimarer Koalition (SPD, Z, DDP): 76,1 %.
Erklärung: Angst des Bürgertums vor „russischen Verhältnissen“, Wunsch nach (gerechtem) Frieden

Reichstagswahl 1920: Weimarer Koalition: 43,6 %.
Erklärung: keine Angst des Bürgertums vor Revolution bzw. Sozialismus mehr, Enttäuschung, Verbitterung

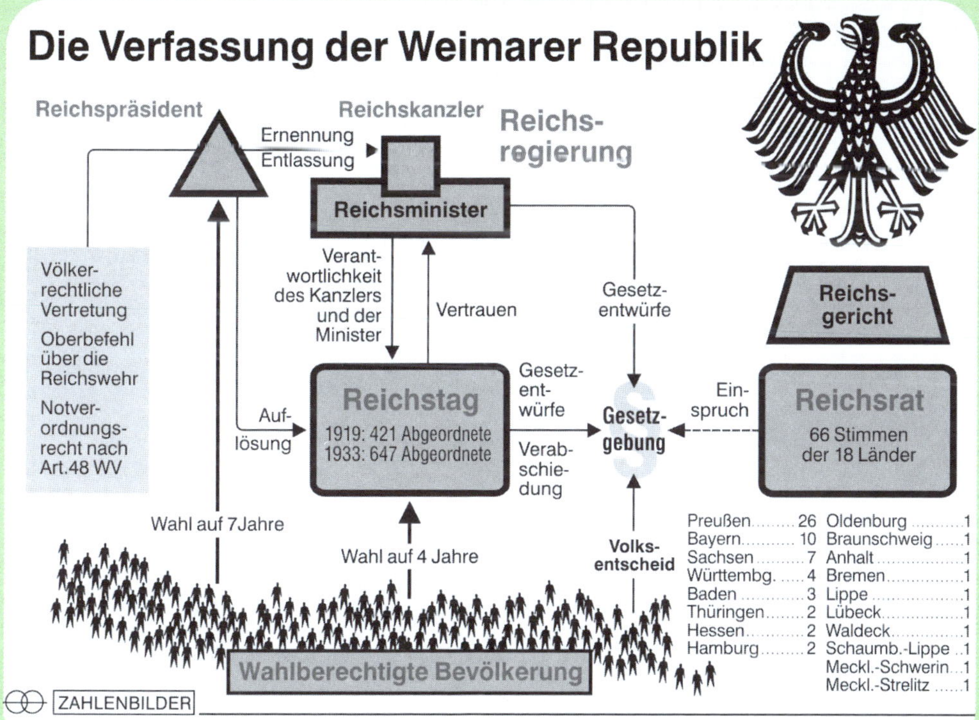

VOLK

Das Volk ist der Souverän, dessen Wille der Reichstag verkörpert; es wählt den Reichstag und den Reichspräsidenten und hat durch Volksentscheide (Plebiszite) Mitwirkung an der Legislative. Außerordentlich große Bedeutung im politischen Prozess.

REICHSTAG

Er ist das zentrale Organ; hat (in normalen Zeiten) die Gesetzesinitiative und damit den überwiegenden Teil der Legislative; kontrolliert die Regierung (einfaches Misstrauensvotum), entscheidet über Krieg und Frieden.

REICHSRAT

Er ist die Ländervertretung; geringe Beteiligung an der Legislative; insgesamt schwache Position.

REICH UND LÄNDER

Aus Staaten werden Länder (= Verlust an Souveränität); Reichsrecht bricht Landesrecht; Länder sind über den Reichsrat schwach an Legislative beteiligt.

REICHSREGIERUNG

Sie ist doppelt abhängig (Reichstag und Reichspräsident).

REICHSPRÄSIDENT

Er ist höchster Repräsentant des Staates, an Gesetzgebung durch Artikel 48 (Notstand) beteiligt; kann den Reichstag auflösen, ernennt und entlässt die Regierung, hat den militärischen Oberbefehl und wird vom Volk direkt (und beliebig oft) für sieben Jahre gewählt. Er ist aufgrund seiner überragenden Machtfülle ein „Ersatzkaiser".

WAHLRECHT

Allgemein, gleich, geheim, direkt; reines Verhältniswahlrecht ohne Sperrklauseln, begünstigt kleine und kleinste Parteien, macht Koalitions- und Regierungsbildung kompliziert und Koalitionsregierungen labil.

GRUNDRECHTE

Schwächer als heute; Weimar: Grundrechte nach Maßgabe der Gesetze, Bundesrepublik: Gesetze nach Maßgabe der Grundrechte.

DIE BEWERTUNG DER WEIMARER REICHSVERFASSUNG

Die Weimarer Reichsverfassung, die vereinfachend häufig als die entscheidende Ursache der nationalsozialistischen „Machtergreifung" angesehen wurde, galt als die liberalste Verfassung ihrer Zeit. Sie war ein mühsam ausgehandelter Kompromiss, eine Mischform aus verschiedenen demokratischen Verfassungen. Sie war im Ganzen durchaus brauchbar, der politischen Realität jedoch, vor allem in Krisenzeiten, zu wenig angemessen. Für den Untergang der Weimarer Republik spielten andere Faktoren eine größere Rolle (demokratieunwillige Bevölkerung, zu große Machtfülle des Reichspräsidenten, Auswirkungen des verlorenen Kriegs bzw. des Versailler Vertrags, Weltwirtschaftskrise 1929-1933).

DIE WEIMARER REPUBLIK

1. Bewerten Sie in Stichworten die Novemberereignisse von 1918.

2. Erläutern Sie die Ergebnisse der Reichstagswahl 1919 und 1920.

3. Was verdeutlichen die beiden Wahlen von 1920?

4. Bewerten Sie die Bedeutung der Weimarer Reichsverfassung.

LÖSUNGEN

1. Keine klassische Revolution, geht nicht vom Volk aus, keine grundlegende gesellschaftspolitische Umstrukturierung, SPD will Demokratie, die „alten Mächte" behalten ihre Bedeutung • **2.** Weimarer Koalition 1919: 76,1%, 1920: 43,6%, 1919: Angst vor „russischen Verhältnissen", Wunsch nach Frieden, 1920: Enttäuschung, Verbitterung, Keine Angst vor Revolution mehr • **3.** Die Mehrheit der Deutschen ist antidemokratisch, Weimar ist eine Demokratie ohne ausreichend Demokraten • **4.** Liberalste Verfassung ihrer Zeit, Mischform aus verschiedenen Verfassungen, der politischen Realität nicht angemessen, spielte nicht die wichtigste Rolle für den Untergang der WR

DIE ANNAHME DES VERSAILLER VERTRAGES

Nach der Unterzeichnung des Waffenstillstands wurden die deutschen Illusionen bezüglich eines milden Wilson-Friedens rasch zerstört. Gegen den am 7.5.1919 überreichten Vertrag (440 Artikel) protestierte die Regierung Scheidemann (SPD) heftig. Die Alliierten reagierten mit einem Ultimatum: Annahme oder sofortige Besetzung. Das Gefühl betrogen, geknechtet zu werden, bestimmte die Beurteilung des Vertrags durch die Deutschen, die den „Schmach-" oder „Karthago-Frieden" (völlige Zerstörung Karthagos 146 v. Chr. durch Rom) einhellig ablehnten. Kanzler Scheidemann trat am 20.6.1919 zurück, die nachfolgende Regierung Bauer (SPD) nahm den Vertrag zähneknirschend an.

DIE DOLCHSTOSSLEGENDE

Sie wurde von Hindenburg in die Welt gesetzt. Er behauptete, ein englischer General habe ihm erklärt, das deutsche Heer sei von hinten (in diesem Falle: von der Heimat) erdolcht worden. Damit wies er indirekt die Schuld den Parteien zu, die einen Verständigungsfrieden gefordert hatten. Für die Masse des Volkes war die Dolchstoßlegende plausibel: Bei Kriegsende standen keine fremden Truppen auf deutschem Boden, der Krieg war im Osten siegreich beendet worden. Die Dolchstoßlegende hatte eine ungeheure propagandistische Wirkung, da die Schuld am verlorenen Krieg und am Versailler Vertrag Sündenböcken, den demokratischen Parteien, den „feigen Pazifisten" oder „Novemberverbrechern" zugeschoben werden konnte.

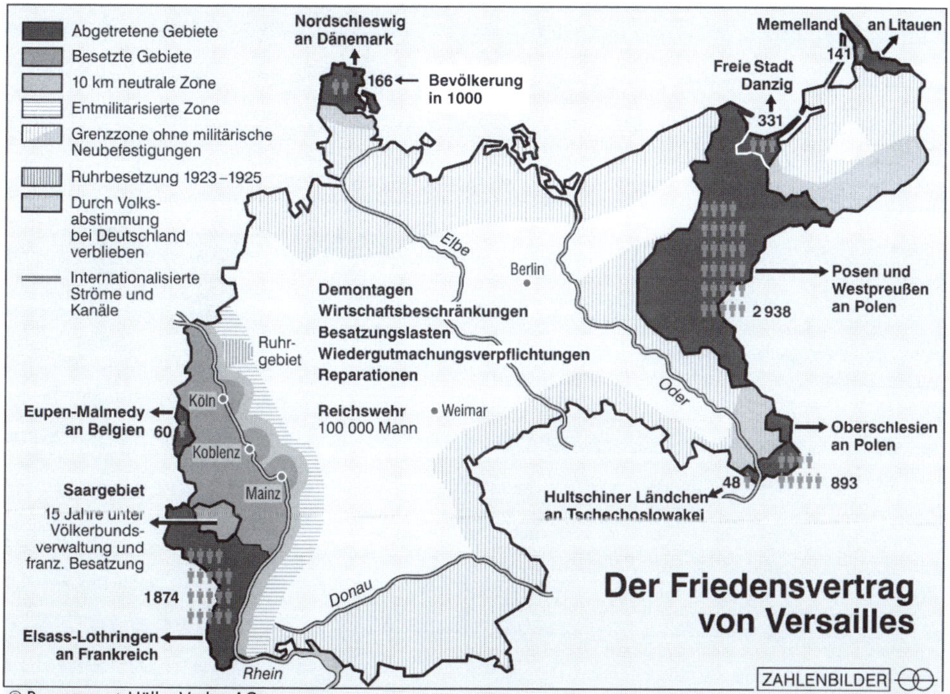
Abgetretene Gebiete
Besetzte Gebiete
10 km neutrale Zone
Entmilitarisierte Zone
Grenzzone ohne militärische Neubefestigungen
Ruhrbesetzung 1923–1925
Durch Volksabstimmung bei Deutschland verblieben
Internationalisierte Ströme und Kanäle
Nordschleswig an Dänemark
166
Bevölkerung in 1000
Memelland
an Litauen
141
Freie Stadt Danzig
331
Elbe
Berlin
Posen und Westpreußen an Polen
2 938
Demontagen
Wirtschaftsbeschränkungen
Besatzungslasten
Wiedergutmachungsverpflichtungen
Reparationen
Reichswehr
100 000 Mann
Weimar
Ruhr-
gebiet
Oder
Oberschlesien an Polen
893
48
Hultschiner Ländchen an Tschechoslowakei
Eupen-Malmedy an Belgien
60
Köln
Koblenz
Mainz
Saargebiet
15 Jahre unter Völkerbunds-verwaltung und franz. Besatzung
1874
Elsass-Lothringen an Frankreich
Donau
Rhein
Der Friedensvertrag von Versailles
ZAHLENBILDER
50067

DIE WESENTLICHEN BESTIMMUNGEN

- Entwaffnung, Abrüstung (Heer 100 000, Marine 15 000 Mann), galt als Schmach.
- Reparationen; Dauerproblem bis 1934, wurden zur Quelle rechtsgerichteter Propaganda.
- Elsass-Lothringen ging erwartungsgemäß an Frankreich.
- Eupen-Malmedy (an Belgien), Nordschleswig (an Dänemark); dies galt als unproblematisch wegen geringer Größe und teilweise französisch sprechender bzw. überwiegend dänischer Bevölkerung.
- Große Teile von Westpreußen, Posen, Teile Hinterpommerns, Ostpreußens (polnischer Korridor) sowie östliches Oberschlesien gingen an Polen. Diese Verluste waren äußerst belastend, sie galten als „urdeutsche Gebiete".
- Danzig wurde „Freie Stadt".
- Memelland (an Litauen), Hultschiner Ländchen (an Tschechoslowakei) waren unproblematisch.
- Art. 227/228 (Kaiser ist Kriegsverbrecher) und Art. 231 (alleinige Kriegsschuld Deutschlands) empfanden alle Deutschen „beleidigend".

DIE BEURTEILUNG DES VERTRAGS

Für Sieger und Besiegte ein problematischer, unbefriedigender Friede, weil:

- Krieg: totaler Krieg, Erfolgszwang, nach Rückzug der USA aus Europa keine neutrale Instanz vorhanden;
- Friedensprogramm: starker Gegensatz zwischen alter Machtpolitik (Frankreich) und neuer Friedenspolitik (US-Präsident Wilson). Folge: Gefühl auf Siegerseite, zu wenig gewonnen zu haben bzw. auf Verliererseite, zu hart, ungerecht behandelt worden zu sein;
- Siegerkoalition: zerstritten, neue Rivalitäten;
- Weltfrieden: viele Probleme, Interessenüberschneidungen, neue Konflikte.

Der Vertrag wurde in Deutschland von allen Parteien und der Bevölkerung als **ungerecht**, **überhart** und **fehlerhaft** angesehen. Zusammen mit der Dolchstoßlegende wurde er zum entscheidenden propagandistischen Kampfmittel der Rechten gegen den demokratischen Staat. **Heutzutage** ist die **Beurteilung** vor dem Hintergrund von 1945 **gemäßigter**, da er vergleichsweise geringe territoriale Verluste gebracht, nicht zur Besetzung geführt und Deutschland die Chance gelassen hatte, wieder eine Großmacht zu werden.

PARTEIEN IN DER WEIMARER REPUBLIK

Kommunistische Partei Deutschlands (KPD):
Reine Klassenpartei; wollte Kommunismus nach russischem Vorbild, größere Bedeutung in Krisenzeiten, ansonsten keine Gefahr für Weimar.

Sozialdemokratische Partei Deutschlands (SPD):
Arbeiterpartei, 1/3 Bürgerliche; Ziel: demokratische Republik; staatstragend, bestimmte die Anfangsphase, stärkster parteipolitischer Faktor.

Deutsche Demokratische Partei (DDP):
Liberales Bürgertum; staatstragend; Ziel: Anwendung und Schutz der Verfassung; in Anfangsphase stark, sank dann ab in Bedeutungslosigkeit.

Zentrum (Z):
Interessenvertretung des Katholizismus; staatstragend; Ziel: Durchdringung des Staats mit christlichem Geist; stabilste Partei; stellte 9 der 18 Kanzler von 1919–1933.

Deutsche Volkspartei (DVP):
Besitzbürgertum; 1923–29 Mitarbeit am Staat, dann antidemokratisch.

Bayerische Volkspartei (BVP):
Katholische Landespartei; vertrat bayerischen Föderalismus; monarchisch, antidemokratisch, obstruktiv und oppositionell, Ablehnung der Republik.

Deutschnationale Volkspartei (DNVP):
Sammlungspartei der Rechten und der Nationalen; Großagrarier, Industrielle; Ziel: Monarchie, stark antirepublikanisch.

Nationalsozialistische Deutsche Arbeiterpartei:
Mittel-, Kleinbürgertum; Ziel: totale Umstrukturierung; entscheidende Partei der Endphase.

REICHSWEHR

Geringschätzige Loyalität gegenüber dem Staat; kein Vorgehen gegen Rechts, brutales Vorgehen gegen Links; permanenter Unsicherheitsfaktor, destabilisierendes Element; widerstandslose Vereinnahmung durch Hitler.

PARAMILITÄRISCHE ORGANISATIONEN

Das Reichsbanner Schwarz-Rot-Gold war die paramilitärische Organisation der staatstragenden Parteien und Gruppierungen. 1931 vereinigte es sich mit der SPD, dem Allgemeinen Deutschen Gewerkschaftsbund (ADGB), dem Allgemeinen freien Angestelltenbund (Afa-Bund) und dem Arbeiter Turn- und Sportbund (ATSB) zur Eisernen Front.

Der Stahlhelm („Bund der unbesiegt heimgekehrten Frontsoldaten") stand der DNVP nahe, wurde zum Sammelbecken des militanten Nationalismus der bürgerlichen Rechtsparteien. Er schloss sich im Oktober 1931 mit DNVP, NSDAP, vaterländischen Verbänden und prominenten Einzelpersönlichkeiten zur Harzburger Front zusammen.

Der Rote Frontkämpferbund war die linksradikale Kampforganisation der KPD.

Die Sturmabteilung (SA) bestimmte als Schlägertruppe der NSDAP in der Endphase Weimars (1932: 400 000 Mitglieder) zunehmend das Straßenbild. Ihre Ziele versuchte sie mit Straßen- und Saalschlachten, Terror und nackter Gewalt durchzusetzen.

FREIKORPS

Militärische Freiwilligenverbände ehemaliger Berufssoldaten unter der Führung ehemaliger hoher Offiziere. Die streng antirepublikanischen Freikorps schützten bis zu ihrem Verbot 1920 deutsche Grenzgebiete im Osten und wurden auch von der Regierung gegen linksradikale Aufstände eingesetzt.

TARN- UND GEHEIMORGANISATIONEN

Sie entstanden nach dem Verbot der Freikorps. Die extremsten, z.B. die Organisation Consul, führten einen regelrechten Krieg gegen die „Judenrepublik". Auf ihr Konto gehen zahlreiche politische Attentate und Morde.

Das Krisenjahr 1923

- Ruhrkampf: Frankreich, Belgien besetzten das Ruhrgebiet (11.1.) wegen Reparationsrückständen; passiver Widerstand; harte Maßnahmen Frankreichs; Gewalt auf beiden Seiten; Ende September: Stresemann beendete den Widerstand.
- Inflation: Auf dem Höhepunkt der Inflation kostete eine Maß Bier 80 Mrd. Mark.
- Hitler-Putsch (8./9. Nov.): Absetzung der Regierung; Ausrufung der „provisorischen deutschen Nationalregierung“ durch Hitler; den NSDAP-Demonstrationszug zur Feldherrnhalle stoppte die Polizei; Verhaftung und Inhaftierung Hitlers.
- Separatismus (von Frankreich unterstützt) „Rheinische Republik“ (Okt./Nov.), „Autonome Pfalz“ (Nov. 1923 – Febr. 1924).

zeigte die Instabilität der Weimarer Republik in den Anfangsjahren

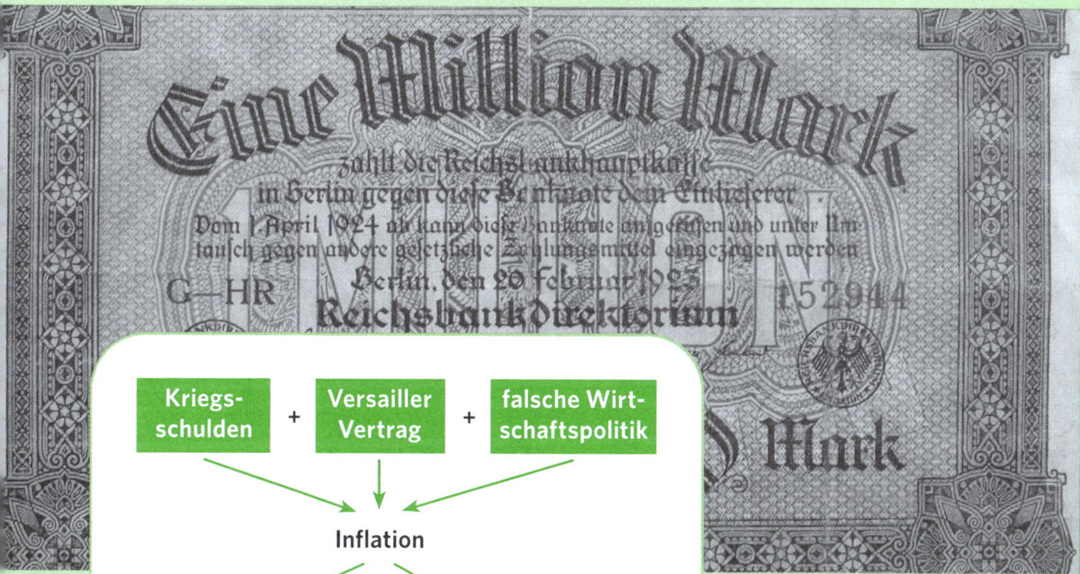

Kriegsschulden + **Versailler Vertrag** + **falsche Wirtschaftspolitik**

↓

Inflation

↓

soziale Folgen

- Arbeitslosigkeit
- Verluste an Ersparnissen und Besitz
- Proletarisierung
- wirtschaftliche Not

politische Folgen

- Verschlechterung der inneren Situation
- Radikalisierung
- Verkleinerung der demokratischen Basis

DER KAMPF UM DIE REPARATIONSBEDINGUNGEN

Die Alliierten maßen den Reparationen größte Bedeutung bei, da es dabei um kompakte nationale Interessen ging. Deshalb kam es in diesem Bereich zu großen Verzögerungen, mühsamen Kompromissen und massivem Streit zwischen den Siegern selbst. Um seine Lieblingsidee, den Völkerbund zu retten, machte z.B. der US-Präsident Woodrow Wilson vor allem Frankreich Zugeständnisse. Aus diesem Grunde setzte sich Frankreich mit seinen Maximalforderungen zunächst durch und schraubte die Reparationen in unerfüllbare Höhen. Entscheidend war für Frankreich weniger die exakte Höhe der unerfüllbaren Forderungen, sondern die Tatsache, dass es nun eine rechtliche Grundlage hatte, nahezu beliebig gegen Deutschland vorzugehen. Da zu Versailles über die Höhe der Reparationen keine Einigung erzielt werden konnte, wurde eine Reparationskommission unter französischem Vorsitz eingerichtet, die die von Deutschland zu zahlenden Reparationen bis 1. 5. 1921 festlegen sollte.

DER WANDEL DER ALLIIERTEN REPARATIONSPOLITIK

Die USA, die sich nach dem Versailler Vertrag für einige Jahre weitgehend aus der europäischen Politik zurückgezogen hatten, setzten seit 1924 die Akzente der Reparationspolitik. Sie wollten eine Wiederherstellung der deutschen Wirtschaft als Voraussetzung für Reparationszahlungen und ihren Beitrag zu einem stabileren Nachkriegseuropa.

Die französischen und britischen Vorstellungen in der Reparationsfrage waren zu dieser Zeit sehr gegensätzlich: Frankreich wollte mit hohen Reparationen die weitgehende Schwächung Deutschlands erreichen und die Ostgrenze durch Gebietsbesetzungen bei Nichterfüllung der Reparationen doch noch an den Rhein vorschieben. Dies stellte der britische Botschafter in Berlin, Viscount d'Abernon, Ende April 1921 unumwunden fest: „Die Besetzung der Ruhr wird von gewissen Kreisen in Frankreich gefordert: von der Poincaré-Gruppe, und zwar teils aus politischen Gründen, teils zur Sicherstellung der Zahlungen, und von der Partei des Marschall Foch in der Annahme, dass sie zu einem Zusammenbruch Deutschlands und zu einer dauerhaften Festsetzung der französischen Grenze am Rhein führen wird."

Die britische Reparationspolitik wurde von der Erkenntnis bestimmt, dass sich der sehr harte Versailler Vertrag nicht werde durchführen lassen, dass man Deutschland Zugeständnisse machen müsse. Deshalb wurde die britische Reparationspolitik von zwei Zielen bestimmt. Erstens: Vermeidung einer Bolschewisierung Deutschlands; zweitens: Ein wirtschaftlich stabiles Deutschland sollte die Westmächte bei dem Wiederaufbau der UdSSR unterstützen, um auf diese Weise eine größere Einflussnahme auf den bolschewistischen Staat zu erreichen.

REPARATIONSVERHANDLUNGEN

Versailles 1919
Begründung der Reparationsforderungen mit der Kriegsschuld Deutschlands; Festsetzung der Gesamthöhe bis 1921 auf 20 Mrd. Goldmark (GM)

Boulogne 1920
Großbritannien und Frankreich einigen sich auf die völlig unrealistische Summe von 269 Mrd. GM

Paris 1921
Gesamtsumme: 226 Mrd. GM, zahlbar in 42 Jahresraten plus jährlich 12 % des Wertes der deutschen Ausfuhr

London 1921
Festlegung der Reparationssumme von den Alliierten auf 132 Mrd. GM, ihre Annahme wird durch ein Ultimatum erzwungen

Dawes-Plan 1924
auf Initiative der USA erstmals rein wirtschaftlich orientierter Plan, deutliche Verbesserungen, z. B. durch US-Kredit in Höhe von 800 Mio. GM

Young-Plan 1929
erstmals Beteiligung der Deutschen; erträgliche Bedingungen: 112 Mrd. Reichsmark (RM) zahlbar in 59 Jahren; Beendigung der alliierten Reparationskommission; vorzeitige Räumung des Rheinlands

Hoover-Moratorium 1931
einjähriger Zahlungsaufschub durch US-Präsident Hoover, Gründe: Weltwirtschaftskrise, Stabilisierung der Regierung Brüning

Lausanne 1932
Festsetzung der restlichen Reparationsleistung: 3 Mrd. RM

1934
endgültige Einstellung der Reparationen

VERTRAG VON VERSAILLES UND REPARATIONEN

1. Nennen Sie die wesentlichen Bestimmungen des Versailler Vertrags.

____
____
____
____
____
____
____
____
____

2. Welche Parteien der Weimarer Republik richten sich hauptsächlich an die Arbeiter?

☐ **A** KPD ☐ **B** DDP ☐ **C** NSDAP
☐ **D** SPD ☐ **E** Z ☐ **F** DVP
☐ **G** BVP ☐ **H** DNVP

3. Welche drei wesentlichen Ursachen hatte die Inflation 1923?

____
____
____

LÖSUNGEN

1. Entwaffnung und Abrüstung, Reparationen, Elsass-Lothringen an Frankreich, Teile Posens, Westpreußens, Ostpreußens, Hinterpommerns, östliches Oberschlesien an Polen, alleinige Kriegsschuld Deutschlands • **2.** A, C, D, • **3.** Kriegsschulden, Versailler Vertrag, falsche Wirtschaftspolitik

DIE BEDINGUNGSFAKTOREN DER DEUTSCHEN AUSSENPOLITIK

Die Außenpolitik der Weimarer Republik weist trotz Rapallo- und Berliner Vertrag eine außerordentliche Kontinuität auf. Dies bewirkten folgende Faktoren:

1. Das übergeordnete Ziel aller Regierungen zwischen 1919 und 1933 bestand in der Revision des Versailler Vertrags.
2. Hierfür waren zu berücksichtigen: Die Isolierung Deutschlands durch den Versailler Vertrag, die Feindschaft Frankreichs und dessen extremes Sicherheitsbedürfnis; das Festhalten Großbritanniens an seiner Balance-of-Power-Politik sowie der ideologisch-politische Gegensatz zwischen der UdSSR und den Westmächten.

Das übergeordnete Ziel der Revision des Versailler Vertrags konnte auf zwei Wegen erreicht werden:

1. Durch die Gewinnung eines oder mehrerer Bündnispartner zur Durchbrechung der außenpolitischen Isolation bzw.
2. durch die Aussöhnung mit Großbritannien und Frankreich, dem dafür ausreichende Sicherheitsgarantien gegeben werden mussten.

DEUTSCHLAND UND DIE UDSSR

Beide Staaten befanden sich 1922 in derselben Situation: **außenpolitisch isoliert, innenpolitisch instabil**. Beide versprachen sich von einem Vertrag politischen, wirtschaftlichen und militärischen Nutzen (Durchbrechung der außenpolitischen Isolation, technische Hilfe für die rückständige UdSSR, geheime deutsche Aufrüstung auf sowjetischem Boden).
Der Vertrag verärgerte die Westmächte sehr. Sie hatten eine internationale Konferenz zu Genua einberufen mit dem Ziel, durch massive Wirtschaftshilfe politischen Einfluss auf die UdSSR ausüben zu können. Die Vertragspartner hatten bereits vor der Konferenz den Vertrag vereinbart, mit dem sie in Rapallo (Vorort von Genua) an die Öffentlichkeit traten. Damit war die Konferenz gescheitert, bevor sie begonnen hatte.

RAPALLO-VERTRAG

16. 4. 1922: UdSSR – Deutsches Reich. Inhalte: Verzicht auf Forderungen aus dem Krieg, Intensivierung der Handelsbeziehungen, diplomatische Beziehungen, „Gedankenaustausch" bei einer Regelung wirtschaftlicher Fragen auf internationaler Ebene. Revisionistische Politiker sahen den Vertrag als Voraussetzung, die Grenzen von 1914 wieder herzustellen.

LOCARNO-VERTRAG

16. 10. 1925

Westpakt (Rhein-, Sicherheitspakt, D, F, B, GB)	Schiedsabkommen D – F, D – B	Schiedsverträge D – CSR, D – Polen
↓	↓	↓
Garantie der bestehenden Grenzen	friedliche Regelung von Streitfällen	friedliche Regelung künftiger Streitfälle

Bedeutung
Garantie der Westgrenzen (= Anerkennung des territorialen Status quo im Westen); Grenzen unterschiedlicher Qualität in West und Ost; Revision der Ostgrenzen bleibt wegen des zeitlichen Vorbehalts offen; außenpolitische Gleichberechtigung Deutschlands

GRENZEN UNTERSCHIEDLICHER QUALITÄT

Der Westpakt gab Frankreich und Belgien dadurch eine außerordentlich hohe Sicherheit, dass Großbritannien und Italien als Garantiemächte auftraten.

Die Schiedsverträge mit Polen und der CSR beinhalteten keine Garantie der Ostgrenzen. Sie sollten zudem keine Anwendung finden auf Streitfragen, die aus Tatsachen entsprungen sind, die zeitlich vor diesem Abkommen liegen. Dieser zeitliche Vorbehalt bedeutete, dass Deutschland sich eine Revision der Ostgrenzen offen gehalten hatte.

AUFNAHME UND BEDEUTUNG DES VERTRAGS

Im Ausland wurde der Vertrag mit Begeisterung aufgenommen, da er ein europäisches Kernproblem entschärfte und den Frieden sicherer machte. In Deutschland wurde er nahezu rundweg abgelehnt. Nur wenige verstanden Stresemanns Taktik. Die Rechten geißelten den Vertrag als „zweites Versailles", als „Verrat deutscher Interessen". Der Vertrag brachte Deutschland kurzfristige politische Gewinne, jedoch keine wirkliche, dauerhafte Veränderung.

AUFNAHME IN DEN VÖLKERBUND

Als Folge des Locarno-Vertrags erhält Deutschland einen ständigen Sitz im Sicherheitsrat. Dies bedeutet seine außenpolitische Gleichstellung.

DER BERLINER VERTRAG

24. 4. 1926: UdSSR – Deutsches Reich; militärischer Neutralitätsvertrag auf Wunsch der UdSSR (Gegenstück zum Locarno-Vertrag); Laufzeit: fünf Jahre.

DIE BEURTEILUNG STRESEMANNS

Seine vorrangigen Ziele erreichte Stresemann nicht. Nur die Verbesserung der Reparationsbedingungen (Dawes-, Young-Plan) war ein kleiner Erfolg. Im Völkerbund übernahm der hoch angesehene Stresemann, der 1926 für seine Locarnopolitik den Friedensnobelpreis erhielt, die Rolle des ehrlichen Maklers und steigerte das Ansehen Deutschlands beträchtlich.

Stresemann wurde und wird kontrovers beurteilt. Im Ausland galt er als europäischer Staatsmann, in Deutschland verfolgten ihn die Rechten mit leidenschaftlichem Hass. Auch heute noch gilt er vielen als „Vertreter des europäischen Gedankens" als „deutscher Staatsmann europäischen Formats". Tatsächlich war Stresemann weder Demokrat noch Europapolitiker aus Überzeugung. Er war und blieb Revisionspolitiker. Von seinen Vorgängern und Nachfolgern unterschieden ihn lediglich die Mittel und Methoden seiner revisionistischen Politik.

DIE ABSCHWÄCHUNG DES RADIKALISMUS

Die Reichstagswahl vom Mai 1924 war vom Krisenjahr 1923 geprägt: Mit Ausnahme des Zentrums erlitten alle Parteien, die bisher Regierungsverantwortung mitgetragen hatten, Verluste. Die KPD wurde zur Massenpartei und die äußersten Rechten waren die eindeutigen Wahlsieger.

Reichstagswahlen (der wichtigsten Parteien in %)				
	1920	1924	1924	1928
KPD	2,1	12,6	9,0	10,6
USPD	17,9	0,8	0,3	0,1
SPD	21,7	20,5	26,0	29,8
DDP	8,3	5,7	6,3	4,9
Z	13,6	13,4	13,7	12,1
BVP	4,4	3,2	3,7	3,1
DVP	13,9	9,2	10,1	8,7
DNVP	15,1	19,5	20,5	14,2
NSDAP	–	6,5	3,0	2,6

Mit der Konsolidierung der Wirtschaft und der Verbesserung des Lebensstandards setzte noch im Jahre 1924 eine spürbare Stabilisierung der politischen Verhältnisse ein. In den Reichstagswahlen vom Dezember 1924 und von 1928 verloren deshalb die rechtsextremen Parteien und die KPD, die SPD konnte stark zulegen. Zum ersten Mal beteiligte sich die DNVP anderthalb Jahre an der Regierung (Luther, 1925), die sich als „überparteiliches Kabinett" bezeichnete.

DIE SCHWÄCHE DES PARLAMENTARISMUS

Trotz der relativen Stabilität im Parlament traten die Nachteile der Verfassung und die daraus erwachsenden innenpolitischen Probleme deutlich zu Tage:

- Das Wahlsystem machte große Koalitionen nötig, deren Flügelparteien nur mühsam miteinander arbeiteten und meist eigene Ziele verfolgten. Da die Kluft zwischen SPD und DNVP zu groß war, konnte im Dezember 1924 nur eine bürgerliche Rechtskoalition (Z, DDP, DVP, DNVP) die Regierung unter Ausschluss der SPD bilden. Paradox war, dass mit der DNVP nun ausgerechnet die Partei zur Erhaltung der Demokratie gebraucht wurde, die die Demokratie von Anfang an abgelehnt hatte.
- Alle Regierungen dieser Zeit besaßen keine oder eine sehr unsichere Mehrheit und einige Male konnten nur Minderheitskabinette regieren.
- Die parteipolitische Koalitionsbreite verhinderte notwendige Gesetze oder machte sie zu unbefriedigenden Kompromissen.
- Der parlamentarische Normalfall (dauerhafte Mehrheitsregierung, klare Minderheitsopposition) trat nicht ein.

EBERT UND HINDENBURG

Am 28. 2. 1925 starb Friedrich Ebert, der als der entscheidende Mann der ersten Jahre (SPD-Vorsitzender, Mitglied des Rats der Volksbeauftragten, erster Reichspräsident) den jungen Staat und die Demokratie geprägt hatte. Für die Rechtskreise war er eine Symbolfigur des verhassten Systems. Mehr als einhundertfünfzig Mal musste er sich gerichtlich gegen Verleumdungen zur Wehr setzen.

Stresemann erkannte mit Recht, dass das deutsche Volk keinen Präsidenten mit Zylinderhut, sondern einen mit Uniform und einer Menge Orden haben wollte.

Im ersten Wahlgang erreichte kein Kandidat die erforderliche absolute Mehrheit. Deshalb wurde der Reichspräsident in einem zweiten Wahlgang mit relativer Mehrheit gewählt. Die Weimarer Koalition einigte sich auf den ehemaligen Kanzler Marx (Z). Die Rechtsparteien erreichten die Kandidatur des 77-jährigen Feldmarschalls Hindenburg, der sich durchsetzte. Sein Wahlleiter stellte später fest, seine 14 Mio. Wähler hätten nicht den Menschen Hindenburg gewählt, sondern den Hindenburg der Legende, das patriarchalische Vorbild, dem man mystische Rettungskräfte zuschrieb. Mit seiner Wahl war die entscheidende Position im Staat mit einem Mann besetzt, dem der neue Staat wesensfremd und unverständlich war. Parteien hielt er für gänzlich überflüssig. Seine Ziele bestanden in der Wiedergewinnung der alten Größe Deutschlands und in der Restauration des Kaiserreichs.

WIRTSCHAFT

- rasches Wirtschaftswachstum (Dawes-Plan, US-Kredite); Investition in neuartige Industriezweige (Flugzeug-, Auto-, Rundfunk-, Filmindustrie)
- Probleme: riskante Umwandlung der kurzfristigen US-Kredite in langfristige; permanent hohe Arbeitslosenzahl, unrentable Landwirtschaft, zunehmende Konzentration von Großunternehmen, rasch steigende Reichsverschuldung
- Fazit: relative Stabilität, „Scheinkonjunktur", „Konjunktur auf Pump"

SOZIALPOLITIK

Staatliche Armenfürsorge; Angestelltenversicherung (1924); Arbeitsgerichte (1926); Unterstützungsanspruch bei unverschuldeter Arbeitslosigkeit; Arbeits- und Kündigungsschutz für werdende und stillende Mütter; Arbeitsämter; Arbeitslosenversicherung; Mehrarbeitszuschläge (1927).

TECHNIK, WISSENSCHAFT

Aufsehenerregende Großprojekte (z. B. Zeppelin); zahlreiche höchste wissenschaftliche Auszeichnungen für deutsche Forschende.

KULTUR

Einzigartige Vielfalt des geistigen Lebens: überregionale Zeitungen, literarisch-politische Zeitschriften; neue Massenmedien (Presse, Rundfunk, Schallplatte, Film); vielfältige Stilrichtungen in der Malerei; Vielfalt der Musik, der Bildenden Künste und der Literatur; kulturelles Zentrum ist Berlin, konkurriert mit London und Paris.

REICHSPRÄSIDENTENWAHL 1925

Die staatstragenden Parteien können im zweiten Wahlgang den Antidemokraten Hindenburg nicht verhindern; sein Sieg ist die entscheidende Niederlage der Demokratie.

DIE WEIMARER REPUBLIK 1924–1929

1. Welche wesentlichen Bestimmungen und welche internationale Bedeutung hatte der Locarno-Vertrag?

2. Welche Stichworte können Sie zur wirtschaftlichen Entwicklung der „Goldenen Zwanzigerjahre" nennen?

3. Nennen Sie drei Gründe, weshalb man man trotz ruhiger Zeiten (1924–1929) von der Schwäche des Parlamentarismus sprechen kann.

LÖSUNGEN

1. Garantie der Westgrenzen, Grenzen unterschiedlicher Qualität in West und Ost, läßt Revision der Ostgrenzen offen – wird im Ausland als „Quadratur des Kreises" angesehen, außenpolitische Gleichberechtigung Deutschlands • **2.** Schnelles Wirtschaftswachstum, Investitionen in neuartige Industriezweige, hohe Arbeitslosenzahlen, steigende Reichsverschuldung, relative Stabilität, „Scheinkonjunktur" • **3.** Wahlsystem macht große Koalition nötig, alle Regierungen dieser Zeiten sind labil, Koalitionsbreite verhindert notwendige Gesetze, der parlamentarische Normalfall (dauerhafte Mehrheitsregierung) tritt nicht ein

9 DER UNTERGANG DER WEIMARER REPUBLIK

Die Krise des parlamentarischen Systems

DIE WELTWIRTSCHAFTSKRISE

Sie begann als Krise der industriellen Überproduktion und der hemmungslosen Börsenspekulation in den USA. Am 24.10.1929, dem „Black Thursday" – in Deutschland wegen der Zeitverschiebung „Schwarzer Freitag" genannt – brach die New Yorker Börse zusammen. Dies hatte weit reichende Folgen: Eine sich rasch ausdehnende Absatzkrise, Konkurse, sprunghaft ansteigende Arbeitslosigkeit, Armut und sozialer Abstieg. Sie griff im folgenden Jahr auf Europa über. Produktion, Beschäftigung, Löhne und Preise sanken auch in Deutschland rapid und bewirkten ein wachsendes Heer von Arbeitslosen. Die Weltwirtschaftskrise erschütterte vor allem das labile Gefüge der jungen Demokratien, betraf aber das Deutsche Reich nach den USA am stärksten.

Sehr schnell wurde deutlich, dass die relative Stabilität der deutschen Wirtschaft auf Pump beruht hatte. Vor allem die Umwandlung der kurzfristigen amerikanischen Kredite durch die Banken in langfristige rächte sich jetzt. Nun fehlte in Deutschland jeglicher finanzieller Rückhalt. Die unmittelbaren Folgen waren mangelnde Liquidität und der Zusammenbruch vieler Banken. Diese Entwicklung hatte massive Auswirkungen: Produktionsrückgang, Kurzarbeit, Entlassungen, Konkurse, Firmenzusammenbrüche und schnell wachsende Arbeitslosigkeit bis zu mehr als 6 Mio. Arbeitslose 1932/33. Große Teile der Bevölkerung gerieten in Not und Existenzangst, die Steuereinnahmen verringerten sich drastisch bei gleichzeitig stark anwachsenden staatlichen Soziallasten.

DAS SCHEITERN DER GROSSEN KOALITION

- Die Große Koalition (Mai 1928) umfasste SPD, Z, BVP, DDP, DVP, sie war trotz ca. 59 % Stimmenanteil instabil (zu breites Koalitionsspektrum).
- Große Belastungen durch Rechtsagitation gegen den Young-Plan; Auseinandersetzungen Arbeitgeber (DVP) und Arbeitnehmer (SPD). Tod Stresemanns (3.10.1929), Zerfall der DVP.
- Weitere Belastung: Weltwirtschaftskrise, massive wirtschaftliche, gesellschaftliche und politische Auswirkungen auf Deutschland.
- Das Scheitern der Großen Koalition: Gemeinsamkeiten und Handlungsspielräume wurden immer kleiner; SPD und DVP wollten die „widernatürliche“ Koalition nicht fortführen; Resignation der anderen Regierungsparteien; Auslöser: keine Einigung bei der Arbeitslosenversicherung. Am 27. März 1930 zerbrach die Große Koalition.

Fazit
Das Scheitern der Großen Koalition (27.3.1930) war der Anfang vom Ende Weimars.

DER BEGINN DER PRÄSIDIALKABINETTE

- 30. 3. 1930: Hindenburg ernannte Brüning (Z) zum Kanzler; Kabinettsbildung ohne SPD (= Rechtsruck).
- Richtlinien der neuen Politik: antiparlamentarisch, antimarxistisch, grundlegender Wandel der Politik im Kernland Preußen als Ziel.
- Regierungserklärung Brünings: Kabinett an keine Koalition gebunden, nur abhängig von Reichspräsidenten, er regiert notfalls ohne Parlament über Art. 48 (Notverordnung).
- Dies bedeutete: An die Stelle der parlamentarischen Demokratie trat die nicht-verfassungskonforme Notverordnungsdiktatur, die den Reichstag ausschaltete und eine parlamentarische Kontrolle der Exekutive verhinderte.

Fazit:
Ende des parlamentarischen Systems

Machtmechanismus der Präsidialregierungen

Die Präsidialregierungen beruhten auf der (letztlich verfassungswidrigen) Kombination der Art. 48 und 25 der Weimarer Verfassung. Durch Androhung und gegebenenfalls Anwendung beider Artikel wurde das Parlament als Entscheidungszentrum ausgeschaltet.

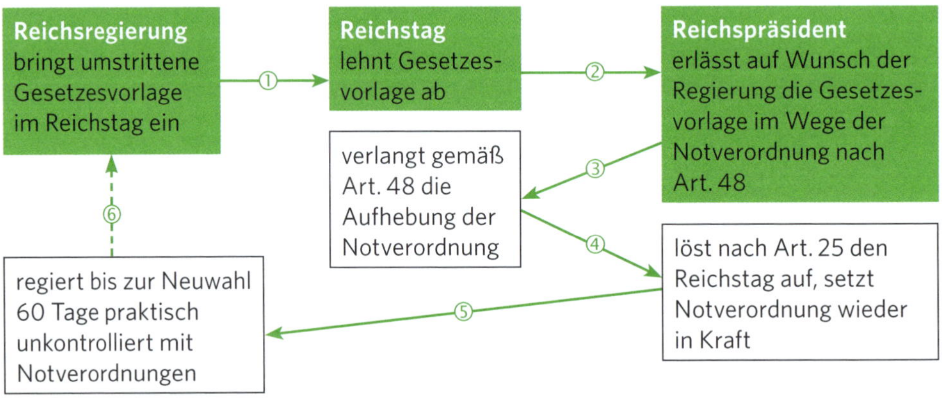

DIE REICHSTAGSWAHL VOM SEPTEMBER 1930

Das Ergebnis dieser Reichstagswahl wurde maßgeblich von der Weltwirtschaftskrise, den wirtschaftlichen und innenpolitischen Verhältnissen Weimars sowie dem Appell der radikalen Parteien an bisherige Nichtwähler beeinflusst. Es war eine Katastrophe des Parlamentarismus, ein „Triumph der Verantwortungslosen". Die NSDAP konnte die Anzahl ihrer Reichstagssitze von 12 (1928) auf 107 fast verneunfachen. Der Historiker Karl Dietrich Bracher: „In einem Aufstand der politischen Dummheit war ein politisch interesseloser Bevölkerungsteil mobilisiert worden, nur um der stärksten Agitation anheimzufallen. […] War das Parlament seit 1928 weit gehend funktionsunwillig gewesen, so war es jetzt eindeutig funktionsunfähig. Parlamentarismus und Demokratie waren damit am Ende."

BRÜNINGS WIRTSCHAFTSPOLITIK

Ausbruch der Weltwirtschaftskrise (1929)
Übergreifen auf Deutschland (1930)

↓

Auswirkungen

- Zahlungsunfähigkeit von Banken
- Produktionsrückgang
- Konkursanstieg
- Arbeitslosigkeit
- geringere Steuereinnahmen
- höhere Soziallasten

Maßnahmen

- scharfer Deflationskurs
- drastische Kürzung von Staatsausgaben
- Kreditbeschränkungen
- Senkung von Löhnen und Gehältern
- neue Steuern
- keine Aufträge der öffentlichen Hand

Folgen

- Radikalisierung
- Aufgabe der Demokratie bzw. des Parlamentarismus
- riesige Wahlerfolge für die radikalen Parteien
- NSDAP wurde stärkste Partei
- Ruf nach dem „starken Mann", der Ausnahmefall wird zum Normalfall

BRÜNINGS AUSSEN- UND INNENPOLITIK

Außenpolitik erfolgreich: Hoover-Moratorium, Konferenz von Lausanne, Revisionszusage militärischer Bestimmungen durch die USA, Großbritannien, Italien (Genf, 1932). Allerdings: Diese Erfolge kamen seinen Nachfolgern (Papen, Hitler) zugute.

Innenpolitik: Das zweite Kabinett Brüning (9.10.1931–23.5.1932) hatte keine parlamentarische Bindung mehr; deutliche Tendenz nach rechts; Harzburger Front; Einbindung und „Zähmung" der NSDAP scheiterte an Hitlers Forderungen; Zuspitzung der innenpolitischen Krise vor allem wegen seiner Wirtschaftspolitik; bürgerkriegsähnliche Zustände.

Beurteilung: Die völlige Unterordnung der Wirtschafts- unter die Außenpolitik, Brünings rigoroser Sparkurs, die bewusste Inkaufnahme der extremen Arbeitslosenzahl, der Abbau verfassungsmäßiger Elemente bereiteten Hitler den Weg. Sein Handeln muss aber vor der fast ausweglosen inneren Situation Weimars bewertet werden.

BRÜNINGS STURZ

Offizieller Anlass wurde sein „Siedlungsbolschewismus“, d.h. die angebliche Benachteiligung ostelbischer Großgrundbesitzer. Das Reich hatte ihnen, nicht zuletzt wegen ihrer engen Verbindung zu Hindenburg, großzügige finanzielle Hilfe gewährt. Diese machte Brüning nun abhängig von der Sanierbarkeit und Rentabilität ihrer Güter. Die ostelbischen Großgrundbesitzer protestierten dagegen heftig bei Hindenburg, dem sie zu seinem 80. Geburtstag (1927) das preußische Gut Neudeck geschenkt hatten.
Der entscheidende Entlassungsgrund war ein anderer: Dem Reichspräsidenten war Brüning nicht rechts genug, er hätte gerne eine enge Zusammenarbeit Brünings mit der DNVP und der NSDAP gesehen.
Die Frage Brünings, ob Hindenburg den Rücktritt der gesamten Regierung wünsche, beantwortete dieser folgendermaßen: „Jawohl. Diese Regierung muss weg, weil sie unpopulär ist.“

BRÜNING IM URTEIL DER ZEITGESCHICHTE

Seit dem Erscheinen seiner Memoiren (1970) ist Brüning noch umstrittener als vorher. Fest steht jedenfalls, dass er ein nüchterner Bürokrat war, der sich der Demokratie nicht verpflichtet fühlte. Vielmehr plante er die Wiedereinführung der Monarchie. Die Not von Millionen Menschen verschlimmerte er durch seine Wirtschaftspolitik aus außenpolitischen Gründen und zeigte dabei eine erschreckende Gleichgültigkeit. Karl Dietrich Bracher charakterisiert ihn folgendermaßen: „Brüning war nicht, wie auf dem Umschlag seiner Memoiren zu lesen ist, der letzte Kanzler der Weimarer Republik, er war der erste Kanzler im Prozess dieser Auflösung der deutschen Demokratie.“

FRANZ VON PAPEN

Franz von Papen stammte aus einer rheinisch-westfälischen Adelsfamilie, er wurde Berufsoffizier und lernte dabei Kurt von Schleicher und Oskar von Hindenburg (Sohn des Reichspräsidenten) kennen. Er war als Militärattaché in Washington und wurde dort 1915 wegen Spionage ausgewiesen. Danach tat er Dienst an der Westfront und in der Türkei; nach dem Ersten Weltkrieg war er als Abgeordneter der Zentrums-Partei im preußischen Abgeordnetenhaus. Nach Ansicht seiner Freunde war er „ein anständiger Kerl, nicht sehr klug." Papen, der bisher parteipolitisch wenig in Erscheinung getreten war, wurde nicht allzu hoch eingeschätzt. Ausschlaggebend war, dass er gut in die Pläne Schleichers passte.

DAS „KABINETT DER BARONE" (1.6.1932–2.12.1932)

1.6.1932: Ernennung Franz von Papens (Z); sechs der neun wichtigen Kabinettsmitglieder waren konservative Adlige; der starke Mann war Hindenburgs Vertrauter, General von Schleicher; übergeordnetes Ziel: autoritärer, monarchischer „Neuer Staat".

DER JURISTISCHE ASPEKT DES PREUSSEN-SCHLAGS

In Preußen hatte die bisherige Regierungskoalition aus SPD, Z und DDP bei den Landtagswahlen (von April 1932) nicht mehr die Mehrheit erreicht. Als Gerüchte von einer SPD-KPD-Regierung aufkamen, erreichte Papen Hindenburgs Unterstützung gegen das „rote Bündnis". Als Begründung diente ihm der „Altonaer Blutsonntag": Kommunisten hatten am 17. Juli 1932 versucht, einen als Provokation empfundenen Werbemarsch der NSDAP in Altona (nahe Hamburg) mit Waffengewalt zu verhindern. Dagegen setzte wiederum die Polizei Waffengewalt ein. Die Schießerei kostete 18 Menschen das Leben, 285 wurden verletzt. Der „Altonaer Blutsonntag" war für Papen ein willkommener Anlass für die nachhaltige Veränderung der Machtverhältnisse. Per Art. 48 wurde die Regierung Braun (SPD) mit der fadenscheinigen Begründung abgesetzt, sie habe ihre Pflichten gegenüber dem Reich verletzt. Die Regierung übernahm nun Franz von Papen als Reichskommissar. Dieses Vorgehen war aufgrund der fehlenden gesetzlichen Berechtigung ein Staatsstreich (sogenannter Preußenschlag).

DIE REICHSTAGSWAHLEN VON JULI UND NOVEMBER 1932

Beide Wahlkämpfe waren geprägt von der wirtschaftlichen Misere, der Massenarbeitslosigkeit und dem Streit der Parteien und politischen Gruppierungen. Die Juli-Wahl wurde zu einer katastrophalen Niederlage der staatsbejahenden und ein triumphaler Gewinn der antidemokratischen Parteien, die zusammen über 60 % aller Stimmen erhielten. Allein die beiden extremsten, KPD und NSDAP, hatten zusammen ca. 52 %. Nun führte kein Weg mehr an der NSDAP bzw. Hitler vorbei. Die Regierungsbeteiligung der NSDAP scheiterte jedoch, da Hitler kategorisch die Kanzlerschaft forderte.

Auch die zweite Reichstagswahl fand in einer bürgerkriegsähnlichen Atmosphäre statt, obwohl Papen am 9. 8. 1932 durch eine Notverordnung gegen den politischen Terror, vor allem den der SA und des Roten Frontkämpferbundes vorgegangen war. Die NSDAP verlor aufgrund ihres radikalen Auftretens ca. 2 Mio. Wähler, die KPD erzielte ihr bestes Ergebnis und war der große Wahlgewinner. An den politischen Verhältnissen änderte sich nichts.

PAPENS INNENPOLITIK

- Aufhebung des SA- und SS-Verbots Brünings (= Aufwertung der NSDAP); Folge: blutige Straßenkämpfe (z.B. „Altonaer Blutsonntag", 18.7.1932).
- Preußenschlag: Papen erreichte bei Hindenburg die Absetzung der preußischen SPD-Regierung Braun und übernahm als Reichskommissar die Regierung; keine gesetzliche Berechtigung, also Staatsstreich; Begeisterung bei den Rechten.
- Nov. 1932: Papen wollte den „Neuen Staat": Reichspräsident = preußischer Ministerpräsident; Regierung nur dem Reichspräsidenten verantwortlich; Entmachtung des Reichstags durch adliges Oberhaus; öffentliche, ungleiche, indirekte Wahlen.

WIRTSCHAFTSPOLITIK

- erfolgreiche Ankurbelung der Wirtschaft mit staatlichem Arbeitsbeschaffungsprogramm
- moderne antizyklische Konjunkturpolitik
- Einschränkung weiterer Sozialleistungen
- insgesamt: wirtschaftliche Verbesserung

AUSSENPOLITIK

- Forderungen: Streichung der Reparationen; Löschung des Kriegsschuldartikels; völlige Gleichberechtigung Deutschlands
- Ergebnisse: Er erreichte 1932 die Festsetzung der restlichen Reparationen auf 3 Mrd. Reichsmark; Anerkennung der militärischen Forderungen (Genf, 1932)

PAPENS ENTLASSUNG

Installierung des „Neuen Staats" ging nur über Staatsstreich; diesen verweigerte von Schleicher (Reichswehrminister); Hindenburg entließ Papen „ungern".

DIE REICHSPRÄSIDENTENWAHLEN 1932

1. Wahlgang am 13. 3. 1932

abgegebene gültige Stimmen **37,65 Mio.**

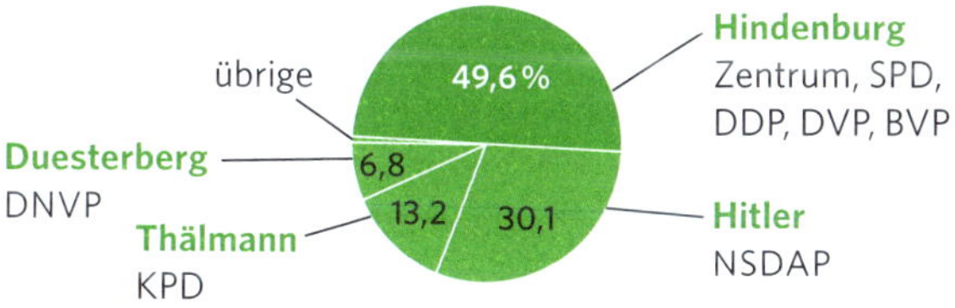

2. Wahlgang am 10. 4. 1932

abgegebene gültige Stimmen **36,49 Mio.**

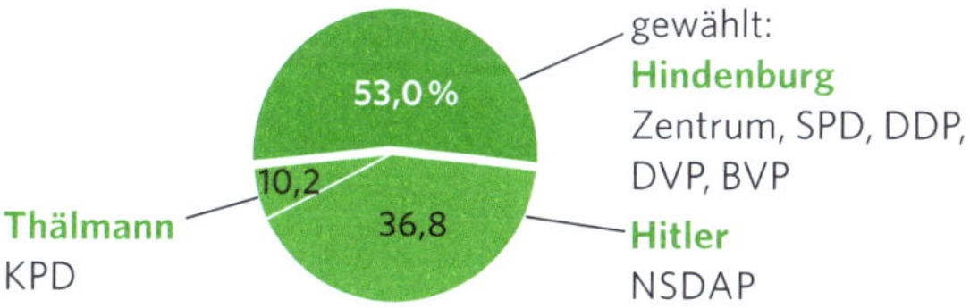

Wegen der Chancenlosigkeit eines eigenen Kandidaten unterstützten die staatstragenden Parteien wohl oder übel den politischen Gegner Hindenburg (= paradox), um das größere Übel Hitler zu vermeiden.

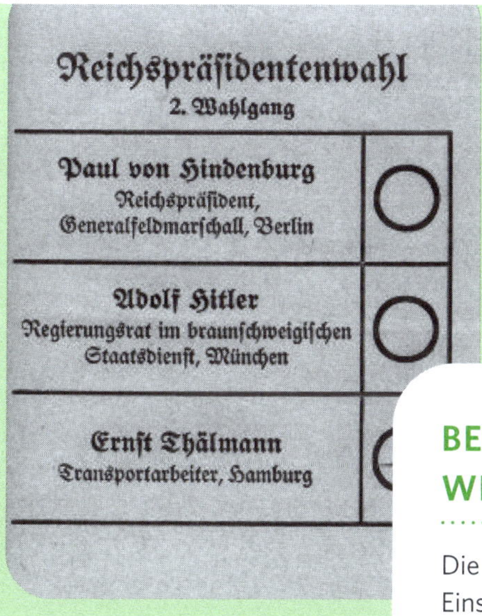
Reichspräsidentenwahl
2. Wahlgang

Paul von Hindenburg
Reichspräsident, Generalfeldmarschall, Berlin

Adolf Hitler
Regierungsrat im braunschweigischen Staatsdienst, München

Ernst Thälmann
Transportarbeiter, Hamburg

BEDEUTUNG FÜR DIE WEIMARER REPUBLIK

Die Wahlen zeigten die antidemokratische Einstellung der meisten Deutschen und die extreme Schwäche der Weimarer Republik.

DAS KABINETT KURT VON SCHLEICHER

- Angesichts der Reichstagswahlen von 1932 schien nur eine Alternative zu Hitler möglich: die „graue Eminenz" General von Schleicher.
- Er wollte ein „sozialer General" sein. Ziele: Arbeitsplätze, Verbesserung der sozialen Situation.
- Versuch der Zusammenarbeit mit SPD, Mittelparteien und Gewerkschaften scheiterte am Misstrauen der SPD, an seinem vagen Programm bzw. an der Ablehnung seiner Sozialpolitik durch Großagrarier, Unternehmer und die DNVP.
- Als Ultima Ratio plante Schleicher einen Staatsstreich; Hindenburg befürchtete eine Bürgerkrieg und entließ ihn deshalb.

HITLER WIRD DEUTSCHER

Die Kandidatur Hitlers bei der Reichspräsidentenwahl war nur durch die Hintertür möglich geworden. Der NSDAP-Führer war auf eigenen Antrag 1925 aus der österreichischen Staatsbürgerschaft entlassen und damit staatenlos geworden. Um Reichspräsident zu werden, musste er Deutscher sein. Deshalb wurde er mit Hilfe von Parteifreunden am 26. 2. 1932 formal zum „Regierungsrat" in Braunschweig ernannt, womit automatisch die deutsche Staatsbürgerschaft verbunden war.

DIE KAMARILLA

Seit Beginn der 1930er-Jahre erhielt die „Kamarilla", eine Art Schattenkabinett um Hindenburg, immer größeren Einfluss auf den „alten Herrn" und bestimmte die politischen Geschicke Deutschlands wesentlich. Zu diesen einflussreichen Beratern Hindenburgs gehörten sein Sohn Oskar als persönlicher Adjutant, Staatssekretär Meißner, der Chef des Ministeramtes im Reichswehrministerium General Kurt von Schleicher und Interessenvertreter ostelbischer Großgrundbesitzer.

PERMANENTER BÜRGERKRIEG

Mit der eklatanten Verschlechterung der wirtschaftlichen Lage seit 1930 verschärften sich die gewaltsamen politischen Auseinandersetzungen und prägten zunehmend die innere Situation Weimars. Die Regierungen bzw. der Reichspräsident versuchten mit zahlreichen Notstandsgesetzen die wachsende politische Gewalt einzudämmen. Die maßgeblichen Politiker sahen jedoch die Verursacher im linken politischen Spektrum. Da sie meist dazu tendierten, die eigentliche Gefahr, nämlich die Nationalsozialisten, in die politische Verantwortung einzubinden und dadurch „abzunutzen", änderte sich an den innenpolitischen Verhältnissen nichts. Um die Jahreswende 1931/32 waren die bürgerkriegsähnlichen Verhältnisse fast schon zur normalen Erscheinung des politischen Lebens in Berlin und anderen Großstädten geworden.
Anfang Juli 1932 erklärte Hindenburg dem amerikanischen Botschafter, die parteipolitische Lage habe sich so zugespitzt, dass man bereits von einem latenten Bürgerkrieg sprechen könne. Wenige Wochen später charakterisierte Goebbels die Lage zutreffend, als er im Reichstag sagte, man müsse „vor der ganzen Nation" feststellen, dass Deutschland vor dem Bürgerkrieg stehe, dass „mehr gesagt, der Bürgerkrieg latent in Deutschland bereits vorhanden ist."

In der aufgeheizten Zeit der Reichstagswahlkämpfe eskalierten die gewalttätigen Auseinandersetzungen und Deutschland wurde ein großes Heerlager militanter Verbände. Die vergiftete innenpolitische Atmosphäre entlud sich im Sommer 1932 in zahlreichen brutalen Straßenkämpfen militanter rechter und linker Gruppen, in Mord und Totschlag. Die politischen Gewalttaten des Sommers 1932 gehörten neben den durch die Wirtschaftskrise verursachten Alltagsentbehrungen zu den Schlüsselerlebnissen der Zeitgenossen. Das politische Bewusstsein wurde beherrscht vom Gedanken einer in Bürgerkriegssituationen zerfallenden Nation. Desorientierungskrise und latenter Bürgerkrieg bestimmten die Endphase Weimars. Fast täglich waren die Menschen mit bürgerkriegsähnlichen Situationen konfrontiert. Die SPD-Zeitung „Vorwärts" sprach in einem Kommentar am 11. 7. 1932 von einem „Bürgerkrieg in Permanenz". Er wurde in extremer Weise nach dem 30. Januar 1933 von den Nationalsozialisten weitergeführt gegen politische Gegner, Andersdenkende, „Rassefremde" und Minderheiten.

WORAN SCHEITERTE WEIMAR?

Die Ursachen und Gründe, die den Untergang Weimars bewirkten, sind zahlreich: Ihre Gewichtung hängt vom jeweiligen politischen und historischen Standort des Beurteilenden ab. Das Urteil der Weimarer Zeitgenossen wurde häufig von der Absicht bestimmt, von der Frage nach Schuld und Versagen abzulenken. So lautete für den preußischen Ministerpräsidenten Braun die Antwort lapidar: „Versailles und Moskau", womit er die Sieger und die KPD meinte. Die Kommunisten wiederum sahen die Ursache des Untergangs in einer Verschwörung von Industriemagnaten, Börsenfürsten, ostelbischen Junkern und Militärs. Arthur Rosenberg („Die Geschichte der deutschen Republik". Karlsbad, 1935) sah das Scheitern bereits in der unterlassenen sozialen Revolution 1918/19 angelegt, während andere die strukturellen Fehler der Weimarer Verfassung, besonders das reine Verhältniswahlrecht als Hauptübel nannten. Angelsächsische Historiker betonten vor allem die längerfristigen Aspekte und wiesen auf den undemokratischen deutschen Volkscharakter „seit Luthers Zeiten" hin oder sehen alles Unheil im preußischen Militarismus.

Die heutige Geschichtsschreibung beurteilt den Untergang Weimars als Ergebnis eines „sehr komplexen Ursachengeflechts". Die Antwort auf die Frage, woran Weimar letztendlich gescheitert ist, lasse sich „nicht mit letzter wissenschaftlicher Präzision" geben. Sie hänge von der „Nuancierung" bzw. „Gewichtung" der verschiedenen Komponenten ab.

DIE URSACHEN FÜR DAS SCHEITERN WEIMARS

Schwäche der demokratischen Tradition, Stärke der obrigkeitsstaatlichen Einstellungen:
Keine kontinuierliche demokratische Entwicklung; neue Staatsform von außen erzwungen; Übergang von Monarchie zur Republik zu schnell; Volk bleibt monarchisch, ist überwiegend antidemokratisch; antidemokratische Mentalität von Verwaltung, Justiz, Militär, Wissenschaft.

Rolle der Parteien und Interessenvertretungen:
destruktives Verhalten der staatsfeindlichen Parteien; Spaltung der Arbeiterschaft.

Versagen bzw. Rolle einzelner Politiker:
Hindenburg, Brüning, Papen, Hitler

Strukturelle Fehler der Weimarer Reichsverfassung

Weimarer Republik

Wirtschaftliche Belastungen:
Weltwirtschaftskrise, Wirtschaftspolitik von Brüning, Reparationen.

Außenpolitische Belastungen als Folgen des Ersten Weltkriegs:
Artikel 228 und 231; Gebietsverluste im Osten, polnischer Korridor; Selbstmitleid der Deutschen, mangelnde Bereitschaft, einen Modus vivendi zu finden.

DIE WEIMARER REPUBLIK

1. Was war der vordergründige Auslöser für das Scheitern der Großen Koalition 1930 und was war der wirkliche Grund?

___

___

___

2. Was war das „Kabinett der Barone"?

___

___

___

3. Was bedeutete die Reichspräsidentenwahl 1932 für die Weimarer Republik?

Sie zeigte die ______________ der meisten Deutschen

und die ______________ der Weimarer Republik.

4. Welche Politiker spielten eine wesentliche Rolle beim Untergang der Weimarer Republik?

☐ **A** Hindenburg ☐ **B** Brüning
☐ **C** Hitler ☐ **D** Schleicher

LÖSUNGEN

1. Keine Einigung bei der Arbeitslosenversicherung, SPD und DNVP wollen die „widernatürliche" Koalition nicht fortführen • **2.** Präsidialkabinett unter Kurt von Papen 1932 – sechs der neun wichtigen Kabinettsmitglieder sind konservative Adlige • **3.** Antidemokratische Einstellung, extreme Schwäche • **4.** A, B, C

10 DIE ANFANGSPHASE DES NATIONALSOZIALISMUS

Autoritäre und totalitäre Herrschaftsformen in der Zwischenkriegszeit

WAS BEDEUTET FASCHISMUS?

„Fasces“ (= Rutenbündel mit Richtbeil) waren im römischen Staat Zeichen der Amtsgewalt hoher Beamter. Sie symbolisierten das Recht zu züchtigen und die Todesstrafe zu verhängen. Faschismus im engeren Sinne bezeichnet das diktatorische Herrschaftssystem Mussolinis von 1922 bis 1943. Faschismus im weiteren Sinne meint extrem nationalistische und nach dem Führerprinzip organisierte Bewegungen mit autoritärem Aufbau, antiliberaler, antidemokratischer und antimarxistischer Ideologe bis 1945 (danach: Neofaschismus). Der Begriff „Faschismus“ ist nicht eindeutig. Vor allem lässt sich der Nationalsozialismus (als Spielart des Faschismus) aufgrund seiner extremen Rassen- und Vernichtungspolitik weder mit dem italienischen Faschismus noch mit anderen gemäßigt faschistischen Bewegungen (z.B. in Spanien) vergleichen. Die Historiker unterscheiden deshalb zwischen autoritären Herrschaftsformen (Diktaturen mit faschistischen Elementen) und totalitären Herrschaftsformen (Faschismus, Nationalsozialismus, Bolschewismus).

URSACHEN DES FASCHISMUS

- der Erste Weltkrieg
- Die zu schnelle Ablösung der Monarchie durch die Demokratie bewirkte innenpolitische Instabilität, begünstigte diktatorische Herrschaftsformen.
- Die Demokratie galt als ineffektiv, da sie die wirtschaftlichen, sozialen und politischen Nachkriegsprobleme nicht rasch lösen konnte.
- Verlust traditioneller Bindungen und gesellschaftspolitischer Bedeutungsverlust von Adel, Militär, Justiz, Beamtentum, Besitzbürgertum
- Die sozialen und wirtschaftlichen Folgen der Industriellen Revolution gefährdeten und verunsicherten das mittelständische Bürgertum und die Bauern. Sie lehnten deshalb die „neue Zeit" ab und verklärten die alte.
- Diese Faktoren bewirkten eine Krise der Demokratie, die wiederum den Antidemokraten eine emotionale Propaganda und Agitation ermöglichte.
- Die Folgen waren eine Vergiftung der innenpolitischen Atmosphäre und Radikalisierung der Politik.

CHARAKTERISTIKA DES FASCHISMUS BZW. TOTALITARISMUS

- undemokratischer Entscheidungsprozess
- extremer Nationalismus und Rassismus
- Gesellschaftsideologie, die das Volk in den Mittelpunkt stellt und den Wert des Individuums gering schätzt
- Einparteienstaat
- skrupellose Anwendung von Gewalt und Terror
- Antibewegung gegen Demokratie, Parlamentarismus, Liberalismus, Kommunismus
- Schaffung von Sündenböcken und Feindbildern
- aggressiver Militarismus
- Durchsetzung der eigenen Ideologie mit Hilfe modernster Technik

WARUM „DRITTES REICH"?

Mit der Wahl des Frankenherzogs Konrad zum König 911 entstand das „Reich der Deutschen" („Regnum Teutonicum"). In der Folgezeit entwickelte es sich zum Heiligen Römischen Reich Deutscher Nation: Mit der Kaiserkrönung Ottos I. 962 wurde das „Römische Reich" wieder aufgenommen. Ab 1157 wurde es als „Heilig" bezeichnet. Im 16. Jahrhundert kam der Zusatz „Deutscher Nation" auf. Dieses erste Deutsche Reich endete im Jahre 1806, als Kaiser Franz II. wegen der Hinwendung deutscher Fürsten zu Napoleon bzw. Frankreich (Rheinbund) die Kaiserkrone niederlegte und das Heilige Römische Reich Deutscher Nation für beendet erklärte. Das zweite Deutsche Reich („Kaiserreich") war eine Schöpfung Bismarcks. Es entstand am 18. 1. 1871 in Versailles und endete am 9. 11. 1918. Mit dem Amtsantritt Hitlers am 30. 1. 1933 begann nach Meinung der Nationalsozialisten das „Dritte Reich", „das Tausendjährige Reich" (NS-Propagandabegriff), das bis zum 8. 5. 1945 dauerte.

DIE ERNENNUNG HITLERS

Noch am 27.1.1933 hatte Hindenburg einem hohen Militär gegenüber die Kanzlerschaft Hitlers empört zurückgewiesen: „Sie werden mir doch nicht zutrauen, dass ich diesen [...] Gefreiten zum Reichskanzler berufe." In den nächsten zwei Tagen ließ er sich von Papen überreden und ernannte Hitler am 30.1. zum Reichskanzler. Hindenburg, Papen und Hugenberg (einflussreicher Führer der DNVP) glaubten, Hitler „eingerahmt" zu haben. Auf den ersten Blick sah dies tatsächlich so aus: Die NSDAP war nur mit drei Mann im Kabinett vertreten (Hitler, Göring, Fricke), Hitler durfte nur mit Papen (Vizekanzler, Reichskommissar für Preußen) bei Hindenburg erscheinen und Hitler war ebenso wie seine Vorgänger völlig vom Vertrauen des Reichspräsidenten abhängig. Im Brustton der Überzeugung erklärte Papen deshalb Warnern: „Sie irren sich, wir haben ihn uns engagiert. In zwei Monaten haben wir Hitler in die Ecke gedrückt, dass er quietscht." Die Nationalsozialisten sahen die Lage anders. Für sie begann die neue heroische Zeit, das „Dritte Reich".

DIE BEURTEILUNG DES 30.1.1933

Viele Zeitgenossen erkannten die Bedeutung dieses Tages nicht. Sie glaubten, die radikalen Aussagen und Ziele des Oppositionspolitikers nicht auf den Staatsmann Hitler anwenden zu dürfen. Man nahm an, dass die Würde des Amtes automatisch die Mäßigung mit sich bringen werde, die man von Hitler als Oppositionspolitiker nicht verlangt hatte. Die Reaktionen waren unterschiedlich. Für Hitler begann nun „die größte germanische Rassenrevolution der Weltgeschichte", für Goebbels die „deutsche Revolution". Hugenberg dämmerte es am folgenden Tag, dass er sich in ein „Bündnis mit dem Teufel" eingelassen hatte. Hitlers ehemaliger Verbündeter Ludendorff kritisierte Hindenburg, da dieser Deutschland „einem der größten Demagogen aller Zeiten" ausgeliefert habe, der das Reich in den Abgrund stürzen und der Nation unfassbares Elend bringen werde. Fest steht aus heutiger Sicht, dass der 30. Januar 1933 die tiefste Zäsur in der neueren deutschen Geschichte war.

WAR DIE „MACHTERGREIFUNG" LEGAL?

Die Ernennung Hitlers wurde von der NS-Propaganda als „Machtergreifung" bezeichnet. Damit sollte der Eindruck erweckt werden, dass eine dynamische Partei bzw. deren Anführer die ihnen zustehende Macht ergriffen hätten. Richtig ist dagegen der Begriff „Machtüberlassung".

Rein formaljuristisch, nach dem Buchstaben der Verfassung, war die Ernennung Hitlers (nach Art. 53) legal. Geht man vom Geist der demokratischen Verfassung aus, so war es sicherlich nicht legal, jemanden zum Reichskanzler zu machen, der als oberstes Ziel immer wieder die Ausschaltung der Verfassung und die völlige Umgestaltung des politischen Systems verkündet hatte.

WARUM KONNTE ES ZUM DRITTEN REICH KOMMEN?

- Hierfür ist keine monokausale Erklärung möglich.
- Historische Voraussetzungen: Die obrigkeitsstaatliche Einstellung, die „Blut-und-Eisen"-Politik Bismarcks, die „großräumige Ostplanung", Revisionspolitik der Weimarer Regierungen und die Kontinuität der „alten Mächte" begünstigten die Entwicklung.
- Politische Faktoren: Hindenburg und Papen ermöglichten Hitler die Kanzlerschaft ohne zwingenden Grund, Parteien und Politiker versagten, Unterstützung Hitlers durch Industrielle und durch Millionen Wähler.
- Gesellschaftliche Faktoren: Die wirtschaftliche Not, die vergleichsweise große Unterstützung der NSDAP von verschiedenen Seiten und aus unterschiedlichen Gründen, Propaganda und Ideologie der NSDAP ermöglichten vielen die Identifizierung mit Hitlers Politik.

DIE AUSGANGSPOSITION DER NSDAP

Aus Sicht der NS-Führung gab es nach dem 30. Januar vier vordringliche Aufgaben, von deren Lösung die Verwirklichung der langfristigen Ziele abhing:

1. Erringung, Ausbau und Stabilisierung der Macht durch Ausschaltung bzw. Beseitigung der Organisationen und Institutionen, die der Ausübung der totalitären Macht im Wege standen.
2. Erweiterung der Macht gegenüber den außerparlamentarischen Koalitionspartnern, auf die man noch angewiesen war, durch die systematische Besetzung von Schlüsselpositionen mit NSDAP-Leuten.
3. Schaffung gleicher Interessenlagen für die „entscheidenden Kräfte des deutschen Volkes“: NSDAP, Reichswehr, Schwerindustrie.
4. Herbeiführung eines politisch-psychologischen Klimawechsels und als dessen „Endziel“ die von der Masse der Bevölkerung getragene oder wenigstens akzeptierte „nationale Erhebung“.

ERSTE MASSNAHMEN UND EREIGNISSE 1933

- 31.1.: Auflösung des Reichstags
- 4.2.: Einschränkung wichtiger Grundrechte durch Art. 48 (freie Meinungsäußerung, Presse-, Versammlungsfreiheit)
- 27./28.2.: Brand des Reichstags, Präsentation eines holländischen Kommunisten als angeblichen Täter, Profilierung der NSDAP als „schnell und energisch zupackend"; Reichstagsbrandverordnung („Verordnung des Reichspräsidenten zum Schutz von Volk und Staat") setzte die Grundrechte „bis auf weiteres" (de facto bis 1945) außer Kraft; sie bildete mit dem Ermächtigungsgesetz die wichtigste Grundlage der NS-Herrschaft, ermöglichte die Zerschlagung der KPD, wurde zur Grundlage des pseudolegalen staatlichen Terrors.
- 5.3.: Reichstagswahlen: Die NSDAP erreichte nur 43,9 %, die DNVP 8,1 %; Hitler will nun das Parlament völlig ausschalten.
- 21.3.: Tag von Potsdam: Der Staatsakt zur Eröffnung des neuen Reichstags in Potsdam in Anwesenheit Hindenburgs war ein großer propagandistischer Gewinn Hitlers bzw. der NSDAP.

DAS ERMÄCHTIGUNGSGESETZ

Das „Gesetz zur Behebung der Not von Volk und Reich" (23.3.1933) wurde gegen die Stimmen der SPD mit Zweidrittelmehrheit beschlossen. Inhalt: Die Reichsregierung erhält auch legislative Macht, ihre Gesetze können von der Verfassung abweichen, wenn sie sich nicht gegen Reichstag, Reichsrat und den Reichspräsidenten wenden. Das war die zweite wichtige Grundlage der NS-Diktatur. Die Reichstagsbrandverordnung und das Ermächtigungsgesetz schufen den Doppelstaat: Normenstaat, der sich an Gesetze hält, und Maßnahmenstaat, der durch Gesetze den Staat nach seinem Gutdünken umformt. Damit war die Rechtsstaatlichkeit nicht mehr gewährleistet, das „Dritte Reich" erhielt seine spezifische politisch-rechtliche Struktur.

WIE ERREICHTE HITLER DIE ZWEIDRITTEL-MEHRHEIT

Die Abgeordneten der KPD waren verhaftet oder untergetaucht, die SPD musste als ablehnende Partei einkalkuliert werden. Hitler brauchte also die Zustimmung des Zentrums, der Bayerischen Volkspartei und der Deutschen Staatspartei (bis 1930: DDP). Es gelang ihm, diese Mittelparteien von der Lauterkeit seines Vorhabens und der Unabwendbarkeit der Dinge zu überzeugen. Die Zugeständnisse, die er den Parteien im politischen und kirchlichen Bereich machte, gaben den Ausschlag. Weitere Faktoren kamen hinzu: Angst vor dem NS-Terror, die Befürchtung, dass Hitler seine Maßnahmen ohnehin durchsetzen werde, sowie die Hoffnung, dass man ihn durch gewisse Zugeständnisse von einer völligen Willkürherrschaft abhalten könnte. Dies waren allerdings vage Hoffnungen. Dass gegenüber einem totalitären Regime, einem skrupellosen Politiker wie Hitler keinerlei Mitbestimmung, keinerlei Kontrolle, sondern nur Unterwerfung oder Widerstand möglich war, hätten die Parteien trotz ihrer fehlenden Erfahrung wissen müssen.

DIE ABSTIMMUNG

Hitler begründete seine Gesetzesvorlage: Die Regierung müsse Handlungsfreiheit für wichtige Maßnahmen haben, es würde dem Sinn der nationalen Erhebung widersprechen, wenn sie sich von Fall zu Fall die Genehmigung von Reichstag und Reichsrat „erhandeln" oder „erbitten" müsste; die Autorität der Regierung würde darunter leiden, Instabilität eintreten. Abschließend setzte er die Abgeordneten massiv unter Druck: „Mögen Sie, meine Herren, nunmehr selbst die Entscheidung treffen über Frieden und Krieg." Die SPD lehnte als einzige Partei das Gesetz ab mit der Begründung, dass NSDAP und DNVP eine stabile Mehrheit hätten, die Kontrolle des Volkes völlig ausgeschaltet würde und das Gesetz „Ideen, die ewig und unzerstörbar sind", vernichten würde. Während außerhalb der Kroll-Oper in Berlin, wo der Reichstag provisorisch tagte, die SA durch Sprechchöre („Wir wollen das Gesetz, sonst Mord und Totschlag!") und durch rabiates Auftreten die Abgeordneten einschüchterte, entschieden sich 444 Abgeordnete für, 94 Abgeordnete der SPD am 23. 3. 1933 gegen das Gesetz. Es trat am Folgetag in Kraft.

ERWERB UND SICHERUNG DER MACHT DURCH AUSSCHALTUNG

Auf der Grundlage der Reichstagsbrandverordnung und des Ermächtigungsgesetzes schaltete die NSDAP politischen Gegner in kurzer Zeit mit folgenden Maßnahmen aus:

1933

- Zerschlagung der Gewerkschaften (2. Mai) durch deren Verbot. An ihre Stelle trat die von der NSDAP gelenkte Deutsche Arbeitsfront (DAF), die Arbeitgeber und Arbeitnehmer zwangsweise vereinte. Ihre Aufgabe bestand in der propagandistischen und praktischen Umsetzung der NS-Wirtschaftspolitik.
- Verbot der SPD (22. Juni), Beschlagnahmung des Parteivermögens, Verfolgung und Inhaftierung von SPD-Politikern und SPD-Funktionären.
- Von der NSDAP erzwungene Selbstauflösung der restlichen Parteien (27. Juni bis 5. Juli). Diese gaben aus Angst und Resignation endgültig auf.
- Das „Gesetz gegen die Neubildung von Parteien" (14. Juli) erlaubte als einzige Partei die NSDAP. Damit war das Deutsche Reich ein Einparteienstaat.

1934

- Der „Röhm-Putsch": Der Führer der SA, Ernst Röhm, wollte diese am Aufstieg der NSDAP beteiligen. Er forderte soziale Verbesserungen für die Mitglieder. Da er auch die Verschmelzung der Reichswehr und der SA zu einem Volksheer anstrebte, sah Hitler in ihm eine Bedrohung. Er ließ ihn und die Führungsspitze der SA mithilfe der SS (Schutzstaffel) in Bad Wiessee ermorden (30. Juni, 1. und 2. Juli 1934). Die SA verlor dadurch ihre Bedeutung an die SS, die direkt Hitler unterstellt wurde. Sein rechtswidriges Vorgehen rechtfertigte Hitler mit der Gefahr, die von dem angeblichen Röhm-Putsch ausgegangen sei. Er habe als des deutschen Volkes oberster Gerichtsherr schnell und konsequent handeln müssen. Damit eignete er sich auch die Judikative an und hatte nun alle drei Gewalten in seiner Hand. Der Übergang von der Demokratie zur Diktatur war abgeschlossen, die Willkür des Diktators von nun an Gesetz.

ERWERB UND AUSBAU DER MACHT DURCH GLEICHSCHALTUNG 1933/34

Parallel zur Ausschaltung vollzog Hitler die Gleichschaltung der folgenden Institutionen mit der NSDAP:

- Die Länder: Ende März 1933 wurde das Ergebnis der Reichstagswahl vom 5. März auf alle Länder- und Kommunalvertretungen übertragen. In der Folgezeit wurden die Kompetenzen der Länderregierungen permanent eingeschränkt, die Länder aufgelöst und ihre Hoheitsrechte an das Reich übertragen. Im Februar 1934 wurde der Reichsrat aufgelöst.
- Die Beamtenschaft: Das „Gesetz zur Wiederherstellung des Berufsbeamtentums" (7. April 1933) „säuberte" die Beamtenschaft im Sinne der NSDAP.
- Justiz: Sondererlasse und Sondergerichte veränderten die Rechtsgrundlagen entscheidend. Die Justiz wurde zum Werkzeug Hitlers gemacht.
- Polizei: In wichtigen Bereichen mussten Kompetenzen an neu gegründete Parteiinstitutionen abgegeben werden. Die Geheime Staatspolizei (Gestapo) und der Sicherheitsdienst der SS (SD) gingen gegen Oppositionelle skrupellos vor. Sie waren nicht an normale Vorschriften gebunden.
- Reichswehr: Sie wurde seit dem 2. August 1934 nicht mehr auf die Verfassung, sondern auf Hitler vereidigt. Dies band sie stark an ihn.
- Mitglieder bestimmter Berufe wurden durch Berufsverbände gleichgeschaltet (z.B. NS-Rechtswahrerbund, NS-Lehrerbund, NS-Ärztebund usw.), in die sie sich integrieren mussten.
- Rundfunk, Presse, Kultur, Erziehung: Die Goebbels unterstellte Reichskulturkammer kontrollierte das „gesunde Volksempfinden", grenzte „undeutsche Elemente" aus und organisierte die nationalsozialistische Erziehung der Jugend.
- Das Ende der „nationalen Revolution": Am 2. August 1934 starb Hindenburg. Per Gesetz vereinigte Hitler die Ämter des Reichspräsidenten und des Reichskanzlers. Er führte nun den Titel „Führer und Reichskanzler". Damit erklärte er die „nationale Revolution" für beendet.

Erste Maßnahmen Hitlers:

Auflösung des Reichstags; Einschränkung der Grundrechte

REICHSTAGSBRANDVERORDNUNG UND ERMÄCHTIGUNGSGESETZ ERMÖGLICHTEN:

- Auflösung der Parteien
- Zerschlagung der Gewerkschaften
- Gleichschaltung der Länder
- Neuordnung des Berufsbeamtentums
- Schaffung und Ausbau von Parteiorganisationen
- Ausbau des Führerstaats (Polizei, Partei, Justiz, Gleichschaltung von Literatur und Kunst)
- Legalisierung der Röhm-Morde
- Vereinigung des Reichspräsidenten- und des Kanzleramtes

▼

totalitärer Staat

DIE ANFANGSPHASE DES NATIONALSOZIALIMUS

1. Mit welchen Mitteln erreichte Hitler die Diktatur?

a) ____________________

b) ____________________

c) ____________________

d) ____________________

2. Welche zwei wesentlichen Verordnungen und Gesetze bildeten 1933 die wichtigste Grundlage der NS-Herrschaft?

____

____

3. Was sind die Charakteristika eines totalitären Staates?

____

____

____

____

____

____

____

LÖSUNGEN

1. a) Ausbau der Macht durch Ausschaltung und Gleichschaltung, b) Erweiterung der Macht durch Besetzung von Schlüsselpositionen mit NSDAP-Leuten, c) Schaffung gleicher Interessenlagen für NSDAP, Reichswehr, Schwerindustrie, d) politisch-psychologischer Klimawechsel zur Akzeptanz der „nationalen Erhebung“ • **2.** Reichstagsbrandverordnung („Verordnung des Reichspräsidenten zum Schutz von Volk und Staat“), Ermächtigungsgesetz („Gesetz zur Behebung der Not von Volk und Reich“) • **3.** Totalitäre Ideologie, Politisierung des gesellschaftlichen Lebens, Gleichschaltung aller gesellschaftlichen und politischen Kräfte, Einparteiensystem, Führerprinzip

11 NS-IDEOLOGIE, FÜHRERSTAAT UND NS-WIRTSCHAFT

Die NS-Ideologie

DIE ELEMENTE DER NS-IDEOLOGIE

- Sozial- oder Geschichtsdarwinismus: Hitler überträgt die Lehre von Charles Darwin, dass sich in der Tierwelt jener, der sich einer völlig neuen Lebenssituation am besten anpasst, durchsetzt („survival of the fittest"), auf den Menschen. Menschliche Fähigkeiten und Verhaltensnormen berücksichtigt er dabei nicht, wodurch er Darwins Lehre verfälscht.
- Rassenlehre: Die Menschheit teilt Hitler in höhere und niedere „Rassen" ein. An der Spitze stehe die „arische bzw. deutsch-germanische (nordische) Rasse" mit ihren spezifischen Charakteristika Schönheit, hoher Wuchs, blaue Augen, blonde Haare, Tapferkeit, edle Gesinnung. Zwischen den „Rassen" existiere ein permanenter Kampf. Unterwerfung und Vernichtung der „minderwertigen Rasse" seien „natürlich". Die wesentliche Aufgabe des Staates sei die Reinerhaltung der „Rasse".
- Antisemitismus: Zuspitzung der NS-Rassenlehre. Da das „minderwertige Judentum" die Reinheit der „arischen Rasse" permanent bedrohe, sei seine Vernichtung „natürlich".
- Elitedenken: Nach Hitler ist das deutsche Volk, das an der Spitze der „arischen Rasse" stehe, ein Herrenvolk. Die Unterteilung in „Mensch" und „Untermensch" wird mit verzerrten und verfälschten philosophischen Lehren (z.B. von Nietzsche) „belegt".

- Gewaltprinzip: Ausgehend von der Lehre Darwins wird das Recht des Stärkeren (= Wertvolleren) als „natürliches" Mittel der Auslese (Selektion) gesehen. Der Kampf ums Dasein bestimme das Leben der Völker. Krieg sei ein normales Mittel der Selektion auf dieser Ebene. Dieses Gewaltprinzip führt zur Ausschaltung des auf Naturrecht und Verfassung basierenden Rechtsempfindens und Rechtsdenkens.
- Nationalismus: Die nationalistische Denkweise geht einher mit der Abwertung anderer Nationen (= Chauvinismus). Sie stellt Begriffe wie „Volks-", „Lebens-" und „Schicksalsgemeinschaft" in den Mittelpunkt. Mit dem „Germanischen Reich Deutscher Nation" werde der Nationalsozialismus die deutsche Nation zu ihrer vorherbestimmten Vollendung (= Weltmacht) führen.
- Imperialismus: Erhaltung und Ausbau der Macht durch Eroberung und Unterwerfung seien für ein starkes Volk, eine starke „Rasse" „legal". Hauptziel der imperialistischen Politik eines Staates sei es, seinem Volk den notwendigen Lebensraum zu erkämpfen und zu sichern.
- Militarismus: Er richtete sich nicht nur nach außen, sondern war auch im Inneren das bestimmende Strukturprinzip.
- Sozialismus hat nichts mit dem marxistischen Sozialismus zu tun. Er geht vom lateinischen Wort „socius" (Bundesgenosse, Verbündeter) aus und hat die einheitliche Volksgemeinschaft zum Ziel.

HITLER: IDEOLOGE ODER OPPORTUNIST?

In der Fachliteratur war es lange umstritten, ob Hitler eine Ideologie hatte. Oft wurde er als reiner Opportunist angesehen, dem ein langfristiges Programm und eine klare Weltanschauung (= Ideologie) fehlten. Dieser Eindruck konnte entstehen, da die einzig anerkannte und unumstrittene Grundlage des Nationalsozialismus, nämlich Hitlers „Mein Kampf", ein Werk aus subjektiven Gedanken, Ideen und oft kuriosen Belegen und Behauptungen ist.

In den 1960er-Jahren setzte sich die Erkenntnis durch, dass Hitlers Gedankenwelt trotz aller Beschränkungen eine Ideologie bildet. Sie entstand und entwickelte sich zwischen 1919 und 1924 und war 1925 voll ausgebildet. Zwar passte Hitler in der Folgezeit seine Mittel und Methoden besonders in der Außenpolitik des Öfteren der jeweiligen politischen Lage an, doch bedeutete dies zu keiner Zeit, dass er die Grundlagen seiner Weltanschauung (Rassen- und Lebensraumdoktrin) aufgegeben oder auch nur relativiert hätte.

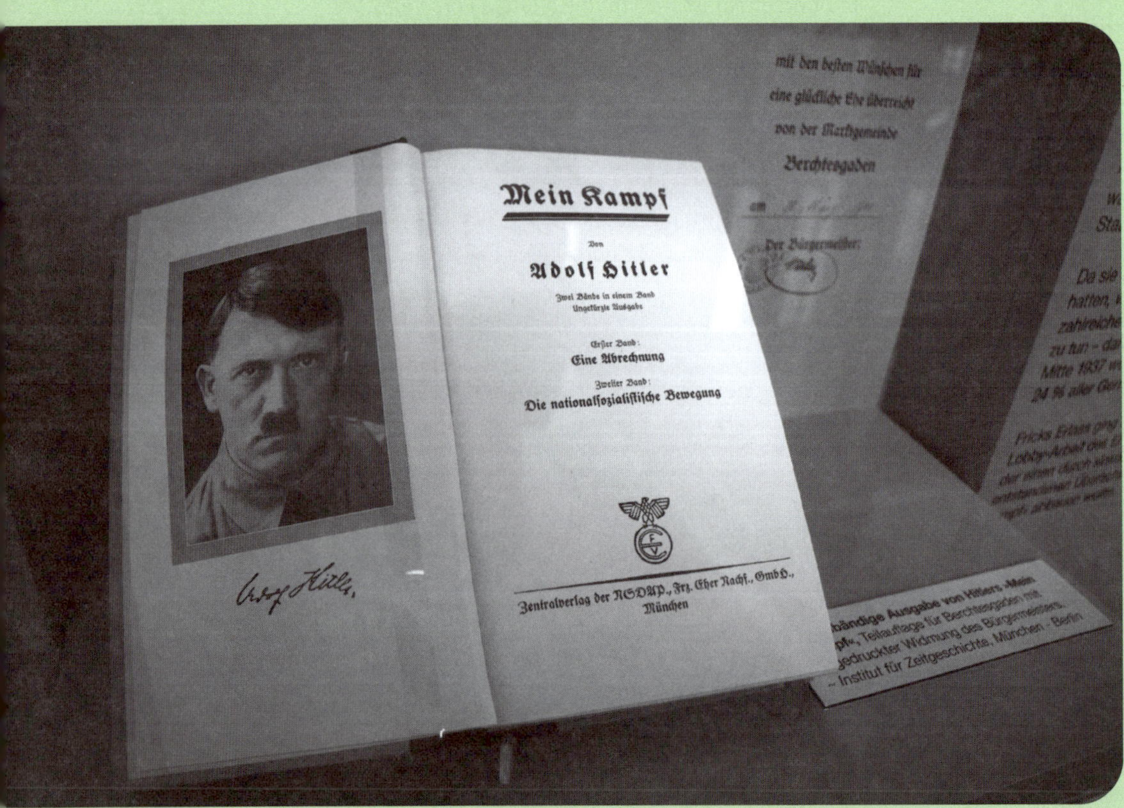

MONOKRATIE ODER POLYKRATIE?

Im Rückblick erweckt der Nationalsozialismus unter Hitler zunächst den Eindruck eines rational und perfekt durchorganisierten, monolithischen (= aus einem Stück gebildeten) Systems totalitärer Herrschaft. Eine genauere Betrachtung der Machtverteilung und Machtausübung auf allen Ebenen unterhalb des „Führers" macht jedoch deutlich, dass es sich keineswegs um ein totalitäres System im strengen Sinne des Wortes handelte. Zwar erweckt die in Hitler psonifizierte Einheit von Staat und Partei durchaus diesen Anschein, doch waren beide Bereiche viel weniger miteinander verzahnt, als dies bis 1989/90 in den Ostblockstaaten der Fall war, wo es zwischen beiden Bereichen und innerhalb der Partei weder Kompetenzüberschneidungen noch Konkurrenz gab. Da im Nationalsozialismus die Existenz und die Kompetenzvielfalt miteinander konkurrierender Staats- und Parteiämter unübersehbar ist, spricht die heutige Forschung von einer das „Gefüge des Dritten Reichs kennzeichnenden Ambivalenz von monokratischen und polykratischen Elementen, die ihre Orientierung stets und ausschließlich in der Persönlichkeit und Politik Hitlers fanden."

Dieses Gegen- und Nebeneinander von Ämtern, Institutionen, Persönlichkeiten und Machtfunktionen wurde von Hitler bewusst geschaffen, da sich nach seiner Meinung die Schlüsselfunktion eines Diktators in erster Linie auf derartige konkurrierende Machtgruppen stützte. Diese bewusste Schwächung der Funktionsfähigkeit des Staates ermöglichte es ihm, seine persönliche Allmacht und Unersetzlichkeit und seine überragende Stellung als „Führer", Programmatiker und Integrationsfigur immer wieder deutlich zu machen.

ERZIEHUNG, KULTUR- UND AUSSENPOLITIK

Auf dem Sektor der Erziehung und der Kultur konkurrierten das von Goebbels geführte „Ministerium für Propaganda und Volksaufklärung", das Erziehungsministerium, der „Beauftragte des Führers für die Überwachung der geistigen und weltanschaulichen Schulung und Erziehung der NSDAP" und das „Schulungsamt des Reichsorganisationsleiters der NSDAP".

Außenpolitik wurde von folgenden Ämtern bzw. Stellen betrieben: vom Außenministerium, dem Außenpolitischen Amt, den Auslandsorganisationen der NSDAP, dem „Volksbund für das Deutschtum im Ausland" und der „Volksdeutschen Mittelstelle" (seit 1938).

SONDERBEAUFTRAGTE UND SONDERVOLLMACHTEN

Sie waren ebenfalls Elemente der bewussten Polykratie. Zu ihnen gehörten z. B.: der „Generalinspekteur für das deutsche Straßenwesen", der „Reichskommissar für den Arbeitsdienst", der „Jugendführer des Deutschen Reichs", der „Reichsführer SS und Chef der Deutschen Polizei im Reichsministerium des Innern".

Hermann Göring hatte aufgrund zahlreicher Funktionen eine große Machtfülle. Er war preußischer Ministerpräsident, Innenminister, Reichskommissar für die Luftfahrt, Reichsluftfahrtsminister, Reichsjäger- und Reichsforstmeister sowie Beauftragter des Vierjahresplans. Außerdem betrieb er als enger Vertrauter Hitlers NS-Bündnispolitik. Martin Bormann, Reichsleiter der NSDAP und damit Hitlers Sekretär, war aufgrund des engen Kontakts zu Hitler eine „graue Eminenz".

Diese Kompetenz- und Konkurrenzvielfalt kritisierte Goebbels in seinem Tagebuch 1943 folgendermaßen: „Wir leben in einem Staatswesen, in dem die Kompetenzen sehr unklar verteilt sind. Daraus entwickeln sich die meisten Zwistigkeiten unter den führenden Personen wie unter den führenden Behörden [...] Die Folge ist eine völlige Direktionslosigkeit in der deutschen Innenpolitik."

GRUNDLAGEN DES FÜHRERSTAATS

Allein der Wille des „Führers" gilt; auf ihn sind alle staatlichen und parteilichen Institutionen ausgerichtet. Funktionäre werden von oben her bestimmt; es gilt: absolute Befehlsgewalt nach unten, bedingungsloser Gehorsam nach oben. Der „Führer" unterliegt keinerlei Bindung durch den Staat, sondern der Staat ist Mittel zum Zweck in seiner Hand. Der „Führer" ist vom Schicksal auserkoren, ist unfehlbar; es gibt deshalb keine Zweifel an ihm, keine Kritik.

DIE ORGANISATION DES FÜHRERSTAATS

Führer

Regierungsapparat und Verwaltung	Justiz	Polizeiapparat unter Führung der SS	Parteiapparat
nur Verwaltungsaufgaben ohne Entscheidungskompetenzen; Loyalität gegenüber dem Führer	ausschließlich an den Führerwillen gebunden („Der Führer ist das Recht."; „Der Führer hat immer Recht".)	nicht an Gesetze gebunden; Überwachung von Regierung, Partei und Volk; Sicherung der Macht	Erfassung, Beeinflussung und Lenkung des Volkes; Besetzung wichtiger Positionen

Volksgemeinschaft

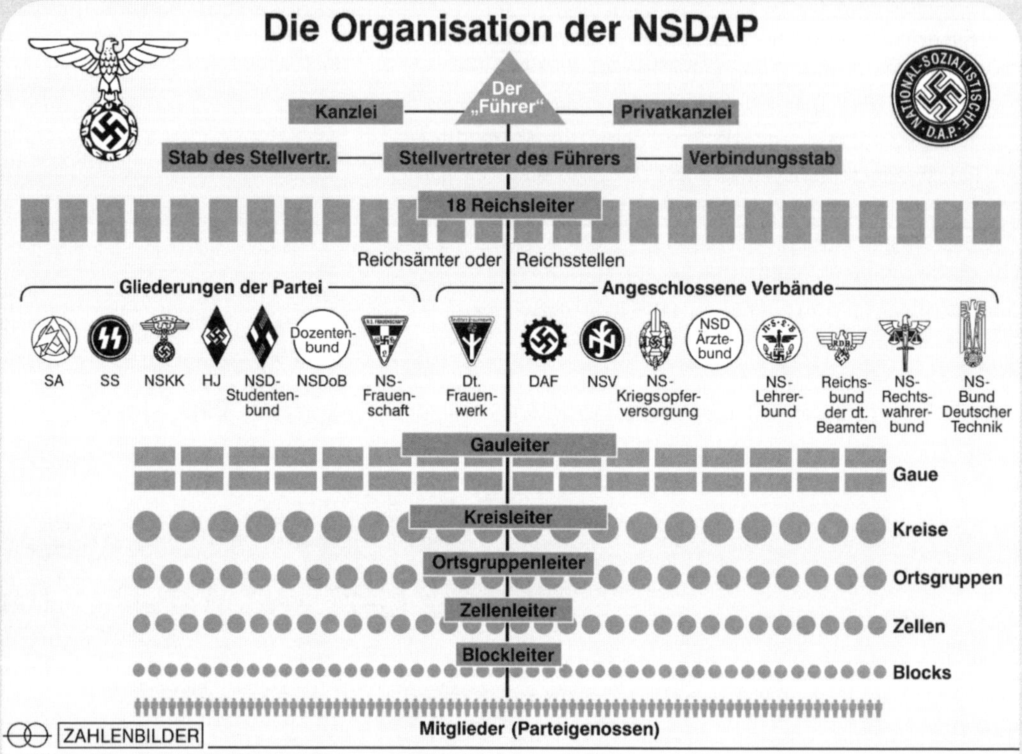
Die Organisation der NSDAP
Der „Führer“
Kanzlei
Privatkanzlei
Stab des Stellvertr.
Stellvertreter des Führers
Verbindungsstab
18 Reichsleiter
Reichsämter oder Reichsstellen
Gliederungen der Partei
Angeschlossene Verbände
SA
SS
NSKK
HJ
NSD-Studentenbund
NSDoB
NS-Frauenschaft
Dt. Frauenwerk
DAF
NSV
NS-Kriegsopferversorgung
NS-Lehrerbund
Reichsbund der dt. Beamten
NS-Rechtswahrerbund
NS-Bund Deutscher Technik
Gauleiter
Gaue
Kreisleiter
Kreise
Ortsgruppenleiter
Ortsgruppen
Zellenleiter
Zellen
Blockleiter
Blocks
Mitglieder (Parteigenossen)
ZAHLENBILDER
50084

GLEICHSCHALTUNG UND ERFASSUNG DER BEVÖLKERUNG

Sie erfolgte durch ein lückenloses Netz vertikaler Parteiinstitutionen vom „Führer" bis zum Blockleiter und horizontaler, d.h. alters- und berufsbezogener Parteiinstitutionen (Hitlerjugend (HJ), Bund deutscher Mädel (BdM), Reichsarbeitsdienst (RAD), Deutsche Arbeitsfront (DAF), NS-Berufsverbände). Dieses fast perfekte Überwachungssystem gab niemandem die Möglichkeit, sich auf Dauer der ideologisch-politischen Indoktrination ohne entsprechende Folgen zu entziehen. Durch die erzwungene Integration schaltete die NSDAP jegliche Individualität aus und forderte die bedingungslose Ein- und Unterordnung des Einzelnen („Du bist nichts, dein Volk ist alles!").

DIE ERZIEHUNG

Wichtigstes Ziel der NS-Führung war es, aus „rassisch hochwertigem Erbgut" den „neuen Menschen" mit ausgeprägtem völkischen und rassischen Bewusstsein zu schaffen. Er sollte völlig in der NS-Gemeinschaft aufgehen und die Grundlage des angestrebten „Germanischen Reichs" bilden. Diesem Ziel dienten die schulische Erziehung, das strikt ausgeübte Informationsmonopol (Presse, Publizistik, Rundfunk und Film), die ideologische Vereinnahmung der bildenden Künste sowie bombastische NS-Kundgebungen, Massenveranstaltungen und emotionalisierende Reden.

MITTEL UND METHODEN DER INDOKTRINATION

Die Reichskulturkammer unter Joseph Goebbels schaltete Medien, Kunst, Literatur und Musik gleich und kontrollierte sie. Sie entschied, was „deutsche" oder „entartete" Kunst war. Sie überwachte die „völkisch gesunde" Einstellung, schrieb den Journalisten praktisch vor, über was und wie sie zu schreiben hatten. Als Faustregel galt, was Goebbels so beschrieb: „Was dem Nationalsozialismus dient, ist gut und muss gefördert werden, was ihm schadet, ist schlecht und muss beseitigt werden." Kunst und Literatur behandelten vornehmlich völkische Themen („Blut-und-Boden-Literatur"). Die Architektur brachte riesige Prachtbauten hervor, die die Omnipotenz (Allmacht) des Regimes demonstrieren sollten. Kundgebungen, Massenveranstaltungen und Reden hatten drei Ziele: Dokumentation der Macht und Größe Deutschlands, Demonstration der Einheit von Volk und Partei und die Integration des Einzelnen in die Volksgemeinschaft.

DER FÜHRERKULT

Der Führerkult war das charakteristische Element von Hitlers Führerstaat. Er bestand aus der maßlosen Überhöhung und Verherrlichung des „Führers", sprach ihm charismatische, mystische, übermenschliche Kräfte zu, unterstellte Unfehlbarkeit und machte Opposition bzw. Kritik an ihm zum „volksschädigenden Verhalten", gleichsam zum Sakrileg. Der Führerkult wurde zum Religionsersatz, der pseudoreligiöse Charakter des „Führers" („von Gott gesandt", „alles liegt in seiner Hand" etc.) wurde permanent betont.

NS-IDEOLOGIE

1. Nennen Sie die wesentlichen Elemente der NS-Ideologie.

____

____

____

____

____

2. Nennen Sie die wesentlichen Grundlagen des Führerstaats.

____

____

____

____

____

____

3. Stellen Sie dar, wie die NSDAP die gesamte Bevölkerung erfasste, überwachte und beeinflusste.

1. ____

2. ____

3. ____

LÖSUNGEN

1. Sozial- oder Geschichtsdarwinismus, Rassenlehre, Antisemitismus, Elitedenken, Gewaltprinzip, Nationalismus, Imperialismus, Militarismus, Sozialismus • **2.** Allein der Wille des Führers gilt, alle staatlichen und parteilichen Institutionen sind auf den Führer ausgerichtet, absolute Befehlsgewalt nach unten und bedingungsloser Gehorsam nach oben, der Staat ist Mittel zum Zweck, der Führer ist unfehlbar • **3.** Lückenloses Netz vertikaler und horizontaler Parteiinstitutionen, Ausschaltung jeglicher Individualität, bedingungslose Unterordnung

DIE ERSCHLIESSUNG NEUER GELDQUELLEN

Das zentrale Problem der NS-Wirtschaft bestand darin, ausreichend Geld zum raschen Aufbau der Industrie, speziell der Rüstungsindustrie, zu beschaffen, ohne eine Inflation in Gang zu setzen und das Eingreifen der Siegermächte zu provozieren. Dieses Problem wurde von Hjalmar Schacht, der Zentralfigur der nationalsozialistischen Wirtschaft, bereits 1934 mit Hilfe der Mefo-Wechsel gelöst. Die Reichsbank, die Reichswehr und vier große Rüstungskonzerne (Krupp, Siemens, Rheinmetall und Deutsche Werke), die zusammen ca. 75 % der Rüstungswirtschaft kontrollierten, gründeten die Scheinfirma „Metallurgische Forschungs-GmbH“ (Mefo). Über sie liefen die Rüstungsaufträge, die mit Mefo-Wechseln bezahlt wurden. Diese wiederum sollten nach fünf Jahren bei der Reichsbank, die ihren Wert garantierte, eingelöst werden. Sie konnten jedoch auch nach einer mehrmonatigen Sperrfrist sofort bei der Reichsbank eingelöst werden. Dies geschah jedoch praktisch nicht, da diese Zahlungsmittel nahezu ausschließlich an Firmen gingen, die vom rüstungstechnisch bedingten Aufschwung direkt profitierten und es deshalb vermieden, Skepsis gegenüber derartigen Praktiken zu provozieren. Auf diese Weise wurde bis April 1938, als die Mefo-Wechsel durch andere kurzfristige Papiere ersetzt wurden, eine Nebenwährung von ca. 12 Mrd. Reichsmark geschaffen. Sie wurde vor allem in die Erprobung von modernem Kriegsgerät und in die Produktion von Schlüsselindustrien (Eisen-, Stahlerzeugung, Auto-, Flugzeug- und Maschinenbau) investiert, ohne dass sie den normalen Finanzhaushalt belastete.

Diese Investitionen waren nicht nur die Voraussetzung für die militärische Wiedererstarkung, sie schufen auch Arbeitsplätze und trugen dadurch zur wirtschaftlichen Aufwärtsentwicklung bei. Zudem profitierte die NS-Wirtschaft sehr stark davon, dass Hitler zu einem Zeitpunkt die Macht übernommen hatte, als diese nahezu auf dem wirtschaftlichen Tiefpunkt angelangt war und statistisch signifikante Verbesserungen daher schnell zu erzielen waren.

DER VIERJAHRESPLAN VON 1936

In seiner geheimen Denkschrift zum Vierjahresplan führte Hitler aus: „Das Ausmaß und das Tempo der militärischen Auswertung unserer Kräfte können nicht groß und nicht schnell genug gewählt werden! [...] Wenn es uns nicht gelingt, in kürzester Frist die deutsche Wehrmacht in der Ausbildung, in der Aufstellung der Formationen, in der Aufrüstung und vor allem in der geistigen Erziehung zur ersten (d.h. zur besten) Armee der Welt zu entwickeln, wird Deutschland verloren sein." Am Ende seiner Denkschrift nannte er die beiden Aufgaben, die der Vierjahresplan erfüllen müsse: Die deutsche Wehrmacht müsse in 4 Jahren einsatzbereit und die deutsche Wirtschaft kriegsfähig sein. Göring erklärte in einer Ministerbesprechung Anfang September 1936: „Alle Maßnahmen haben so zu erfolgen, als ob wir uns im Stadium der drohenden Kriegsgefahr befinden."

Entwicklung der Arbeitslosigkeit in Deutschland (in Mio.)

	Jan.	Juli
1927		1,00
1928	1,86	1,01
1929	2,85	1,25
1930	3,22	2,76
1931	4,89	3,99
1932	6,04	5,39
1933	6,01	4,46
1934	3,77	2,42
1935	2,55	1,61
1936	2,04	1,05
1937	1,30	0,56

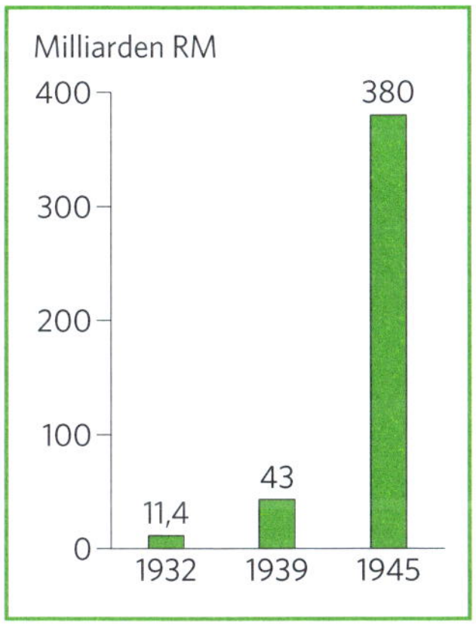

Staatsverschuldung des Deutschen Reichs (in Mrd. RM)

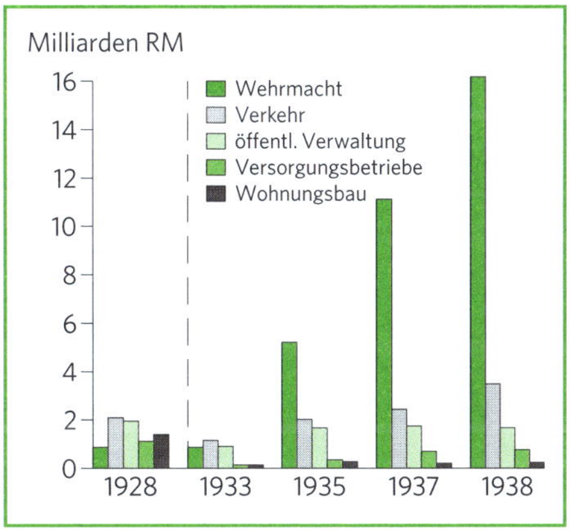

öffentliche Investitionen im Deutschen Reich (in Mrd. RM)

ÜBERGEORDNETE ZIELE

- rasche Schaffung von Arbeitsplätzen
- propagandistischer Gewinn
- „Wehrhaftmachung" Deutschlands

MASSNAHMEN

- Einführung des Reichsarbeitsdienstes
- allgemeine Wehrpflicht
- Gründung der Metallurgischen Forschungs-GmbH (Mefo)
- Staatsaufträge
- Finanzierung der Aufrüstung durch Mefo-Wechsel
- Ausbau des Transportwesens
- Begünstigung der Autoindustrie
- Reduzierung von Importen
- vorrangiger Ausbau der Brenn- und Treibstoffindustrie
- Sicherung notwendiger Rohstoffe und deren staatliche Zuweisung
- Preis- und Lohnstopp
- gelenkter Einsatz von Arbeitskräften
- Erhöhung der deutschen Erzförderung
- Förderung der Rüstung, rüstungsrelevanter Forschung und Erfindungen
- Förderung des privaten Wohnungsbaus
- völlige Kontrolle der Landwirtschaft
- Propagierung der Rolle der Frau als Mutter und „Sachwalterin des Hauses"

BEWERTUNG

Die NS-Wirtschaft war nie eigenständig, immer nur Mittel zum (politischen) Zweck; sie war nur auf kurzfristige Erfolge/Ziele ausgerichtet und nur „rentabel" durch einen gewonnenen Krieg. NS-Wirtschaft bedeutete Rüstungswirtschaft mit angegliederten Versorgungsbereichen. Auf lange Sicht ruinöse Konzentration auf Rüstung; es profitierte die Groß- bzw. Rüstungsindustrie, der Lebensstandard der breiten Bevölkerung verbesserte sich nicht (verglichen mit 1929).

DIE NS-WIRTSCHAFT

1. Welches waren die übergeordneten Ziele der NS Wirtschaft?

2. Nennen Sie zehn Maßnahmen, die zur Erreichung der übergeordneten Ziel führen sollten.

3. Bewerten Sie die NS-Wirtschaft.

LÖSUNGEN

1. Rasche Schaffung von Arbeitsplätzen, propagandistischer Gewinn, „Wehrhaftmachung" Deutschlands • **2.** Z. B. Einführung des Reichsarbeitsdienstes, allgemeine Wehrpflicht, Staatsaufträge, Ausbau des Transportwesens, Ausbau der Brenn- und Treibstoffindustrie, Sicherung notwendiger Rohstoffe, gelenkter Einsatz von Arbeitskräften, Förderung der Rüstung, Kontrolle der Landwirtschaft, Rolle der Frau • **3.** Keine Eigenständigkeit, nur Mittel zum politischen Zweck, nur auf kurzfristige Erfolge ausgerichtet, propagandistischer Gewinn, Rüstungswirtschaft mit angegliederten Versorgungsbereichen, auf lange Sicht ruinöse Konzentration auf Rüstung, Lebensstandard der Massen verbessert sich nicht

12

DIE NS-AUSSENPOLITIK UND DER ZWEITE WELTKRIEG

Die NS-Außenpolitik 1933–1936

KONTINUITÄT UND DISKONTINUITÄT

Die Außenpolitik der Weimarer Republik, gleichgültig von welchen Politikern und Parteien sie bestimmt wurde, sah ihr wesentliches Ziel darin, durch Revision eine „Entschärfung" oder gar eine völlige Aufhebung des Versailler Vertrages zu erreichen. Diese kontinuierlich verfolgte Politik ging von Rapallo (1922) über Locarno (1925), den Eintritt in den Völkerbund (1926), den deutsch-sowjetischen Vertrag (1926), den Forderungen der Kanzler Brüning, Papen und Schleicher bis hin zu Hitler. Aus diesem Grunde muss für Zeitgenossen und auch für ausländische Beobachter die Kontinuität das hervorstechendste Charakteristikum der deutschen Außenpolitik von 1918 bis 1939 gewesen sein.

Aus heutiger Sicht erweist sich diese Kontinuität der politischen Forderungen, territorialen und machtpolitischen Ziele als unbestreitbar. Der Historiker K. Hildebrand stellte 1973 fest: „Hitlers ‚Programm' aber integrierte prinzipiell alle seit Bismarcks Tagen in der deutschen Gesellschaft vorhandenen politischen Forderungen, wirtschaftlichen Notwendigkeiten und sozialpsychologischen Erwartungen." Betrachtet man jedoch speziell die Mittel und Methoden der NS-Außenpolitik, so ist ein Bruch festzustellen. Hitlers Lebensraumpolitik kalkulierte den Krieg bzw. (wie er ihn umschrieb) das „Brechen von Widerstand unter Risiko" als feste Größe, als „normales politisches Mittel" von Anfang an ein und betonte ideologisch dessen Auslesecharakter im Bereich der Völker und Nationen. Hitler forcierte die Eskalation politischer Verhältnisse bewusst und plante und realisierte den Krieg systematisch. Deshalb muss der 30.1.1933 heute unter dem Aspekt der außenpolitischen Mittel und Methoden als Zäsur betrachtet werden, auch wenn die Neuartigkeit, die Radikalität dieser Politik von den in- und ausländischen Zeitgenossen nicht erkannt werden konnte und in den 1950er-Jahren nicht offen gelegt wurde, entweder aus emotionalen Gründen oder weil der Vorwurf der „Nestbeschmutzung" vermieden werden sollte.

HITLERS AUSSENPOLITISCHER STUFENPLAN

Hitler ging in seiner Außenpolitik von der Maxime aus, dass Deutschland entweder eine Weltmacht oder gar nicht sein werde. Den Aufstieg zur Weltmacht wollte er in folgenden Stufen realisieren:

1. **Erringung der Macht** im Inneren und ihre Stabilisierung als Voraussetzung für eine machtbewusste Außenpolitik.
2. **Hegemonie in Zentraleuropa** durch ein Kontinentalimperium mit einem festen machtpolitischen und „wehrwirtschaftlichen" Rückhalt im „europäischen Ostraum". Goebbels forderte 1943 die möglichst schnelle „Liquidierung" des europäischen „Kleinstaatengerümpels" (Tagebucheintragung vom 8. 5.). Ziel des Kriegs sei ein einheitliches Europa, das das Deutsche Reich beherrschen werde. „Von da ab ist praktisch der Weg zu einer Weltherrschaft vorgezeichnet. Wer Europa besitzt, der wird damit die Führung der Welt an sich reißen."
3. Danach **Gewinnung eines kolonialen „Ergänzungsraums" in Afrika** bei gleichzeitigem Aufbau einer starken Flotte. Hegemonie und Kolonien sollten Deutschland zur Weltmacht neben den USA, Großbritannien und Japan machen.
4. Für die folgende Generation erwartete Hitler einen **Entscheidungskampf** um die Weltherrschaft zwischen den beiden bedeutendsten Weltmächten, den **USA und Deutschland**. Hierfür sollte die Neutralität Japans durch das Zugeständnis einer östlichen Interessensphäre und nach Möglichkeit ein Bündnis mit dem „germanischen" Großbritannien erreicht werden.

Dieser Stufenplan Hitlers, der in seiner Entwicklung bis 1925 völlig abgeschlossen war und von da an nicht mehr verändert wurde, stellte eine **völlige Abkehr von allem bisher Dagewesenen** dar. In dieser Konzeption spielte Großbritannien die entscheidende Rolle. Mit dessen Kriegseintritt, den Hitler bis zuletzt als unwahrscheinlich angesehen hatte, und mit dem Kriegseintritt der USA war das Programm nicht mehr wie geplant durchzuführen und damit zum Scheitern verurteilt.

1933

- 3.2.: Hitler verkündete der Reichswehrführung sein übergeordnetes Ziel: „Eroberung von neuem Lebensraum im Osten" und dessen „rücksichtslose Germanisierung".
- 5.5.: Verlängerung des Berliner Vertrags (von 1926) mit der UdSSR
- 17.5.: Außenpolitische Reichstagsrede Hitlers; er gab sich friedliebend, respektierte die nationalen Rechte der anderen Völker, lehnte ein „Germanisieren" ab, gab vor, den Versailler Vertrag einzuhalten.
- 20.7.: Konkordat mit dem Vatikan: innere Autonomie der Kirche, die sich auf Religion, Kultur und karitative Anliegen beschränkte (= Aufwertung Hitlers).
- 10.10.: Austritt Deutschlands aus dem Völkerbund, da Frankreich die militärische Gleichberechtigung Deutschlands ablehnte.

1934

- 26.1.: deutsch-polnischer Nichtangriffspakt, scheinbare Abkehr von der Revisionspolitik

1936

- 7.3.: Besetzung des entmilitarisierten Rheinlands, Verstoß gegen Versailler Vertrag, Beschwichtigungsrede Hitlers
- Juli (bis April 1939): die „Legion Condor" kämpfte (inoffiziell) auf der Seite Francos.
- 25.10.: Hitler und Mussolini verkündeten die „Achse Berlin – Rom".
- 25.11.: Antikominternpakt zwischen Deutschland und Japan (gegen die Kommunistische Internationale)

1935

- 13.1.: Abstimmung an der Saar; NS-Propaganda sah Ergebnis (über 90 % für Rückkehr ins Reich) als Vertrauensvotum an.
- 16.3.: Wiedereinführung der allgemeinen Wehrpflicht, Verstoß gegen Versailler Vertrag, halbherziger Protest der Alliierten, Friedensbeteuerung Hitlers Ende Mai
- 18.6.: Das deutsch-britische Flottenabkommen (deutsche Flotte: 35 % der britischen Schiffsstärke, 45 % der U-Boote) sollte Wettrüsten verhindern.

DAS HOSSBACH-PROTOKOLL (5.11.1937)

Anfang September 1936 führte Göring in einer Kabinettssitzung aus: „Sie (die geheime Denkschrift) geht von dem Grundgedanken aus, dass die Auseinandersetzung mit Russland unvermeidbar ist." Am 5.11.1937 erläuterte Hitler der Wehrmachtsspitze seine außenpolitischen Vorstellungen, über die Oberst Hoßbach ein Protokoll anfertigte: Ziel sei die Erhaltung der Volksmasse und deren Vermehrung; somit handele es sich um das Problem landwirtschaftlich nutzbaren Raums. Jede Raumerweiterung sei nur durch das Brechen von Widerstand und unter Risiko möglich. Da sich der Rüstungsvorsprung des Deutschen Reichs gegenüber den Westmächten nach 1943/45 verringere, sei dies der äußerste Zeitpunkt für den Kriegsbeginn. Ein früherer Kriegsbeginn sei gegeben, wenn Frankreich in eine innenpolitische Krise oder gar in eine militärische Auseinandersetzung gerate.

DER „ANSCHLUSS" ÖSTERREICHS (12.3.1938)

Nach einem missglückten Putschversuch (1934) der österreichischen Deutschen Nationalsozialistischen Arbeiterpartei (DNSAP) vereinbarten Österreich und das Deutsche Reich 1936 die Regierungsbeteiligung der DNSAP. Als dies nicht geschah, verschärfte Hitler den Druck. Am 12.2.1938 drohte er dem österreichischen Kanzler Schuschnigg unverhüllt mit militärischen Maßnahmen. Dieser gab nach, wollte die Unabhängigkeit Österreichs aber durch eine Volksabstimmung erhalten. Sie sollte das Bekenntnis zu einem „freien und deutschen, unabhängigen und sozialen, christlichen und einigen Österreich" zum Ergebnis haben. Dies betrachtete Hitler als „Verrat". Unter Androhung militärischer Maßnahmen erzwang er die Übergabe der Regierung an den Innenminister Seyß-Inquart (DNSAP). Auf dessen „Bitte" hin marschierten am 12.3.1938 deutsche Truppen ein.

DAS MÜNCHENER ABKOMMEN (29. 9. 1938)

Die nationalsozialistische Sudetendeutsche Partei unter ihrem Vorsitzenden Konrad Henlein stellte immer höhere Forderungen an die tschechoslowakische Regierung und wurde dabei von der NSDAP-Presse unterstützt. Im Sommer 1939 kam es zu Kriegsdrohungen auf beiden Seiten. **Mussolini initiierte die Viermächtekonferenz**. In **München** beschlossen Daladier (französischer Ministerpräsident), Chamberlain (britischer Premierminister) sowie Hitler und Mussolini am **29. 9. 1938** ohne Beteiligung der Tschechoslowakei die **Abtretung des Sudetenlands an das Deutsche Reich**.
Mit diesem Abkommen, das der **Höhepunkt der britischen Appeasementpolitik (= Beschwichtigungspolitik)** war, glaubten die Westmächte, den Frieden gerettet zu haben.

„DIE ERLEDIGUNG DER RESTTSCHECHEI" (16. 3. 1939)

Unmittelbar nach dem Münchner Abkommen wies Hitler die Wehrmacht an, die „tschechische Frage" endgültig zu lösen. Im Frühjahr 1939 ging er zu unverhüllten militärischen Drohungen gegenüber Prag über. Deshalb legte am **15. 3. 1939** der tschechoslowakische Staatspräsident Hacha „das Schicksal des tschechischen Volkes vertrauensvoll in die Hände Hitlers". Am folgenden Tag besetzten deutsche Truppen die Tschechoslowakei. Böhmen und Mähren wurden als „Protektorat" (= Schutzgebiet) an das Deutsche Reich angegliedert, die Slowakei wurde ein deutscher Satellitenstaat.

DER HITLER-STALIN PAKT (23.8.1939)

Er wird nach den Außenministern auch Molotow-Ribbentrop-Pakt genannt. Hitler brauchte die UdSSR, um bei der „Lösung der polnischen Frage" einen Zweifrontenkrieg zu vermeiden. Als sich die Verhandlungen hinzogen, da Stalin auch von den Westmächten umworben wurde, die inzwischen ihre Appeasementpolitik aufgegeben und den Bestand Polens garantiert hatten, forcierte Hitler die Verhandlungen. In einem geheimen Zusatzprotokoll zum Nichtangriffspakt legten das Deutsche Reich und die UdSSR am 23.8.1939 ihre Interessensphären in Polen und Osteuropa „für den Fall eines Kriegs" fest. Der Hitler-Stalin-Pakt besiegelte das Schicksal Polens und trug wesentlich zum Ausbruch des Kriegs bei.

1937

5.11.: Hoßbach-Protokoll: Hitler terminierte den Krieg im Osten (spätestens 1943/45).

1938

12.3.: „Anschluss" Österreichs, schwacher Protest der Westmächte

29.9.: Münchner Abkommen; das Sudetenland wurde Teil des Deutschen Reichs.

30.9.: deutsch-britische Nichtangriffserklärung

6.12.: deutsch-französische Nichtangriffserklärung

1939

16.3.: „Erledigung der Resttschechei": Angliederung von Böhmen und Mähren als „Protektorat" an das Deutsche Reich; die Slowakei wird Satellitenstaat

23.3.: Wiederangliederung des Memellandes an das Deutsche Reich

3.4.: Führerweisung „Fall Weiß" befahl die Planung zur „Erledigung Polens".

27.4.: Hitler kündigte das deutsch-britische Flottenabkommen.

22.5: „Stahlpakt" Deutsches Reich – Italien (militärische Unterstützung im Kriegsfall)

23.8.: Hitler-Stalin-Pakt: militärische Neutralität; geheimes Zusatzabkommen

Grundzüge der NS-Außenpolitik

- oberste Ziele:
- Lebensraum,
- Rassenpolitik,
- Weltmacht

- Schaffung vollendeter Tatsachen,
- Verstöße gegen den VV

- zweigleisige Politik (Maßnahmen versus friedliebende Äußerungen)

- falsche Einschätzung der Westmächte

Zweiter Weltkrieg

DIE NS-AUSSENPOLITIK 1936–1939

1. Was nannte Hitler im September 1936 als übergeordnetes Ziel?

___

___

___

2. Welche Staaten beschlossen 1938 die Abtretung des Sudetenlands an das Deutsche Reich?

a) ___ **b)** ___

c) ___ **d)** ___

3. Warum ging Hitler einen geheimen Pakt mit Stalin ein?

☐ **A** Zur Vereinbarung über den Anschluss Österreichs.
☐ **B** Zur Lösung der Tschechien-Frage.
☐ **C** Zur Vermeidung eines Zweifrontenkriegs.

4. Nennen Sie die Grundzüge der NS-Außenpolitik zwischen 1936 und 1939.

___

___

___

___

LÖSUNGEN

1. „Eroberung von neuem Lebensraum im Osten" und dessen „rücksichtslose Germanisierung" • **2.** a) Frankreich, b) Großbritannien, c) Deutschland, d) Italien • **3.** C • **4.** Lebensraum, Rassenpolitik, Weltmacht, Krieg als „legales" Mittel, Schaffung vollendeter Tatsachen, zweigleisige Politik, falsche Einschätzung der Westmächte

DIE „ENTFESSELUNG" DES ZWEITEN WELTKRIEGS

Der Krieg gegen Polen begann mit einem vorgetäuschten Überfall polnischer Soldaten auf den deutschen Radiosender Gleiwitz am 1. 9. 1939 ohne Kriegserklärung. Aufgrund dieser zielgerichteten Auslösung des Kriegs durch das Deutsche Reich verwendet die Fachliteratur den Begriff „Entfesselung", der die Kriegsschuldfrage unmissverständlich klärt. Am 3. 9. stellte die britische Regierung ein auf zwei Stunden befristetes Ultimatum, die deutschen Truppen zurückzuziehen. Noch am selben Tag erklärten die Westmächte dem Deutschen Reich den Krieg.

DER WESTFELDZUG

Am 24. 5. 1940 gab Hitlers Haltebefehl den Westmächten die Möglichkeit, ca. 340 000 Soldaten aus dem Kessel von Dünkirchen zurückzuziehen. Hitler traf diese unverständliche Maßnahme, die ein kapitaler taktischer Fehler war, um das „germanische" Großbritannien doch noch zu einer Koalition gegen den Bolschewismus zu bewegen. Der unerwartet schnelle Sieg gegen Frankreich hatte eine Reihe von Auswirkungen: Hitlers Prestige wuchs noch mehr („größter Feldherr aller Zeiten"), er befand sich auf dem Höhepunkt seiner Macht und die Vormachtstellung des Deutschen Reichs auf dem Kontinent schien unerschütterlich. Die Generalität geriet gegenüber dem „genialen Feldherrn" Hitler immer mehr ins Hintertreffen. Er überschätzte immer mehr die eigenen Fähigkeiten und unterschätzte die Kampfbereitschaft Großbritanniens.

WARUM ÜBERFIEL HITLER DIE UDSSR?

Am 22. 6. 1941 erfolgte auf Befehl Hitlers und ohne Kriegserklärung der Überfall auf die UdSSR („Unternehmen Barbarossa"). Für die unerzwungene Eröffnung des Zweifrontenkriegs hatte Hitler

- wirtschaftliche Motive (rumänisches Erdöl, „Kornkammer Ukraine", sowjetische Rohstoffquellen, Verwirklichung des Lebensraumprogrammes),
- militärische Gründe (Zerstörung der Hoffnung Englands auf eventuelle sowjetische Hilfe; Befreiung Japans vom sowjetischen Druck und Bindung der USA durch Japan im Pazifik) und
- ideologisch-politische Motive (Ausrottung der „jüdisch-bolschewistischen" Führungsschicht der UdSSR, der jüdischen Bevölkerung in Ost- und Mitteleuropa; Unterwerfung und Versklavung der slawischen Bevölkerung).

DER CHARAKTER DES OSTFELDZUGES

Der Ostfeldzug ist mit dem Krieg im Westen nicht vergleichbar. Während dieser ein „Normalkrieg" war, war der Ostfeldzug von Anfang an ein brutaler, rassenideologischer Vernichtungs- und Versklavungskrieg. Daran hatte vor allem die SS durch die von ihr errichteten und betriebenen Massenvernichtungslager sowie durch ihr brutales Vorgehen gegen die polnische und sowjetische Zivilbevölkerung entscheidenden Anteil. Beide Seiten hielten sich von Anfang nicht an die bisher gültigen Regeln des Kriegs, weshalb Partisanentätigkeit und grausame Vergeltungsmaßnahmen den Charakter des Ostfeldzugs maßgeblich bestimmten.

PEARL HARBOR

Der japanische Überfall auf Pearl Harbor (7.12.1941) bewirkte den Kriegseintritt der USA. Heute wird von Historikern vielfach angenommen, dass Präsident Roosevelt die Auseinandersetzung mit Japan um die Hegemonie im pazifischen Raum bewusst angestrebt hatte. Oft wird auch mit gewichtigen Belegen behauptet, dass der Überfall für die amerikanische Führung nicht überraschend gewesen sein kann. Jedenfalls erwies sich der Überfall als idealer Stimmungsmacher für einen von Roosevelt geplanten amerikanischen Kriegseintritt. War vor Pearl Harbor die große Mehrheit der amerikanischen Bevölkerung der Meinung, die USA sollten sich aus „den europäischen Händeln" heraushalten, so war der Krieg gegen Japan nach dem 7.12.1941 eine „Sache der nationalen Ehre".

1. DIE ZEIT DER BLITZKRIEGE

- Polenfeldzug (1.9.–6.10.1939)
- Besetzung Dänemarks, Norwegens (April – Juni 1940)
- Westfeldzug (10.5.–22.6.1940)
- Luftschlacht um England (Juli – November 1940)

2. DIE AUSWEITUNG DES KRIEGS

- Balkanfeldzug (April – Juni 1941)
- Afrikafeldzug (Februar 1941 – September 1942)
- Beginn Ostfeldzug (22.6.1941)
- Kriegseintritt Japans und der USA (Dezember 1941)

3. RÜCKZUG UND NIEDERLAGE

- zweite Phase des Afrikafeldzugs (September 1942 – Mai 1943)
- Niederlage im Osten (1942–1944), beginnt mit Stalingrad (2.2.1943)
- Ausrufung des „totalen Kriegs" durch Göbbels (18.3.1943)
- Landung der Alliierten in der Normandie (6.6.1944)
- Kriegsende – bedingungslose Kapitulation (8.5.1945)

DER ZWEITE WELTKRIEG

1. Was waren die Gründe für den Überfall Hitlers auf die UdSSR?

2. Was bewirkte der Kriegseintritt der USA?

3. Datieren Sie die Ereignisse:

a) Beginn des Westfeldzugs ______

b) Beginn des Ostfeldzugs ______

c) Niederlage in Stalingrad ______

d) Landung der Alliierten in der Normandie ______

LÖSUNGEN

1. Wirtschaftliche Gründe (Erdöl, Kornkammer Ukraine, Lebensraum), militärische Gründe (Zerstörung der Hoffnung Englands auf sowjetische Hilfe), ideologische Gründe (Ausrottung der jüdischen Bevölkerung in Ost- und Mitteleuropa, Unterwerfung der slawischen Bevölkerung) • **2.** Überfall Japans auf Pearl Harbor (Hawaii) • **3.** a) 10.5.1940, b) 22.6.1941, c) 2.2.1943, d) 6.6.1944

13 UNRECHTSCHARAKTER DES NATIONAL-SOZIALISMUS UND WIDERSTAND

Der Unrechtscharakter des Nationalsozialismus

NATIONALSOZIALISTISCHER TERROR IN DEUTSCHLAND

Der Terror in Deutschland, den in erster Linie Gestapo, SA und SS ausübten, betraf politische Gegner, jüdische Menschen und Minderheiten. Sie wurden als „artfremd", als „Schmarotzer", „Parasiten" oder „Volksschädlinge" angesehen, inhaftiert, unmenschlich behandelt und ermordet. Haftgründe waren Opposition, Widerstand, rassische Gründe (Juden, Sinti, Roma), „sittliche" (z.B. Homosexualität), religiöse (z.B. Zeugen Jehovas), gesundheitliche (Behinderte, psychisch Kranke), „Renitenz", „Unerziehbarkeit", „Kriminalität", „Arbeitsverweigerung, „Arbeitsbummelei", Sabotage, Verweigerung des HJ- oder BdM-Dienstes, Zugehörigkeit zu verbotenen oder missliebigen Jugendorganisationen („Swing-Jugend", „Edelweiß-Piraten", „Wandervögel" oder konfessionelle Jugendgruppen).

Für die Inhaftierung wurden (seit 1933) Konzentrationslager errichtet. Sie waren in Deutschland Sonderlager für alle, die sich nicht in den NS-Staat einfügten oder aus rassischen, ethnischen oder individuellen Gründen nicht zur NS-Ideologie passten. Im Osten Europas waren diese Lager Massenvernichtungslager. Personen konnten ohne Rechtsgrundlage in ein KZ eingewiesen werden. Dort waren sie bedingungslos der Gewalt der SS, der Gestapo oder Aufsicht führender Schwerkrimineller ausgeliefert. Prügelstrafen, Erschlagen, Erhängen und grausamste Folterungen gehörten zu den alltäglichen Methoden der „Behandlung".

VERFOLGUNG DER JÜDISCHEN BEVÖLKERUNG

Sie lässt sich nach ihrer Intensität in vier sich überlappende Phasen einteilen:

1. Hetze und Terror bestimmten das Leben der jüdischen Menschen in den ersten Jahren des Nationalsozialismus. Es gab vereinzelte Maßnahmen und Aktionen gegen jüdische Kaufhäuser, Geschäfte und Personen. Sie umfassten neben der Entlassung als Beamte Boykottaufrufe, Drohungen sowie die Diskriminierung und Ausgrenzung jüdischer Künstler, Gelehrten und Literaten.
2. Die Nürnberger Gesetze (15. 9. 1935) schufen die pseudorechtliche Grundlage der zielgerichteten Judenverfolgung: Das „Reichsbürgergesetz" bestimmte, dass nur Reichsbürger (= „Staatsangehörige deutschen oder artverwandten Blutes") die vollen politischen Rechte besitzen. Das „Gesetz zum Schutz des deutschen Blutes und der deutschen Ehre" verbot die Eheschließung und den Geschlechtsverkehr zwischen jüdischen Personen und deutschen Staatsbürgern. Bereits bestehende Ehen mussten aufgelöst werden. Der Unrechtscharakter dieser Gesetze (und damit des Nationalsozialismus) ergibt sich auch daraus, dass sie „Strafbestände" rückwirkend bestraften.
3. Die systematische Einengung des Lebens- und Freiheitsraums der jüdischen Bevölkerung begann 1938. Sie ist gekennzeichnet durch Berufs-, Besitz-, Aufenthalts- und Nutzungsverbote sowie durch diskriminierende Maßnahmen (Zwangsnamen „Sarah" oder „Israel", Kennzeichnung von Ausweisen durch ein „J"). Ein erster Höhepunkt war die von Goebbels inszenierte „Reichskristallnacht" (NS-Begriff, korrekt: Reichspogromnacht): Bei den antijüdischen Ausschreitungen wurden am 9./10. November 1938 Synagogen und jüdische Geschäfte zerstört, jüdische Menschen misshandelt und ermordet. In der Folgezeit wurde ihre Gettoisierung systematisch betrieben und 1941 ihre Auswanderung verboten.
4. Die „Endlösung" (NS-Begriff) wurde auf der Wannsee-Konferenz (20. 1. 1942) beschlossen. Sie bedeutete die systematische Erfassung aller jüdischen Menschen in Deutschland und den besetzten Gebieten und ihren Abtransport in die im Osten Europas gelegenen Vernichtungslager Majdanek, Sobibor, Chelmno, Belzec, Treblinka, Auschwitz, Maly Trostinez. Dort wurden sie durch unmenschliche Lebens- und Arbeitsbedingungen, durch Erschießung oder Vergasung massenweise ermordet. Insgesamt wurden ca. 5 Mio. Juden im Holocaust (griech. Holocaustos = völlig vernichtet, auch: Genozid, lat. Völkermord) ermordet.

Der Unrechtscharakter des Nationalsozialismus

Der NS-Unrechtsstaat: Opfer und Maßnahmen

Terror in Deutschland

- politische Gegner, ethnische, religiöse, rassische Minderheiten
- „Volksschädlinge"
- „Ballastexistenzen"
- Fremdarbeiter

↓

KZ, Misshandlungen, Ermordung, extreme Lebensbedingungen

Judenverfolgung

- Hetze und Terror
- Nürnberger Gesetze
- systematische Einengung des Lebensraums
- „Endlösung" in den Konzentrationslagern in Polen

↓

„Endlösung" durch Massenvernichtung (Holocaust)

die unterworfenen Völker

- Behandlung nach „rassischer Wertigkeit"
- Liquidierung der russischen und polnischen Oberschicht
- Versklavung der Völker im Osten Europas

↓

Germanisierung, Versklavung oder Vernichtung

URSACHEN UND FORMEN DES WIDERSTANDS

Widerstand gegen ein diktatorisches Regime hat viele Wurzeln. Er kann aus ethnisch-nationalen, gesellschaftlichen, politischen, wertkonservativen, religiösen, ethischen oder individuellen Gründen ausgeübt werden. Konkrete Ursachen des Widerstands waren: Die Beseitigung der Demokratie, die Verfolgung von Andersdenkenden und Minderheiten, die generelle Missachtung menschlicher Freiheit und Würde, die Anzettelung und Ausweitung des Kriegs, die aussichtslose militärische Lage bzw. die Chance eines erträglichen Friedens sowie die Dokumentation gegenüber dem Ausland, dass es auch „andere" Deutsche gab.

Formen des Widerstands waren die Entwicklung politischer und gesellschaftlicher Gegenmodelle zum Nationalsozialismus, Verweigerung von Befehlen, Sabotage, die Verteilung von Flugblättern, das Anbringen von Wandparolen oder Attentatsversuche.

DIE BEWERTUNG DES WIDERSTANDS

Trotz zahlreicher Widerstandsgruppen und ca. vierzig Versuchen Einzelner oder Gruppen, Hitler zu töten, z.B. Attentat am 20.7.1944 durch Oberst von Stauffenberg, entstand kein einheitlicher, wirksamer Widerstand. Dafür gab es folgende Gründe: Die totale Überwachung und Bespitzelung durch den nationalsozialistischen Polizeistaat, die Außerkraftsetzung der Grundrechte, die Ausschaltung des Parlaments und der Parteien, die Zerrissenheit der Arbeiterschaft, die Gleichschaltung der Presse, die Vereidigung der Reichswehr auf Hitler sowie dessen innen- und außenpolitische Anfangserfolge. Entscheidend war wohl, dass die Mehrheit der Deutschen traditionell obrigkeitshörig und zudem von der NS-Propaganda massiv beeinflusst war. Deshalb konnte von ihr weder Verständnis noch Unterstützung erwartet werden. Die Bedeutung des Widerstands lag deshalb in erster Linie in der Dokumentation, dass nicht alle Deutschen Nationalsozialisten waren bzw. das Regime mittrugen.

OPPOSITION UND WIDERSTAND DER JUGEND

Trotz aller Indoktrination konnte die NSDAP den **Widerstand Jugendlicher** nicht verhindern. Er richtete sich in erster Linie **gegen die totale Vereinnahmung** durch den Nationalsozialismus und die Uniformität der Hitler-Jugend. Jugendlicher Widerstand äußerte sich meist in provokativ **unangepasstem Verhalten** (lange Haare, auffällige, unmilitärische Kleidung, Bevorzugung amerikanischer Swing- und Jazzmusik), in Schlägereien mit der HJ, gewaltsamen Protesten und kleineren Sabotageakten. Die Jugendlichen lehnten reglementierte Freizeitgestaltung, militärische und autoritäre Strukturen ab und gaben sich Namen, die ihre Unangepasstheit und ihr Freiheitsideal verdeutlichten („Navajos", „Piraten" etc.). Vor allem in Großstädten, im Rheinland und im Ruhrgebiet bildeten sich derartige Jugendgruppen, die sich nach ihrem Erkennungszeichen „Edelweißpiraten" nannten. Das NS-Regime ging gegen derartige „verwahrloste" Jugendliche mit großer Brutalität vor. So wurden z.B. am 10.11.1944 dreizehn „Edelweißpiraten" in Köln-Ehrenfeld zur Abschreckung öffentlich gehängt.

Die bekannteste jugendliche Widerstandsgruppe war die an der Münchner Universität entstandene **„Weiße Rose"**. Führende Mitglieder waren die Geschwister Hans und Sophie Scholl, Willi Graf, Alexander Schmorell und Christoph Probst. Die „Weiße Rose" baute Kontakte zu Widerstandsgruppen anderer Universitäten auf, verurteilte durch Flugblätter den NS-Terror und die Unfreiheit des NS-Staates. Sie wurde im Februar 1943 von der Gestapo zerschlagen, ihr Kern hingerichtet.

DER DEUTSCHE WIDERSTAND

Beseitigung des Nationalsozialismus

KPD
Widerstand von Anfang an und prinzipiell; zahlreiche kleine, nicht vernetzte Widerstandsgruppen; Mittel: Verbreitung illegaler Publikationen, Sabotage, Gewaltakte; Kampf auch vom Exil aus; Zahl der Opfer des kommunistischen Widerstandes sehr hoch

SPD
nach anfänglicher Fehleinschätzung des Nationalsozialismus prinzipieller Widerstand; kleine Diskussionsgruppen, Erörterung gesellschaftspolitischer Strukturen für die Zeit nach Hitler; Widerstand der Parteiführung aus dem Exil; kein geschlossener, effizienter Widerstand

Gewerkschaften
zunächst Zurückhaltung; keine Geschlossenheit; enge Verbindung zur SPD, aber kein gemeinsames, koordiniertes Vorgehen

Kirchen
zunächst Arrangement mit bzw. Zustimmung zum Nationalsozialismus; Haltung der Kirchenführung nicht entschieden, nicht zielgerichtet; „Pfarrernotbund“, „Bekennende Kirche“; Widerstand betreiben viele „Einzelkämpfer“; insgesamt kein geschlossenes, entschiedenes Vorgehen der Kirchen

Bürgertum
zunächst abwartend oder positive Einstellung zum Nationalsozialismus; Widerstandsgruppen seit Mitte der 1930er-Jahre: Beschäftigung mit ethischen, moralischen, gesellschaftspolitischen Aspekten bzw. Modellen; kein aktiver Widerstand (Ausnahme: Goerdeler)

Militär
zunächst Zusammenarbeit mit dem Nationalsozialismus, keine Ablehnung; Widerstand entstand Ende der 1930er-Jahre, wuchs mit den militärischen Niederlagen; aktiver Kern um Graf von Stauffenberg (20.7.1944); Ziel: Dokumentation des „anderen“ Deutschlands

Jugend
zahlreiche kleine, unabhängige Widerstandsgruppen, Ablehnung des politischen Systems; provokatives Auftreten und Verhalten, Rückzug in „Nischen“; Proteste, Sabotage; zielgerichteter Widerstand: Weiße Rose

Einzelkämpfer
ca. 40 ausnahmslos erfolglose Attentatsversuche auf Hitler; unterschiedliche Beweggründe; Beispiele: Elser, von Tresckow, von Schlabrendorff

VERGANGENHEIT, DIE NICHT VERGEHEN WILL

Die Auseinandersetzung mit den Gräueltaten des Nationalsozialismus, die Öffnung der Konzentrationslager, der Nürnberger Kriegsverbrecherprozess sowie die Behandlung des Nationalsozialismus in den Medien und der Literatur lösten eine bis heute andauernde intensive öffentliche, publizistische, rechtliche und moralische Auseinandersetzung mit dem Nationalsozialismus aus.
Die unmittelbaren Nachkriegsjahre waren geprägt von der Diskussion um die Kollektiv- oder unterschiedlich große Teilschuld der Deutschen. Die entscheidende Frage war: Wer war schuld? Alle Deutschen oder nur die Generation der Eltern und Großeltern? War es das deutsche Bürgertum (Kleinbürgertum?), nur ein paar Verbrecher unter einer im Ganzen anständig gebliebenen Nation? Oder war es gar nur Hitler? Im Sinne der Kollektivschuld bekannte sich z.B. die evangelische Kirche zu einer „Solidarität der Schuld" mit dem deutschen Volk („Stuttgarter Bekenntnis", Oktober 1945). Die Gegner der Kollektivschuld lehnten sie ab, da es kein Kollektivgewissen als Voraussetzung für eine Kollektivschuld gebe (Martin Niemöller) und weil sie nicht zwischen Tätern, Gegnern des Nationalsozialismus und dessen Opfern unterscheide.
Auffallend ist, dass viele Deutsche diese Problematik zunächst lange Zeit aus unterschiedlichen Gründen verdrängten. Diese Einstellung änderte sich erst, als mit der Fernsehserie „Holocaust" (1979) die Verfolgungen der jüdischen Bevölkerung zu einem medialen Großereignis wurde. In der Folgezeit wurde die öffentliche Diskussion und Aufarbeitung des Nationalsozialismus immer wieder von Filmen (z.B. „Schindlers Liste", 1994), Veröffentlichungen Betroffener (z.B. Victor Klemperers Tagebücher) oder umstrittenen Forschungsergebnissen (z.B. Daniel Goldhagens „Hitlers willige Vollstrecker", 1996) angefacht.
Die umfassende Beschäftigung mit dem Nationalsozialismus bestätigte indes die Feststellung des Historikers Sebastian Haffner: „Man kann suchen, solange man will, man findet in der Geschichte nichts Vergleichbares."

DER HISTORIKERSTREIT

In den 1960er- und 1970er-Jahren relativierten einige angelsächsische Historiker die Schuld Hitlers und sprachen von dem durch die Alliierten „erzwungenen" Krieg (z.B. Taylor, A.J.P.: The Origins of the Second World War, 1961; Hoggan, D.: Der erzwungene Krieg, 1961; Irving, D.: Hitler's War, 1977). Sie stellten u.a. die Behauptung auf, Hitler habe von der „Endlösung" nichts gewusst. Damit lösten sie in der Geschichtswissenschaft der Bundesrepublik eine heftige Diskussion um die „Einzigartigkeit" der nationalsozialistischen Vernichtung der jüdischen Menschen aus.

Die „Revisionisten" (Ernst Nolte, Andreas Hillgruber, Michael Stürmer) forderten einen detaillierten Vergleich mit ähnlichen oder gleichen Massenverbrechen, z.B. mit denen der Russischen Revolution, der stalinistischen UdSSR oder des kambodschanischen Pol Pot-Regimes.

Dagegen betonten die „Kritiker der Revisionisten" (Jürgen Habermas, Rudolf Augstein u.a.) die Einzigartigkeit des Holocaust und lehnten jegliche Vergleiche strikt ab, da sie auf eine „Verrechnung" hinausliefen und einen der Vergleichsgegenstände „weniger schlimm" erscheinen lassen könnten. Der Holocaust sei so einzigartig, dass ein Vergleich automatisch eine Verharmlosung des NS-Regimes und seiner Verbrechen bedeute und die historische Verantwortung der Deutschen in ungerechtfertigter Weise verringere.

Die neutrale Position vertrat Immanuel Geiss: Ein Vergleich müsse möglich sein, zumal er nicht automatisch zu einer Gleichsetzung bzw. Relativierung führe.

ERKLÄRUNG- UND DEFINITIONSMODELLE

Der Nationalsozialismus ist aufgrund seines spezifischen Charakters gesellschaftspolitisch schwer einzuordnen. Deshalb wurde bzw. wird er gesehen als

- radikale Form der bürgerlich-kapitalistischen Gesellschaft (marxistische Historiker),
- extreme Variante des Faschismus (Konzentrationslager, Vernichtungslager, systematischer Völkermord),
- totalitäre Herrschaftsform mit den Charakteristika: allein gültige Ideologie, Legalisierung des von oben gesteuerten Terrors, Glorifizierung der Gewalt im Dienste einer visionären nationalen Zukunft, Monopolisierung der Macht, totale Erfassung und Ausrichtung der Gesellschaft, Gleichsetzung der unkontrollierten Machtausübung mit dem angeblichen Willen des Volkes.
  Problem: Diese Erklärung trifft auch auf andere totalitäre Regime (z.B. Stalinismus) zu.

AUFARBEITUNG DES NATIONALSOZIALISMUS

Sie verlief im Wesentlichen in vier Phasen:

1. Unmittelbare Nachkriegszeit: Heftige Diskussion der Schuldfrage (Kollektivschuld oder ausschließliche Schuld der Nationalsozialisten?); dominierende Ansicht: Der Nationalsozialismus war ein „Betriebsunfall", eine Verkettung unglücklicher Faktoren; Freisprechung des „normalen" Deutschen von jeglicher Schuld.
2. 1950er- und 1960er-Jahre: Historiker weisen nach, dass ein erheblicher Teil der Deutschen das NS-Regime getragen und aktiv unterstützt hat.
3. 1980er-Jahre: Historiker- und Publizistenstreit, ob die NS-Verbrechen einzigartig waren oder mit ähnlichen Verbrechen, z.B. Stalins, verglichen und dadurch relativiert werden dürfen.
4. Heute: Konsens, dass Vergleiche nicht der Aufrechnung und Relativierung des Holocaust dienen dürfen.

UNRECHTSCHARAKTER NATIONALSOZIALISMUS

1. Durch welche Gesetze wurde eine pseudorechtliche Grundlage für die Verfolgung jüdischer Menschen geschaffen?

____

____

____

____

2. Nennen Sie Parteien, Organisationen oder Einzelpersonen, die einen aktiven Widerstand gegen die Nationalsozialisten betrieben.

____

____

____

____

3. Welche Definitionsmodelle des Nationalsozialismus kennen Sie?

____

____

____

____

____

LÖSUNGEN

1. Nürnberger Gesetze 15.9.1935, „Reichsbürgergesetz“, „Gesetz zum Schutz des deutschen Blutes und der deutschen Ehre“ • **2.** KPD, SPD, Weiße Rose, einzelne Täter, wie zum Beispiel: Elser, von Schlabrendorff, Oberst von Stauffenberg • **3.** Radikale Form der bürgerlich-kapitalistischen Gesellschaft, extreme Variante des Faschismus, totalitäre Herschaftsform

14

DEUTSCHLAND 1945–1949

Die Folgen des Zweiten Weltkriegs

DIE ENTSTEHUNG DER ALLIANZ DER ALLIIERTEN

- 6.1.1941: Präsident Franklin D. Roosevelt verkündete die grundlegenden menschlichen „Vier Freiheiten“: Rede-, Meinungs-, Religionsfreiheit und Freiheit von Not, auf die eine künftige Weltfriedensordnung gegründet sein sollte. Damit betonte er indirekt die Notwendigkeit materieller Unterstützung der demokratischen Westmächte in ihrem Kampf gegen den Faschismus bzw. die Achsenmächte Deutschland, Italien und Japan.
- 11.3.1941: Der US-Kongress verabschiedete das Leih- und Pachtgesetz (engl. Lend-Lease-Act). Es ermächtigte den Präsidenten, die Westmächte und seit August 1941 auch die UdSSR mit kriegsnotwendigem Material und mit Waffen auch leihweise zu beliefern.
- 14.8.1941: Churchill und Roosevelt beschlossen und veröffentlichten auf einem britischen Schlachtschiff im Atlantik ein gemeinsames Kriegszielprogramm, die Atlantik-Charta.

DIE BEDEUTUNG DER ATLANTIK-CHARTA

Die Atlantik-Charta hatte zweierlei Bedeutung: Die USA verpflichteten sich Monate vor ihrem offiziellen Kriegseintritt zum Kampf gegen das Hitlerregime. Die Atlantik-Charta, der die UdSSR im September 1941 beitrat, wurde zur Grundlage der Vereinten Nationen.

Trotz der erheblichen ideologischen Gegensätze zwischen der kommunistischen UdSSR und den demokratischen angelsächsischen Mächten vereinigten sich die drei Mächte nach dem Eintritt der USA in den Krieg zu einer „unheiligen Allianz" mit dem Ziel, Hitler-Deutschland bzw. den Nationalsozialismus zu besiegen.

DIE BIPOLARITÄT DER NACHKRIEGSZEIT

Der 1947 einsetzende Kalte Krieg und die Entstehung der Blöcke fror die europäischen Verhältnisse ein: Der Osten Europas wurde zum „Protektorat" der UdSSR, der Westen zur strategischen Sicherheitszone der USA. Die europäischen Staaten mussten sich in das westliche oder östliche Lager integrieren. Die Bipolarität bestimmte in der Folgezeit die politischen Verhältnisse weltweit bis zum Zerfall der UdSSR 1990/91.

Die wirtschaftlichen, territorialen und politischen Folgen des Zweiten Weltkriegs

Wirtschaftliche Folgen

Der Krieg belastete die Verlierer *und* (mit Ausnahme der USA) die Sieger; Europa verlor seine wirtschaftliche Führungsrolle; gegensätzliche Wirtschaftssysteme (freie Marktwirtschaft und zentral gelenkte sozialistische Planwirtschaft) entwickelten sich.

Territoriale Folgen

Die Neuordnung Mittel- und Osteuropas schufen neue Grenzen (z.B. Oder-Neiße-Grenze); sie waren meist sehr umstritten und lösten neue Konflikte aus.

Politische Folgen

Macht- und Bedeutungsverlust Europas; grundlegende Veränderung des europäischen und globalen Kräfteverhältnisses; entscheidende Machtfaktoren USA und UdSSR; Bipolarismus (Supermächte USA - UdSSR) und Abhängigkeit der europäischen Staaten von beiden Mächten. Diese sahen ihre gegensätzlichen Ideologien als Basis einer neuen Weltordnung an; Ost-West-Konflikt und Kalter Krieg teilten die Welt in zwei Lager. Folgen: Verschärfung der Propaganda, risikoreiche Prestigepolitik, technisch-militärische Konkurrenz, Entstehung zahlreicher Bündnissysteme (z.B. NATO und Warschauer Pakt), extreme Aufrüstung. Das „atomare Patt" erzwang die Kooperation und Entspannung; die UNO wurde zur Plattform der Weltpolitik; die deutsche Frage stand im Zentrum des Ost-West-Konflikts; die Entkolonialisierung schuf zahlreiche neue Probleme.

bestimmen Europa und die Welt 1945-1991

DIE DEUTSCHE FRAGE ALS KERNPROBLEM DER ALLIIERTEN

Seit Stalingrad (2. 2. 1943) und der Kapitulation der deutschen Truppen in Nordafrika (13. 5. 1943) wurden von britischen und amerikanischen Stellen zahlreiche Überlegungen angestellt, die bewirken sollten, dass die Welt in Zukunft in Sicherheit vor den Deutschen leben könne.

Die entscheidende Frage hierbei war, ob Deutschland als Gesamtstaat erhalten bleiben sollte, oder ob es besser sei, es in unabhängige Einzelstaaten zu zerstückeln. Der US-Finanzminister Henry Morgenthau schlug 1944 sogar vor, dass der „Unruhestifter" in einen Agrarstaat zurückverwandelt werden sollte.

Für die späteren Siegermächte USA, Großbritannien und die UdSSR erwies sich die Deutschlandfrage als komplexes und kompliziertes Problem, da zahlreiche wichtige Fragen geklärt werden mussten: Erhaltung oder Zerschlagung der staatlichen Einheit; künftige Grenzen; Ausmaß und Modalitäten der Reparationen; Grundzüge des politischen und wirtschaftlichen Neuaufbaus; Einbindung in eine zu schaffende Nachkriegsordnung. Diese Fragen bildeten zwischen 1943 und 1945 den Kern zahlreicher Kriegszielkonferenzen auf unterschiedlichen politischen Ebenen und bestimmten auch das Verhältnis der Alliierten.

DIE LANGZEITKONZEPTION DER GROSSEN DREI

Die Konferenz von Teheran konkretisierte zum ersten Male die Zerstückelungspläne, die jedoch deutlich machten, dass die Deutschlandpolitik der Siegermächte und die hinter ihren Deutschlandplänen stehenden Langzeitkonzeptionen sehr unterschiedlich waren.

Roosevelt wollte die **dauerhafte wirtschaftliche und politische Schwächung Deutschlands.** Darüber hinausgehende langfristige Vorstellungen hatte er nicht. Seinen Zerstückelungsplan begründete er damit, dass alle Deutschen gleich seien, man also keine Unterschiede bei ihrer Behandlung machen müsse. In Unkenntnis der deutschen Geschichte ging er davon aus, dass Widerstände nicht zu erwarten seien, da die Idee der nationalen Einheit noch nicht alt sei.

Churchill sah und berücksichtigte bereits den grundsätzlichen und nach Kriegsende unvermeidlichen Konflikt zwischen den demokratischen Siegermächten und der kommunistischen UdSSR. Deshalb wollte er zwar **Preußen schwächen, aber** ein **relativ starkes Deutschland** als Bollwerk gegen den Kommunismus erhalten.

Stalin, der seine langfristigen deutschlandpolitischen Ziele aus begreiflichen Gründen nie konkret äußerte, sah ein möglichst **stark zerstückeltes Deutschland** als „Sprungbrett zum Atlantik“ an.

CASABLANCA (14.–26.1.1943)

Roosevelt und Churchill; Errichtung einer zweiten Front; bedingungslose Kapitulation Deutschlands

MOSKAU (19.–30.10.1943)

Außenminister USA, GB, UdSSR; „Moskauer Deklaration“: Besetzung Deutschlands, Übernahme der Regierungsgewalt, Entmilitarisierung, Entnazifizierung, Demokratisierung, Reparationsleistungen, territoriale Behandlung durch die EAC (= European Advisory Commission)

TEHERAN (28.11.–1.12.1943)

- Roosevelt, Churchill, Stalin (die „Großen Drei"); Westverschiebung Polens, zweite Front in Nordfrankreich;
- Roosevelt: Zerstückelung Deutschlands in fünf souveräne Gebiete (Preußen; Hannover und Nordwestdeutschland; Sachsen; Hessen nördlich und südlich des Mains; Bayern, Baden, Württemberg) und zwei Wirtschaftszentren unter internationaler Kontrolle (Nord-Ostseekanal, Hamburg; Ruhrgebiet und Saarland);
- Stalin: möglichst viele Einzelteile;
- Churchill: Isolierung Preußens, Zweiteilung Deutschlands.

EUROPEAN ADVISORY COMMISSION (EAC 12.9.1944)

Sie schlägt vor: Deutschland (in den Grenzen vom 31.12.1937) wird in drei Zonen aufgeteilt, Aufteilung und gemeinsame Verwaltung Groß-Berlins („Londoner Protokoll").

JALTA (4.–12.2.1945)

Die „Großen Drei", Erklärung über das befreite Europa: Gründung der Vereinten Nationen, Provisorische Polnische Regierung (Londoner Exilregierung und kommunistische Regierung), Westverschiebung Polens. Grundzüge der Besatzungspolitik: Entnazifizierung, Demokratisierung, Entwaffnung, Entmilitarisierung, Errichtung von vier Besatzungszonen, Verwaltung durch den Alliierten Kontrollrat, Demontage, Reparationen, territoriale Verluste im Osten Deutschlands; keine Zerstückelung.

JALTA – „TEILUNG DER WELT"?

Mit Jalta wurde und wird auch heute noch die von Charles de Gaulle in die Welt gesetzte Vorstellung von der „Teilung der Welt" verbunden. Er warf Großbritannien und den USA bzw. Präsident Roosevelt vor, sie hätten durch die Zulassung einer zweiten Front (von Triest bis zur Ostsee) und der Westverschiebung Polens der UdSSR ohne Not ein „großes Stück von Europa" überlassen.
Tatsache ist, dass weder die Welt noch Europa in Jalta aufgeteilt wurden. Heute wird seine Beurteilung von vielen Historikern nicht geteilt, denn die Teilung existierte längst aufgrund der antagonistischen Ideologien (Demokratie – Kommunismus) und der militärischen Machtverhältnisse.

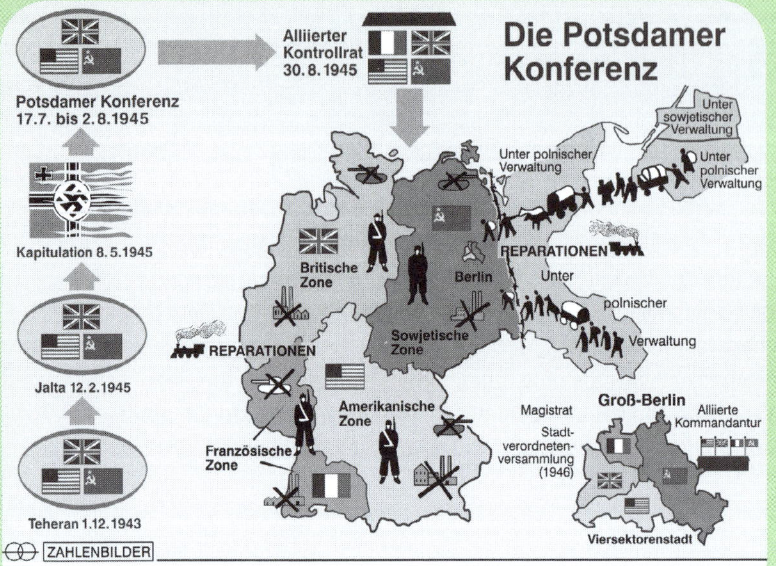

 50131

BESTIMMUNGEN DER POTSDAMER KONFERENZ

Politische Bestimmungen

- Rat der Außenminister bereitet Friedensvertrag vor
- Alliierter Kontrollrat übt „oberste Gewalt" im besetzten Deutschland aus
- gleiche Behandlung der Bevölkerung „soweit praktisch durchführbar"
- Demilitarisierung, Denazifizierung
- Umgestaltung des gesellschaftspolitischen Lebens auf demokratischer Grundlage
- Bestrafung der Kriegsverbrecher
- Zulassung demokratischer Parteien
- Berlin wird Viermächtestadt

Territoriale Bestimmungen

- nördliches Ostpreußen zu UdSSR
- Festlegung der polnischen West-Grenze (Oder-Neiße); beide Regelungen sind provisorisch, werden durch einen Friedensvertrag endgültig geregelt

Wirtschaftliche Bestimmungen

- Vernichtung des deutschen Kriegspotenzials
- Verbot und Demontage der Rüstungsindustrie
- Dezentralisierung der Wirtschaft
- Betonung der Landwirtschaft und der Konsumgüterindustrie
- wirtschaftliche Einheit Deutschlands

Reparationen

- Entnahme aus der jeweiligen Zone
- UdSSR erhält zusätzlich 10 % der westdeutschen Reparationen

LANGFRISTIG WIRKENDE BESTIMMUNGEN

- Die gemeinsame Verwaltung scheitert an der Einstimmigkeit und am Ost-West-Konflikt. Folge: Keine gemeinsame Deutschlandpolitik.
- Die wirtschaftliche Einheit wird nicht realisiert und ist deshalb kein Bindeglied für Deutschland.
- Demokratie: Konträre Vorstellungen führen zur westlich-demokratischen Bundesrepublik Deutschland (BRD) bzw. zur volksdemokratischen Deutschen Demokratischen Republik (DDR).
- Die (provisorischen) territorialen Bestimmungen sieht die UdSSR im Gegensatz zu den Westmächten bald als definitiv an. Damit bleibt die Oder-Neiße-Grenze ein Kernproblem der deutschen und europäischen Politik bis 1990.

DIE BEURTEILUNG DES ABKOMMENS

Potsdam hatte eine Doppelfunktion (Ende der gemeinsamen, Beginn der divergierenden Deutschlandpolitik der Sieger) und war deshalb die wichtigste Konferenz der Anti-Hitler-Koalition. Schnelle Einigung wurde bezüglich der Grundsätze der Behandlung Deutschlands erzielt: Demilitarisierung, Denazifizierung, Demokratisierung, Demontage, Dezentralisierung. Streitpunkte waren die Reparationen und die territoriale Frage. Stalin wollte Reparationen aus allen Zonen (vor allem aus dem Ruhrgebiet), was die Westmächte ablehnten. Mit der Teilung in ein westliches und östliches Reparationsgebiet wurde im Prinzip die Teilung Deutschlands beschlossen. Die Aufschiebung der endgültigen Regelung der territorialen Frage sowie terminologische und inhaltliche Ungenauigkeiten bzw. Kompromisse ermöglichten später eine konträre Interpretation des Abkommens. Juristisch band es lediglich die sie unterzeichnenden Regierungen. Für die Bundesrepublik und die Westmächte schuf es keine normative staatliche Grundlage. Die DDR und der Ostblock dagegen bewerteten das Abkommen als rechtsverbindlich und als einzig rechtliche Basis für die Entstehung eines „wahrhaft" demokratischen deutschen Staates.

DIE KAPITULATION

Am 30. 4. 1945 heroisierte der Reichsrundfunk den Selbstmord Hitlers durch die Meldung, dass er in der Reichskanzlei, bis zum letzten Atemzuge für Deutschland kämpfend, gefallen sei. Mit der bedingungslosen Kapitulation am 8. 5. 1945 war der von Reichspropagandaminister Goebbels am 19. 4. 1945 verkündete „letzte Akt eines gewaltigen tragischen Dramas" zu Ende gegangen. Deutschland und weite Teile Europas boten ein Bild der Zerstörung und des Grauens, die Welt hatte sich durch die zwölf Jahre des „Tausendjährigen Reiches" (NS-Bezeichnung) grundlegend und nachhaltig verändert.

DIE STUNDE NULL

Im Gegensatz zum Ersten Weltkrieg war die Niederlage des Deutschen Reichs 1945 so offensichtlich und total, dass sich dieses Mal eine zweite Dolchstoßlegende auch nicht ansatzweise ausbilden konnte. Zum ersten Mal in der neueren Geschichte wurden die gesamten Streitmächte des Hauptkriegsgegners Deutschland zu Kriegsgefangenen gemacht, zum ersten Male wurde dessen gesamtes Staatsgebiet besetzt und die gesamte politische Macht von den Besatzungsmächten ausgeübt. Der unmittelbare Eindruck des Kriegsendes im zerstörten Deutschland und die katastrophalen Lebensbedingungen veranlassten viele Deutsche, vom „Ende der deutschen Geschichte" zu sprechen.

Obwohl viele das Kriegsende als Stunde der Befreiung von einem menschenverachtenden Regime begrüßten, bedeutete die unmittelbare Nachkriegszeit für die meisten Deutschen die „Stunde Null". Dieser **Begriff** bezeichnet eine **diffuse Stimmungslage**: Er beinhaltete den absoluten Tiefpunkt der neueren deutschen Geschichte, bedeutete aber gleichzeitig die Chance, mit der Gestaltung der Zukunft bei Null anfangen zu können.

MENSCHENVERLUSTE

- Soldaten 4,35 Mio.
- Zivilbevölkerung 3,05 Mio.

WOHNRAUMPROBLEME

- ca. 8,5 Mio. zerstörte bzw. schwer beschädigte Wohnungen
- extrem beengte Wohnverhältnisse besonders in Großstädten

STAATLICHE FOLGEN

- zerstörter Nationalstaat
- Deutschland ist Objekt der Sieger
- Zonengrenzen und Verlust der Ostgebiete

WIRTSCHAFT, ERNÄHRUNG, LEBENSVERHÄLTNISSE

- völlig unzureichende Versorgung und Ernährung
- stark beschädigte Infrastruktur
- Überleben oft durch „organisieren“, „hamstern“ bzw. den Schwarzmarkt

SOZIALE FOLGEN

- zerrissene Familien
- physische und psychische Kriegsfolgen
- Verlust der Heimat
- materielle Verluste und bittere Armut
- Trümmerfrauen
- Integration der Flüchtlinge und Vertriebenen

SCHULDFRAGE

- Konfrontation mit den Gräueltaten des Nationalsozialismus
- Schuldfrage und Nürnberger Prozesse (ab November 1945)
- Entnazifizierung

FLUCHT UND VERTREIBUNG

Der Zweite Weltkrieg löste die bis dahin größte Fluchtbewegung in der Geschichte der Menschheit aus. Insgesamt 25 bis 30 Mio. Menschen flohen oder wurden vertrieben. Bereits Anfang 1945 flohen 5 Mio. Deutsche aus den Ostgebieten vor der Roten Armee. Die Siegermächte hatten in Potsdam die „ordnungsgemäße“ und „humane Umsiedlung“ der Deutschen aus Polen, der Tschechoslowakei und Ungarn vereinbart. Dennoch wurde die Zwangsaussiedlung nach Kriegsende von schrecklichen Ereignissen begleitet. Die Brutalität der Roten Armee und der Hass der vom Nationalsozialismus unterdrückten und misshandelten Völker entluden sich in unmenschlicher Weise gegenüber Zivilisten. Morde, Vergewaltigungen, Plünderungen und andere Verbrechen waren an der Tagesordnung. Ca. 12,4 Mio. Deutsche aus den Ostgebieten mussten als Flüchtlinge oder Vertriebene ihre Heimat verlassen. Mehr als 2 Mio. kamen dabei um. Ausmaß und Ablauf der Vertreibung veranlassten Churchill noch im Jahre 1945 von einer „Tragödie unvorstellbaren Ausmaßes“ zu sprechen.

TRÜMMERFRAUEN

Bei Kriegsende türmten sich im zerbombten Deutschland ca. 400 Mio. Kubikmeter Schutt auf. Für dessen Beseitigung verpflichteten die Besatzungsbehörden alle Männer zwischen 14 und 65 Jahren und alle Frauen zwischen 15 und 50. In der männerarmen Zeit waren viele Frauen gezwungen, aus purer Not diese Schwerstarbeit (für 60 Pfennige/Stunde) zu verrichten. Trümmerfrauen kamen in die zweithöchste Berechtigungsklasse der Nahrungsmittelzuteilung und konnten so das Überleben ihrer Familien sichern. Mit einer „Arbeitskarte“ konnten sie doppelt so viel Brot und fünfmal so viel Fett und Fleisch kaufen als mit der völlig unzureichenden Hausfrauenkarte. Die Trümmerfrauen wurden zum Symbol des Aufbauwillens und der Überlebenskraft der Deutschen in den Nachkriegsjahren.

DIE FOLGEN DES ZWEITEN WELTKRIEGS

1. Nennen und datieren (mit Monat und Jahreszahl) Sie in chronologischer Reihenfolge die wichtigsten Kriegszielkonferenzen.

2. Nennen Sie die wesentlichen politischen Folgen des Zweiten Weltkriegs.

3. Welche wichtigen politischen und wirtschaftlichen Bestimmungen enthält das Potsdamer Abkommen?

4. Nennen Sie die wesentlichen territorialen Bestimmungen des Potsdamer Abkommens.

LÖSUNGEN

1. Casablanca (Jan. 1943), Moskau (Okt. 1943), Teheran (Nov./Dez. 1943), London (EAC) (Sep. 1944), Jalta (Feb. 1945), Potsdam (Jul./Aug. 1945) • **2.** Macht- und Bedeutungsverlust Europas, grundlegende Veränderung des europäischen und globalen Kräfteverhältnisses, entscheidende Machtfaktoren: USA und UdSSR, Bipolarismus und Abhängigkeit von den Supermächten, Ost-West-Konflikt und Kalter Krieg, Verschärfung der Propaganda, Aufrüstung und Entstehung zahlreicher Bündnissysteme, atomares Patt erzwingt Kooperation und Entspannung, deutsche Frage steht im Zentrum des Ost-West-Konflikts • **3.** Rat der Außenminister bereitet Friedenskonferenz vor, der Alliierte Kontrollrat übt „die oberste Gewalt" in Deutschland einstimmig aus, Demilitarisierung, Denazifizierung, Bestrafung der Kriegsverbrecher, gleiche Behandlung der deutschen Bevölkerung „soweit praktisch durchführbar", demokratischer Neuaufbau, Zulassung demokratischer Parteien und Gewerkschaften, Berlin wird Viermächtestadt • **4.** Nördliches Ostpreußen an die UdSSR, Gebiete östlich der Oder/Neiße an Polen (provisorischer Charakter)

1918 UND 1945: GEMEINSAMKEITEN

- 1918 wie auch 1945 war Deutschland das Produkt einer totalen Niederlage und einer bedingungslosen Kapitulation. In beiden Fällen wurde das neue politische System der Demokratie von den Siegern erzwungen bzw. installiert.
- Der Vergleich liefert wenige Gemeinsamkeiten und macht deutlich, dass die **Ausgangsbedingungen** Deutschlands **1945** deutlich **problematischer** waren als **1918**.

1918 UND 1945: UNTERSCHIEDE

- Der wesentliche Unterschied ist, dass das Deutsche Reich **1918** völkerrechtlich erhalten und **souverän** blieb. Die neuen politischen und gesellschaftlichen Verhältnisse wurden ausschließlich von den Deutschen diskutiert, entschieden und gestaltet (Demokratie – Räterepublik, Verfassung, Parteien etc.).
  1945 ging das „Dritte Reich" unter, Deutschland wurde besetzt, hatte **keinerlei Souveränität** (vgl. die Übernahme der obersten staatlichen Gewalt durch die Siegermächte durch die Berliner Proklamation vom 5. 6. 1945) und war reines Objekt der Sieger, die ihre politischen Vorstellungen auf ihre Zonen übertrugen.
- **1918** blieb die **Einheit** des Reichs bestehen, wohingegen die **Teilung** Deutschlands nach **1945** rasch deutlich wurde (gegensätzliche Ideologien der USA und der UdSSR, amerikanisch-sowjetischer Konfrontationskurs seit Mitte 1946, Ost-West-Konflikt und Kalter Krieg, Konferenzen der Jahre 1946 bis 1949, Entstehung der beiden deutschen Staaten).
- **Menschen- und Gebietsverluste** waren **1945** in etwa **dreimal so groß** wie 1918.
- Die Belastungen waren 1918 vor allem emotionaler Art (Versailler Vertrag, Dolchstoßlegende, „Novemberverbrecher" etc.). 1945 waren sie existentiell (extreme Zerstörung, Not, Vertreibung etc.). Die Deutschen waren sich nach dem Ersten Weltkrieg einig, schuldlos am Kriegsausbruch gewesen und deshalb ungerecht behandelt worden zu sein. Die Frage nach einer deutschen Schuld (Mitschuld) wurde nicht gestellt. 1945 zwangen der Zusammenbruch des Staats, die Besatzung, der Nürnberger Kriegsverbrecherprozess und die Offenlegung der NS-Verbrechen die Deutschen zur Auseinandersetzung mit dem Nationalsozialismus, mit ihrer Beteiligung und ihrer Schuld.
- **1918** war Deutschland **außenpolitisch** lediglich **isoliert** und hatte seit 1922 (Rapallo) wieder die Option zwischen Ost, West oder Neutralität. Ferner hatte es die Chance, wieder Großmachtstatus zu erreichen.
  1945 hatte Deutschland **keinerlei außenpolitischen Optionen**, sondern war von Anfang an Teil des Ost-West-Konflikts, der seine Auseinanderentwicklung bestimmte und die Teilung zementierte. Auch nach 1949 waren beide deutsche Staaten stark (Bundesrepublik) bzw. völlig (DDR) abhängig von der jeweiligen Supermacht.

Deutschland 1918 und 1945 - ein Vergleich

Ausgangs-bedingungen	1918	1945
Produkt	• militärische Niederlage, bedingungslose Kapitulation • gesellschaftspolitische Veränderungen	• militärische Niederlage, bedingungslose Kapitulation • politischer Untergang des „Dritten Reichs"
Neubeginn	• keine Besatzung • erzwungene Demokratisierung • Revolution, innenpolitische Wirren	• Besatzung, keine eigenständige Politik • verordnetes politisches System • zerstörte Städte, zerstörte Infrastruktur
Belastungen	• Versailler Vertrag • Dolchstoßlegende • Gebiets- und Menschenverluste • Reparationen	• bedingungslose Kapitulation • wirtschaftlicher und gesellschaftspolitischer Neubeginn • große Gebiets- und Menschenverluste
Territorium	• Kaiserreich im Wesentlichen	• große Verluste, frühe Teilung
Internationale Situation	• Isolation • Bündnispartnerwahl mittelfristig möglich	• bis 1949 reines Objekt der Sieger • klare internationale Verhältnisse • erzwungene Integration
Fazit	**überwiegend emotionale Belastungen**	**existenzielle Belastungen**

NÜRNBERGER PROZESSE

Die Nürnberger Prozesse fanden zwischen dem 20. November 1945 und dem 14. April 1949 im Justizpalast Nürnberg statt. Sie umfassten den Nürnberger Prozess gegen die Hauptkriegsverbrecher sowie zwölf Nürnberger Nachfolgeprozesse.

In dem Ziel, die Schuldigen am Krieg und an den während des Kriegs begangenen Verbrechen zu bestrafen, waren sich die Siegermächte einig. Im Vorgehen, in der Härte und der Konsequenz der Bestrafung gab es große Unterschiede. So hatte Stalin z.B. auf der Konferenz von Teheran die Exekution von 50 000 Offizieren gefordert, um das Problem des deutschen Militarismus ein für alle Mal zu lösen. Die Sieger wollten nicht mehr – wie 1918 – den Besiegten die Ahndung von Verbrechen überlassen. Deshalb klagte der „Internationale Militärgerichtshof" kollektiv die NS-Organisationen NSDAP, Gestapo, SS, Sicherheitsdienst der SS, SA, ferner die Reichsregierung, den Generalstab und das Oberkommando der Wehrmacht sowie weitere 177 Personen an. Unter den Hauptangeklagten befanden sich führende Nationalsozialisten (Göring, Heß, Seyß-Inquart, Ribbentrop, Sauckel, Julius Streicher, Speer, Frank, von Schirach), Militärs (Keitel, Jodel, Dönitz), Unternehmer aus der Rüstungsindustrie (Krupp) und der Finanzexperte Hjalmar Schacht.

Von den 24 Hauptangeklagten des Hauptkriegsverbrecherprozesses wurden zwölf zum Tode verurteilt und zehn hingerichtet, da Göring und Ley während des Prozesses Selbstmord begingen. Bormann wurde in Abwesenheit zum Tode verurteilt, Rudolf Heß (1933–1941 Stellvertreter Hitlers) erhielt lebenslänglich, andere NS-Funktionäre langjährige Haftstrafen. Drei Hauptangeklagte, Schacht, von Papen und Hans Fritsche (hochrangiges Mitglied des Reichsministeriums für Volksaufklärung und Propaganda) wurden freigesprochen. Der Gerichtshof verurteilte ferner die NSDAP-Führung, die Gestapo, den Sicherheitsdienst und die SS als verbrecherische Organisationen. Nicht verurteilt wurden die SA, die Reichsregierung, der Generalstab und das Oberkommando der Wehrmacht.

NÜRNBERG – TRIBUNAL DER SIEGER?

Der Kriegsverbrecherprozess löste auch bei Angehörigen der westlichen Siegermächte Kritik aus. Dabei ging es im Wesentlichen um zwei Kritikpunkte:

1. Der Alliierte Militärgerichtshof klagte Verbrechen an, die de facto unzweifelhaft schwerwiegende Verbrechen waren, für die es aber keine gesetzliche Rechtsgrundlage gab (zum Beispiel: Verbrechen und Verschwörung gegen den Frieden). Damit verstießen die Sieger gegen den elementaren Rechtsgrundsatz freiheitlich-demokratischer Staaten „Nulla poena sine lege" (Keine Bestrafung ohne rechtliche Grundlage). Genau dies, Tatbestände ohne gesetzliche Grundlage zu verfolgen, war aber ein wesentliches Unrechtselement des NS-Staates gewesen.
2. Die Westmächte wussten sehr wohl, dass auch in der stalinistischen UdSSR Millionen von Menschen ohne ausreichende gesetzliche Grundlage, durch Schauprozesse oder durch blanke Terrormaßnahmen ermordet worden waren. Nun urteilte ein stalinistischer Richter im Namen des Gesetzes, der Gerechtigkeit und der Demokratie.

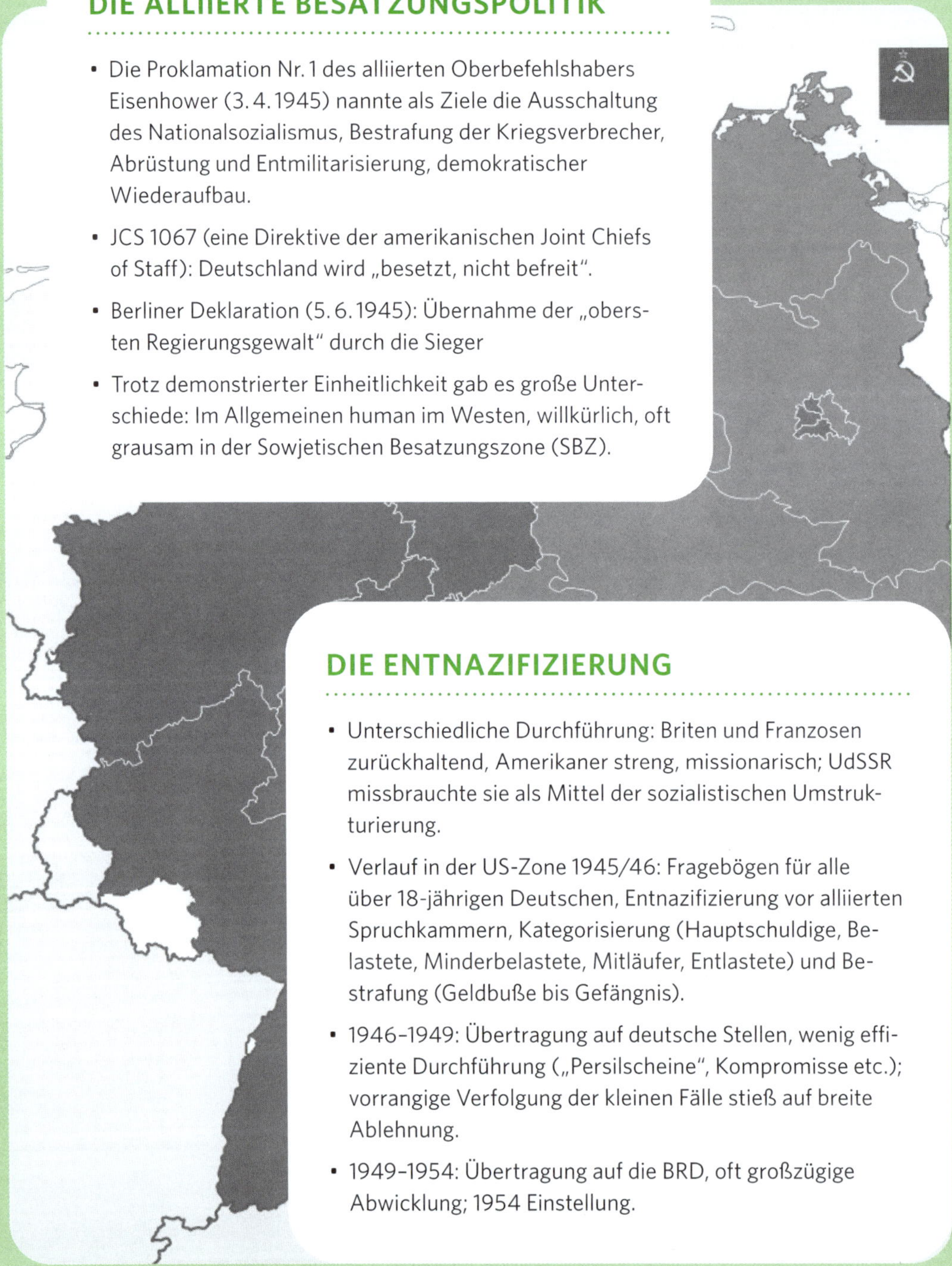

DIE ALLIIERTE BESATZUNGSPOLITIK

- Die Proklamation Nr. 1 des alliierten Oberbefehlshabers Eisenhower (3. 4. 1945) nannte als Ziele die Ausschaltung des Nationalsozialismus, Bestrafung der Kriegsverbrecher, Abrüstung und Entmilitarisierung, demokratischer Wiederaufbau.
- JCS 1067 (eine Direktive der amerikanischen Joint Chiefs of Staff): Deutschland wird „besetzt, nicht befreit".
- Berliner Deklaration (5. 6. 1945): Übernahme der „obersten Regierungsgewalt" durch die Sieger
- Trotz demonstrierter Einheitlichkeit gab es große Unterschiede: Im Allgemeinen human im Westen, willkürlich, oft grausam in der Sowjetischen Besatzungszone (SBZ).

DIE ENTNAZIFIZIERUNG

- Unterschiedliche Durchführung: Briten und Franzosen zurückhaltend, Amerikaner streng, missionarisch; UdSSR missbrauchte sie als Mittel der sozialistischen Umstrukturierung.
- Verlauf in der US-Zone 1945/46: Fragebögen für alle über 18-jährigen Deutschen, Entnazifizierung vor alliierten Spruchkammern, Kategorisierung (Hauptschuldige, Belastete, Minderbelastete, Mitläufer, Entlastete) und Bestrafung (Geldbuße bis Gefängnis).
- 1946–1949: Übertragung auf deutsche Stellen, wenig effiziente Durchführung („Persilscheine", Kompromisse etc.); vorrangige Verfolgung der kleinen Fälle stieß auf breite Ablehnung.
- 1949–1954: Übertragung auf die BRD, oft großzügige Abwicklung; 1954 Einstellung.

SMAD UND KPD

Die Sowjetische Militäradministration (SMAD) war 1945 bis 1949 die höchste Besatzungsbehörde in der SBZ. Sie übte die Hoheitsgewalt aus, vertrat die UdSSR im Alliierten Kontrollrat und ging zielgerichtet an den Aufbau eines im sowjetischen Sinne ausgerichteten Parteiensystems. Als ein wesentliches Ziel der zu gründenden Parteien nannte sie „die Festigung der Grundlage der Demokratie und der bürgerlichen Freiheiten in Deutschland." Mit dieser Formulierung wollte sie deutlich machen, dass keine Errichtung kommunistischer Strukturen geplant war.

Die SMAD bediente sich der zahlenmäßig kleinen Kommunistischen Partei unter ihrem Vorsitzenden Wilhelm Pieck. Die KPD trat zunächst keineswegs für die sozialistische Umgestaltung und auch nicht für die Einführung des Sowjetsystems ein. Grundsätze ihres Parteiprogramms waren die parlamentarisch-demokratische Republik, alle demokratischen Rechte und Freiheiten für das Volk, die „völlig ungehinderte Entfaltung des freien Handels und der privaten Unternehmerinitiative", keine Übernahme des Sowjetsystems und als übergeordnetes Ziel die Einheit der Arbeiterklasse. Dieses Parteiprogramm entsprach der Taktik Stalins für Osteuropa und Deutschland, die sozialistische Umstrukturierung und die alleinige Führung der kommunistischen Partei zunächst zu verschleiern, demokratische Verhältnisse vorzugaukeln und den „friedlichen" Übergang zum Sozialismus zu propagieren.

SOZIALISMUS DURCH DIE HINTERTÜR

Die gesellschaftsverändernden Maßnahmen der unmittelbaren Nachkriegszeit hatten zwei Funktionen: Gewinnung der Bevölkerung für den neuen Kurs und Verschleierung sozialistischer Strukturen. Wesentliche Maßnahmen: Bodenreform, Enteignung und Verstaatlichung sowie die Säuberung der Gesellschaft (offiziell: „Erneuerung des geistig-kulturellen Lebens"). Durch die Bodenreform wurden mehr als 7000 Großgrundbesitzer entschädigungslos enteignet. Ein Drittel des enteigneten Bodens wurde in staatliche Landwirtschaftliche Produktionsgenossenschaften (LPG) umgewandelt, zwei Drittel an landlose Bauern, Hilfskräfte oder Vertriebene verschenkt. Die durchschnittliche Größe eines derartigen Bauernhofs ermöglichte keine gesicherte Existenz und zwang viele Bauern, ihren Besitz an eine LPG anzugeben. Die Enteignung und Verstaatlichung betraf den Kohlebergbau, den Industriebesitz, Geschäfte und den Besitz aller „aktiven Nazis und Kriegsverbrecher". Daraus entstanden Volkseigene Betriebe (VEB) und Handelsorganisationen (HO). Auch Banken wurden verstaatlicht, Privatkonten bis auf kleine Summen zunächst gesperrt. Diese Maßnahmen entzogen der bürgerlichen Schicht das Kapital und zwangen sie, das neue ökonomische System zu akzeptieren. Der Marxismus-Leninismus wurde allein gültige Ideologie.

PARTEIEN UND MASSENORGANISATIONEN

1945
- 10. 6.: Zulassung „antifaschistisch-demokratischer" Parteien
- 11. 6.: Zulassung der KPD
- 15. 6.–5. 7.: Zulassung von SPD, CDU (Christlich-Demokratische Union), LDPD (Liberal-Demokratische Partei Deutschlands)
- 14. 7.: befohlener Zusammenschluss dieser Parteien zum „antifaschistisch-demokratischen Block" (Einstimmigkeit, d.h. keine Opposition gegen die KPD)

1946
- 22. 4.: erzwungener Zusammenschluss von SPD und KPD zur Sozialistischen Einheitspartei Deutschlands (SED); stärkste Massenpartei, Führungsanspruch
- September: Kommunalwahlen: SED 53 %, unterliegt in vielen Städten CDU oder LDPD
- Oktober: Kreis-, Landtagswahlen: SED erreicht in keinem der fünf Länder die absolute Mehrheit

Massenorganisation
Freier Deutscher Gewerkschaftsbund (FDGB, 1945), Freie Deutsche Jugend (FDJ, 1946), Demokratischer Frauenbund (DFB, 1947), Gesellschaft für Sport und Technik (GST, 1949)

Verwaltung, Polizei
Juli 1945: Schaffung von Landesverwaltungen, deutschen Zentralverwaltungen (elf Ressorts), (kasernierte) Volkspolizei

DIE HERAUSBILDUNG EINES DIFFERENZIERTEN PARTEIENSYSTEMS IN DEN WESTZONEN

Zielsetzungen: Alle politischen Gruppierungen gingen von den gleichen Erfahrungen aus (Weimarer Republik, Nationalsozialismus) und hatten deshalb drei identische Ziele:

1. Möglichst rasche Bildung von demokratischen Parteien, die auf die Besatzungsmächte bei der künftigen Gestaltung Deutschlands Einfluss nehmen sollten;
2. Verhinderung bzw. Abwehr einer Radikalisierung durch die Umsetzung gemeinsamer staatlicher und verfassungsrechtlicher Vorstellungen;
3. völlige politische, geistige und moralische Erneuerung.

Sammelbewegungen sollten „Weimarer Verhältnisse" verhindern und eine größere Stabilität schaffen. Deshalb gründeten Katholiken und Protestanten die Christlich-Demokratische Union (CDU), gewerkschaftlich Interessierte schlossen sich der SPD an und die Liberalen organisierten sich in der Freien Demokratischen Partei (FDP).

1949 hatten die Westzonen einen festen Kern von vier Parteien: KPD, SPD, CDU (Bayern: Christlich-Soziale Union, CSU), FDP. Hinzu kamen kleinere regionale oder zweckgebundene Parteien (z.B. Block der Heimatvertriebenen und Entrechteten, BHE; Niedersächsische Landespartei, NLP; Wirtschaftliche Aufbauvereinigung, WAV). Zentren der parteipolitischen Entwicklung waren Berlin, Köln, Hannover, Frankfurt, Stuttgart, Würzburg und München.

Vom extremen zum gemäßigten Pluralismus. Mit der zweiten Bundestagswahl 1953 setzte, verstärkt durch Wahlrechtsänderungen von 1956 und der sich verändernden gesellschaftlichen und politischen Rahmenbedingungen, eine kontinuierliche Konzentrationsbewegung ein. Die kleineren Parteien gingen in der zweiten und dritten Legislaturperiode (1953–1961) ausnahmslos in den großen auf oder wurden wie die Sozialistische Reichspartei (SRP) und die KPD verboten.

DER OST-WEST-KONFLIKT

Dieser Begriff bezeichnet die Gesamtheit der politischen, ideologischen, militärischen und wirtschaftlichen Gegensätze zwischen den kommunistischen Staaten Osteuropas und den Demokratien Westeuropas und Nordamerikas. Mit dem Aufstieg der UdSSR zur Supermacht wurde er zum Rahmen und bestimmenden Faktor der europäischen und der globalen Politik. Er endete mit dem Zerfall der UdSSR 1990/91, der Ausweitung der NATO nach Osteuropa und der europäischen Integration mittel- und osteuropäischer Staaten in den 1990er-Jahren.

Der Ost-West-Konflikt spielte sich auf fünf Konfliktebenen ab:

- Beim Machtkonflikt ging es um den Kampf der Supermächte um Einfluss- und Interessengebiete in Afrika, Asien und Europa und damit um die Ausdehnung bzw. den Erhalt ihrer Macht. Am stärksten war
- er in Europa zu spüren, da die Sowjetisierung Osteuropas diesen Kontinent durch einen – wie Churchill im März 1946 festgestellt hatte – „Eisernen Vorhang" zwischen Stettin und Triest trennte.
- Aus dem Gegensatz zwischen den gesellschaftspolitischen Systemen in Ost und West ergaben sich ein Systemkonflikt und ein Ideologiekonflikt. Auswirkungen waren Feindbilder und das Denken in den Kategorien „feindlicher Lager".
- Der militärische Konflikt war das logische Resultat dieses gespannten Verhältnisses. Er äußerte sich seit Mitte der 1950er-Jahre in einem permanenten Wettrüsten, in militärischen Konfrontationen in Krisengebieten (Korea, Suezkrise, Kubakrise, Vietnam, Afghanistan) oder in „Stellvertreterkriegen" in Afrika und Asien.
- Der psychologische Konflikt überlagerte diese Ebenen und steigerte die Unvereinbarkeit der Systeme zum Entscheidungskampf, der nach Ansicht beider Supermächte mit der machtpolitischen Ausschaltung des Gegners enden musste.

DER KALTE KRIEG

Das feindselige Verhältnis der Supermächte verdichtete sich zum Kalten Krieg. Dieser von dem US-Journalisten Walter Lippmann 1947 geprägte Begriff bezeichnet die aggressive Auseinandersetzung der Supermächte und ihrer Bündnissysteme auf allen Ebenen (Ideologie, Propaganda und Agitation, Wirtschaft, Machtpolitik) mit Ausnahme der direkten militärischen Konfrontation. Dennoch brachten kritische Situationen (z.B. die Kubakrise 1962) die Welt mehrmals an den Rand eines Dritten Weltkriegs.

Der Beginn des Kalten Kriegs fällt in das Jahr 1947, sein Ende ist umstritten. Meist wird die Kubakrise 1962 als Höhepunkt und Ende genannt. Entscheidend ist, dass es sich beim Kalten Krieg um einen Zustand, weniger um einen exakt datierbaren Zeitraum handelt. Er ist ein Aggregatzustand des Ost-West-Konflikts, der zu unterschiedlichen Zeiten in unterschiedlichen Dosierungen aufgetreten ist.

URSACHEN DES OST-WEST-KONFLIKTS UND DES KALTEN KRIEGS

Konträre, antagonistische Ideologien (Demokratie-Kommunismus); Sendungsbewusstsein und Führungsanspruch der Supermächte; sowjetische Expansion in Ost- und Mitteleuropa; kommunistisches Ziel der Weltrevolution; USA wollte alleinige politische und wirtschaftliche Weltmacht bleiben

Grundlagen der US-Außenpolitik

- **Containment-Doktrin**: Eindämmung der UdSSR
- **Truman-Doktrin**: Hilfsangebot an vom Kommunismus bedrohte Völker
- **Marshall-Plan**: wirtschaftliches Hilfsprogramm für Europa, dadurch wirtschaftliche Abhängigkeit von den USA

Grundlagen der sowjetischen Außenpolitik

Zwei-Lager-Theorie: Teilung der Welt in ein „imperialistisch-revanchistisches Kriegslager" um die USA und ein „sozialistisches Friedenslager" um die UdSSR; da die USA die Ergebnisse des Zweiten Weltkriegs nicht akzeptierten, werde dieses Verhältnis die globale Politik lange bestimmen.

Welt- und deutschlandpolitische Folgen

Das Verhältnis der Supermächte polarisierte die Welt und bestimmte die Welt- und Europapolitik. Die ideologischen und politischen Gegensätze zwischen Ost und West verschärften sich; es herrschte ein Gefühl der Bedrohtheit auf beiden Seiten.

Folge: Rüstungswettrennen; erzwungene politische, wirtschaftliche und militärische Integration beider Teile Deutschlands in Ost und West und damit Spaltung. Eine Wiedervereinigung war in diesem Rahmen nicht möglich.

PARISER AUSSENMINISTERKONFERENZ (25.4.-12.7.1946)

Die USA wollten den Zusammenschluss der Zonen, den föderativen Aufbau West-Deutschlands und die Schaffung von fünf zentralen Verwaltungen (Finanzen, Transport, Verkehr, Industrie, Außenhandel). Die UdSSR forderte den zentralistischen Einheitsstaat und die (sozialistische) Demokratisierung.

BYRNES-REDE (6.9.1946)

In seiner Stuttgarter Rede kündigte US-Außenminister Robert Byrnes die neue US-Außen- und Deutschlandpolitik an und übte Kritik an der sowjetischen und französischen Deutschlandpolitik. Er betonte den provisorischen Charakter der Oder-Neiße-Grenze, kündigte einen Weststaat an und erklärte (gegen die UdSSR gerichtet), Deutschland solle kein Vasall einer Macht werden oder unter einer in- oder ausländischen Diktatur leben.

BIZONE (1.1.1947)

Der „Wirtschaftsrat für das Vereinigte Wirtschaftsgebiet" der britischen und amerikanischen Zone (Bizone) war das erste deutsche Nachkriegsparlament.

MOSKAUER AUSSENMINISTERKONFERENZ (10.3.-24.4.1947)

Der sowjetische Außenminister verlangte u.a. einen deutschen Einheitsstaat, dessen „allseitige Demokratisierung" durch eine starke politische Mitwirkung „antifaschistischer" Organisationen, die Anerkennung der Oder-Neiße-Grenze und die Aufhebung der Bizone.

Die USA und Großbritannien beharrten auf ihren Positionen.

TRUMAN-DOKTRIN (12.3.1947)

Am 12. März 1947 gab US-Präsident Harry S. Truman eine Erklärung ab (Truman-Doktrin). Sie ging auf Meldungen zurück, wonach kommunistische Gruppierungen in Griechenland und der Türkei einen Umsturz planten. Truman sprach daraufhin im Kongress davon, dass die Welt zweigeteilt sei. Jede Nation müsse sich zwischen westlicher Demokratie und kommunistischer Diktatur entscheiden. Er versprach Hilfe für Länder, die von der Sowjetunion bedroht wurden, und erklärte, dass die USA bereit seien, den Kommunismus einzudämmen und zurückzudrängen. Die Rede gilt als Ausgangspunkt des Kalten Kriegs.

MARSHALL-PLAN (5.6.1947)

Der Marshall-Plan (European Recovery Program, ERP = Europäisches Wiederaufbauprogramm) ergänzte die Containment-Doktrin (sicherheitspolitische Komponente der amerikanischen Außenpolitik) und die Truman-Doktrin (politische Komponente) um eine wirtschaftliche Komponente. Er bot allen vom Krieg betroffenen europäischen Staaten umfangreiche Lieferungen von Rohstoffen und Fertigprodukten, Zuschüsse und Kredite an. Zur Verteilung dieser Hilfsmittel wurde die „Organization für European Economic Cooperation" (OEEC mit Sitz in Paris) gegründet. Die UdSSR lehnte das Angebot des amerikanischen Außenministers mit der Begründung ab, es bezwecke die „Versklavung der Völker".

LONDONER SECHS-MÄCHTE-KONFERENZ (22.2.–2.6.1948)

- Beteiligte: USA, GB, F und die Beneluxstaaten
- Ergebnis: Vereinheitlichung und Präzisierung der amerikanisch-britischen Deutschlandpolitik und Anpassung der französischen; Anordnung an die westdeutschen Ministerpräsidenten, eine „Verfassunggebende Versammlung" einzuberufen, die die Grundlage des zu gründenden Weststaats erarbeiten sollte.
- sowjetische Reaktionen: Beendigung des Alliierten Kontrollrats, Verschärfung des Berlin-Problems

WARSCHAUER ACHT-MÄCHTE-KONFERENZ (23./24.6.1948)

Die Teilnehmer (Ostblockstaaten) beschuldigten die Staaten der Londoner Sechs-Mächte-Konferenz, Deutschland zu spalten, und forderten einen baldigen Friedensvertrag auf der Basis des Potsdamer Abkommens.

WASHINGTONER DEUTSCHLANDKONFERENZ (5.–8.4.1949)

Die Außenminister der Westmächte beschlossen die Schaffung der Trizone und die Beendigung der Militärregierung. An ihre Stelle traten die (drei) Hohen Alliierten Kommissare, die nur noch eine Kontrollbefugnis hatten.

NEUAUFBAU UND KALTER KRIEG

1. Welche Ziele hatte die alliierte Besatzungspolitik nach dem Krieg?

____

____

2. Welche gesellschaftsverändernden Maßnahmen wurden in der Sowjetischen Besatzungszone ergriffen?

____

____

3. Was war der Marshall-Plan?

a) ______________________________

b) ______________________________

c) ______________________________

4. Nennen Sie die Stationen der alliierten Deutschlandpolitik 1946–1949).

____

____

____

LÖSUNGEN

1. Ausschaltung des Nationalsozialismus, Bestrafung der Kriegsverbrecher, Abrüstung und Entmilitarisierung, demokratischer Wiederaufbau • **2.** Enteignung von Großgrundbesitzern, Enteignungen und Verstaatlichungen in der Industrie, „Säuberung der Gesellschaft" • **3.** a) European Recovery Program (ERP) = Lieferung von Rohstoffen, b) Fertigprodukten, c) Zuschüsse und Kredite für alle vom Krieg betroffenen europäischen Staaten • **4.** Pariser Außenministerkonferenz, Byrnes-Rede, Bizone, Moskauer Außenministerkonferenz, Trueman-Doktrin, Marshall-Plan, Londoner Sechs-Mächte-Konferenz, Warschauer Acht-Mächte-Konferenz, Washingtoner Deutschlandkonferenz

15 ENTSTEHUNG UND INTEGRATION DER BEIDEN DEUTSCHEN STAATEN

Die Entstehung der Bundesrepublik Deutschland

DIE MÜNCHNER MINISTERPRÄSIDENTENKONFERENZ (5.–7.6.1947)

Die Münchner Ministerpräsidentenkonferenz sollte „ein weiteres Abgleiten des deutschen Volkes in ein rettungsloses wirtschaftliches und politisches Chaos" vermeiden. Da sowohl die fünf ostdeutschen als auch die elf westdeutschen Ministerpräsidenten mit klaren, aber völlig gegensätzlichen Vorgaben der Besatzungsmächte anreisten, scheiterte die Konferenz noch am ersten Tag. Die einzige deutsch-deutsche Konferenz dokumentierte die völlige Abhängigkeit aller deutschen Politiker von den Besatzungsmächten, die Diskrepanz zwischen westlicher und östlicher Deutschlandpolitik und die Unvermeidlichkeit der Teilung.

DIE WÄHRUNGSREFORM (20.6.1948)

Die Währungsreform der Westmächte schuf die wirtschaftliche Grundlage des Weststaats. Jeder Westdeutsche und jeder Westberliner erhielt am 20.6. bzw. am 24.6.1948 insgesamt 60 Deutsche Mark (DM). Löhne, Gehälter, Pensionen, Renten, Mieten etc. wurden im Verhältnis 10 : 1 (Reichsmark : DM) umgestellt. Ludwig Erhard verknüpfte die Währungsreform mit Maßnahmen der sozialen Marktwirtschaft. Wettbewerb und Verbrauch waren nun bestimmend. Die Währungsreform war ein großer Erfolg. Die Schaufenster füllten sich über Nacht, die Wirtschaft in den Westzonen sprang an.

Am 23. Juni verordnete die Sowjetische Militäradministration für die SBZ eine Währungsreform, die staatliche Unternehmen gegenüber privaten begünstigte. Freier Handel wurde nicht erlaubt, Rationierung, Zwangswirtschaft und totale Preiskontrolle blieben erhalten.

DIE TRIZONE (1.4.1949)

Im Jahre 1948 kam es auf amerikanischen Druck zu einer engeren Zusammenarbeit zwischen der Bizone und der französischen, weshalb seit Herbst 1948 in der Publizistik häufig der Begriff „Trizone" verwendet wurde. Offiziell entstand sie am 1.4.1949.

DIE FRANKFURTER DOKUMENTE (1.7.1948)

Die Frankfurter Dokumente waren drei „Empfehlungen“ der Londoner Sechs-Mächte-Konferenz:

1. rasche Einberufung einer Verfassunggebenden Versammlung und Erarbeitung einer Verfassung;
2. Überprüfung der 1945–1947 entstandenen Länder;
3. Mitgestaltung der Beziehungen zwischen den westlichen Besatzungsmächten und der künftigen westdeutschen Regierung.

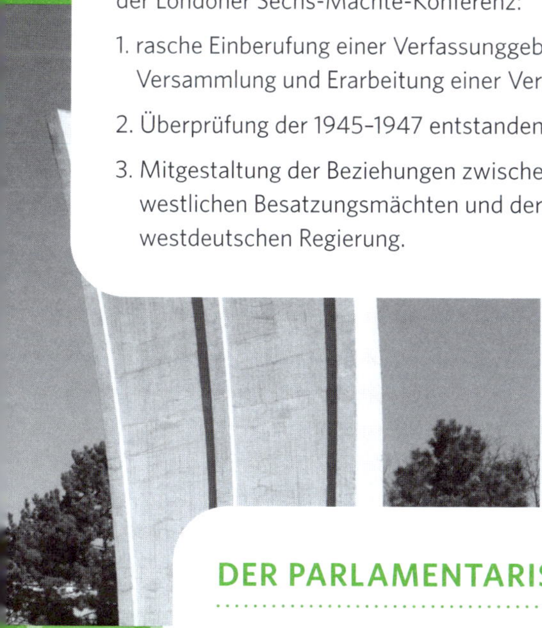

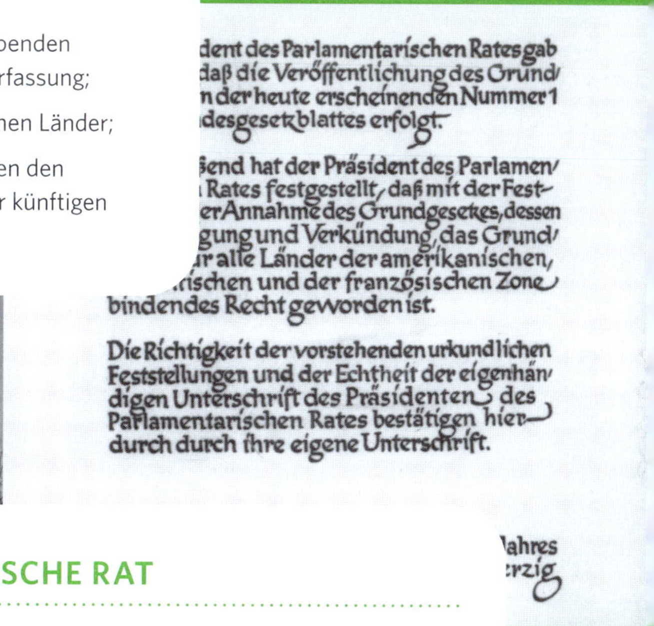

DER PARLAMENTARISCHE RAT

Der Parlamentarische Rat bestand aus 65 von den Landtagen gewählten Mitgliedern. Die SPD hatte 27 Mitglieder, die CDU 19, CSU 8, FDP 5, Deutsche Partei, Zentrum und KPD jeweils 2.
Er hatte zwei wesentliche Ziele: Die Erarbeitung der Verfassung und die Sicherung der demokratischen Staatsform durch stabilisierende Verfassungselemente.

DIE BERLIN-BLOCKADE (24.6.1948–12.5.1949)

Als Reaktion auf die Währungsreform sperrte die UdSSR am 24.6.1948 die Zufahrtswege nach Westberlin. Die Westmächte richteten eine Luftbrücke ein und versorgten ca. 2,2 Mio. Westberliner mehr als zehn Monate lang mit allem Lebensnotwendigen aus der Luft. Die Berlin-Blockade war der erste Höhepunkt des Kalten Kriegs. Zum ersten Male wurde die geteilte Stadt zum Testfall der Ost-West-Beziehungen. Das brutale Vorgehen der UdSSR erhöhte die Solidarität der nichtkommunistischen Staaten und machte Westmächte, Westdeutsche und Westberliner zu Verbündeten. Im Mai 1949 beendete das nach den Unterhändlern benannte Jessup-Malik-Abkommen die Berlin-Blockade.

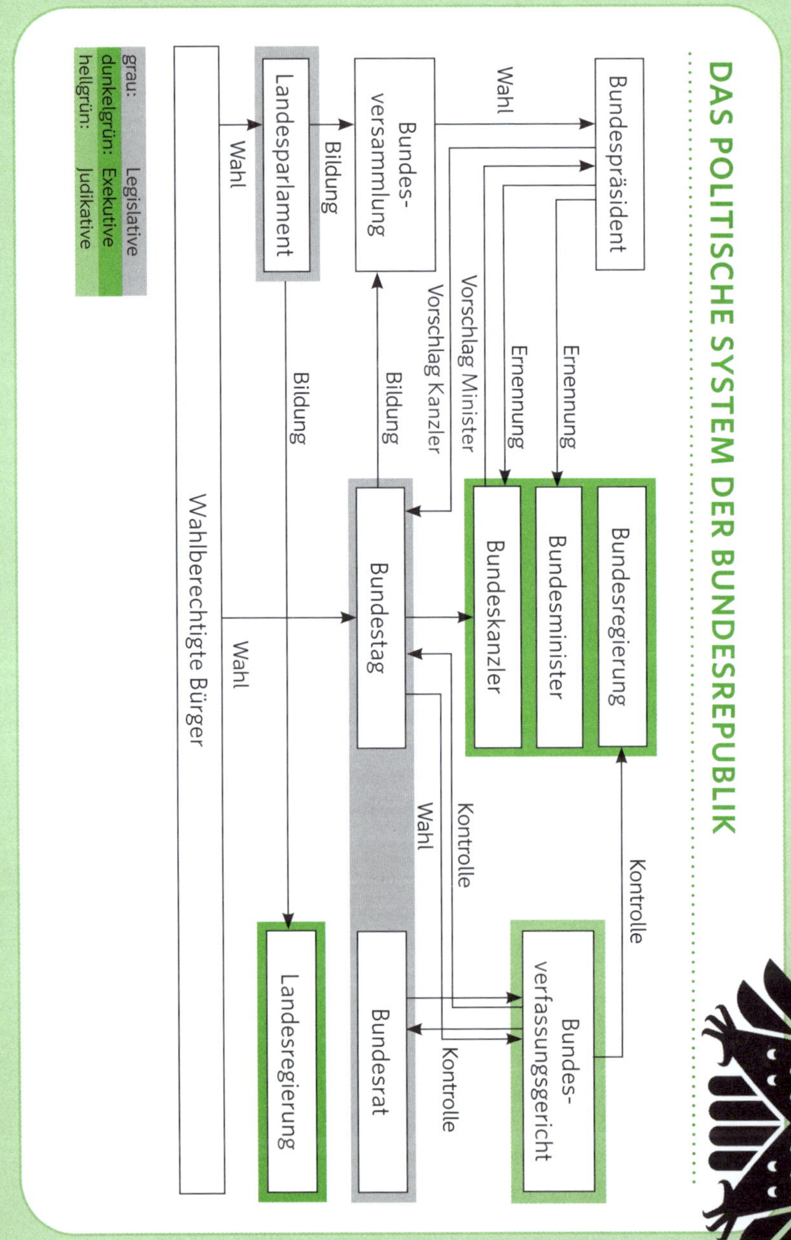
DAS POLITISCHE SYSTEM DER BUNDESREPUBLIK
Bundespräsident
Wahl
Bundes-
versammlung
Landesparlament
Bildung
Wahl
Ernennung
Ernennung
Vorschlag Minister
Vorschlag Kanzler
Bildung
Bildung
Bundesregierung
Bundesminister
Bundeskanzler
Bundestag
Wahl
Wahlberechtigte Bürger
Kontrolle
Kontrolle
Wahl
Bundes-
verfassungsgericht
Bundesrat
Kontrolle
Landesregierung
grau: Legislative
dunkelgrün: Exekutive
hellgrün: Judikative

CHARAKTERISTIKA DES GRUNDGESETZES

Zu den Charakteristika des Grundgesetzes (GG), das durch den parlamentarischen Rat erarbeitet wurde und das am 23.5.1949 in Kraft trat, gehören: Der provisorische Charakter und die Wiedervereinigung als übergeordnetes politisches Ziel (bis 1990); die grundlegenden Strukturprinzipien, die als „freiheitlich-demokratische Grundordnung" bezeichnet werden. Ihre wesentlichen Elemente sind: Menschenrechte, Volkssouveränität, Repräsentativsystem (konkurrierende Parteien und Interessenverbände vertreten in einer pluralistisch-demokratischen Gesellschaft den Volkswillen), Gewaltenteilung, Regierungsverantwortlichkeit, Gesetzmäßigkeit der Verwaltung, Unabhängigkeit der Gerichte und Sozialpostulat (Verpflichtung des Staates, soziale Gerechtigkeit zu gewährleisten).

Weitere Wesenszüge des politischen Systems der BRD sind: Die Kanzlerdemokratie (Art. 65, Richtlinienkompetenz des Bundeskanzlers); Schutz der Parteien; allgemeine, gleiche, geheime und direkte Wahlen nach dem personalisierten Verhältniswahlrecht; Konzentration der politischen Macht auf Bundestag, Bundesrat und Kanzler (also: politisch schwacher Bundespräsident, keine legislative Beteiligung des Volkes durch Plebiszite); Garantie und Schutz des Grundgesetzes und damit des Staates durch die „wehrhafte" Demokratie. Dazu gehören folgende Schutzmechanismen: Bundesverfassungsgericht, Verfassungsschutz, Verbot verfassungswidriger Vereinigungen und Parteien, Verwirkung der Grundrechte, wenn sie zum Kampf gegen die Demokratie missbraucht werden und das besondere Dienst- und Treueverhältnis der Beamten.

Das konstruktive Misstrauensvotum ist eine verfassungsrechtliche Bestimmung, die laut Art. 67 GG festlegt, dass der Bundestag dem Bundeskanzler nur dadurch das Misstrauen aussprechen kann, dass er mit Mehrheit seiner Mitglieder einen Nachfolger wählt, der das Amt des Bundeskanzlers im Falle des Sturzes der Regierung übernimmt. In der Weimarer Reichsverfassung gab es nur das destruktive (oder: negative) Misstrauensvotum. Es verlangte keine Einigung der Parteien, die das Misstrauensvotum einbrachten, auf einen gemeinsamen Kandidaten. Deshalb konnten verfeindete Parteien das Misstrauensvotum einbringen, die nur ein gemeinsames Ziel hatten, nämlich den Staat zu beseitigen (z.B. KPD und NSDAP). In der Geschichte der Bundesrepublik wurde die Regierung erst einmal auf diese Weise gestürzt (Bundeskanzler Helmut Schmidt 1982).

DAS GRUNDGESETZ ALS „ANTI-VERFASSUNG“

Die Ausgestaltung des Grundgesetzes erfolgte als bewusste Reaktion auf die Weimarer Reichsverfassung, die es Hitler ermöglicht hatte, die Macht zu erlangen und mit scheinbarer verfassungsrechtlicher Legalität die demokratischen Grundlagen zu beseitigen.

Sicherungsmechanismen:

- Vorstaatlichkeit und Unaufhebbarkeit der Grund- und Menschenrechte, die jegliche staatliche Gewalt binden
- Schutz des Individuums vor staatlicher Willkür
- Beschränkung der Macht des Bundespräsidenten
- Stärkung der Macht des Kanzlers
- konstruktives (anstelle des destruktiven) Misstrauensvotum
- ausschließliche Abhängigkeit des Bundeskanzlers vom Parlament
- Art. 1 und Art. 20 können nicht verändert werden
- Garantie und Schutz des GG und des Staates

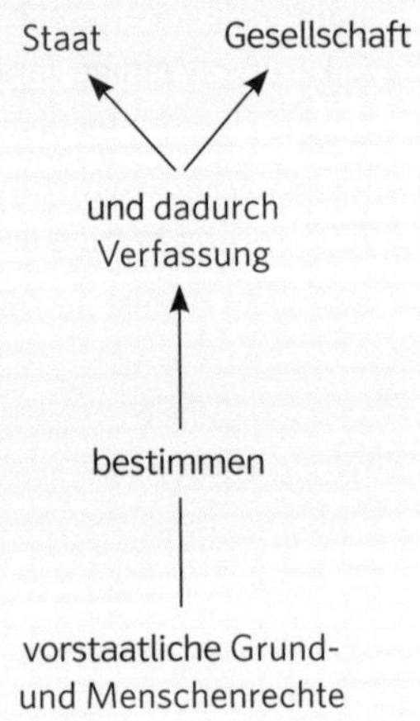

DIE AUSSEN- UND DEUTSCHLANDPOLITIK ADENAUERS

Aus der Entwicklung Europas und Deutschlands nach dem Ersten Weltkrieg ergaben sich für den erfahrenen Politiker klare Grundgedanken, die sein politisches Weltbild bestimmten und an denen er unbeirrt festhielt. Dazu gehörten die feste Bindung der Bundesrepublik an die westliche Allianz, insbesondere an die Führungsmacht USA und die Annäherung an bzw. die Aussöhnung mit Frankreich als Basis eines geeinten Europas. Mit dieser Politik stand Adenauer zunächst im Gegensatz zu weiten Teilen der Bevölkerung. Wenige Jahre nach Kriegsende bevorzugte die Mehrheit der Deutschen einen neutralen außenpolitischen Kurs. Deshalb löste seine Politik der Westintegration im Parlament und in der Bevölkerung heftige Diskussionen aus.

DIE AUSSEN- UND DEUTSCHLANDPOLITIK ADENAUERS

Bedingungsfaktoren
- Niedergang Europas als Folge zweier Weltkriege
- politische und ideologische Abhängigkeit Europas von USA und UdSSR
- sowjetischer Expansionsdrang
- Ost-West-Konflikt und Kalter Krieg
- strukturelle Schwäche demokratischer Staaten (Entscheidungsschwerfälligkeit)

Ziele
- Freiheit (durch Integration in den Westen), sie bedeutete politische Freiheit gegenüber der UdSSR/dem Kommunismus, freies Selbstbestimmungsrecht für alle Deutschen sowie geistige und kulturelle Freiheit
- Frieden
- Wiedervereinigung

Strategie
- Einheit und Geschlossenheit der westlichen Welt unter Führung der USA
- Hierzu musste die junge Bundesrepublik durch ihre rasche, umfassende Westintegration und durch ihre verlässliche und berechenbare Außenpolitik beitragen.
- Die deutsch-französische Aussöhnung war wesentliche Voraussetzung für die Schaffung eines Netzes westeuropäischer multinationaler Institutionen.
- Die Bundesrepublik sollte so die Gleichberechtigung und die Unterstützung ihres Wiedervereinigungskonzepts durch den Westen erreichen und auf dieser Basis die Wiedervereinigung durch die „Politik der Stärke".

ADENAUERS VERHÄLTNIS ZUR UDSSR

Die stalinistische UdSSR sah er als einen totalitären Staat an, der aufgrund seiner expansiven und aggressiven Politik eine permanente Bedrohung für die Bundesrepublik bzw. Westeuropa darstellte. Es war seine feste Überzeugung, „dass sich für Sowjetrussland jeder Krieg lohnt, der Europa in seine Hand spielen könnte." Deshalb war der Zusammenschluss der europäischen Länder in seinen Augen eine Notwendigkeit, um eine Abhängigkeit von der UdSSR zu vermeiden. „Totalitäre Mächte [geben] nur dann ihre aggressiven Ziele auf [...], wenn sie mit einem Gegner zu rechnen haben, der nicht nur militärisch hoch gerüstet, sondern auch vom Willen beseelt ist, dieses Potenzial zur Verteidigung seiner Existenz unter allen Umständen einzusetzen. [...] Selbstverständlich muss Deutschland Mitglied dieser europäischen Union werden."

ADENAUERS WEG ZUR WIEDERVEREINIGUNG

„Wenn die Neuordnung Europas kommt – und sie wird kommen –, dann wird man aber auch nicht vorbeigehen können an der Neuordnung im europäischen Osten [...] Wir werden mit den Sowjets im richtigen Augenblick ins Gespräch kommen. Das kann aber erst sein, wenn der Westen stark ist, sodass die Sowjets auf uns und den Westen hören."

DIE BEURTEILUNG DER DEUTSCHLANDPOLITIK ADENAUERS

Adenauers Deutschlandpolitik war bis 1989/90 umstritten. Ob er die Wiedervereinigung durch die „Politik der Stärke" in absehbarer Zeit tatsächlich für realistisch hielt, darf bezweifelt werden. Schon die Berlin-Blockade hatte gezeigt, dass die USA für ein militärisches Vorgehen gegen die UdSSR nicht zu haben waren. Andererseits erhofften die Deutschen und insbesondere die Vertriebenen, die ihre politische Heimat mehrheitlich in der CDU/CSU gefunden hatten, die Wiedervereinigung. Deshalb musste Adenauer eine Deutschlandpolitik anbieten, in deren Mittelpunkt sich, zumindest rhetorisch, die Wiedervereinigung befand. Im Gegensatz dazu stand seine realistische Einschätzung der UdSSR bzw. der Wiedervereinigung, die die Ereignisse des Jahres 1989/90 bestätigten.

DIE STALIN-NOTEN UND IHRE AUFNAHME

Am 10. März 1952 überreichte die UdSSR den Westmächten eine schriftliche Mitteilung, in der sie Verhandlungen über die Wiedervereinigung Deutschlands anbot und Vorschläge zur Regelung des Deutschlandproblems unterbreitete. Stalin bot an: ein vereinigtes Deutschland, den Abzug der Streitkräfte der Besatzungsmächte, demokratische Rechte für das deutsche Volk, keine wirtschaftlichen Beschränkungen, eigene nationale Streitkräfte und die Aufnahme Deutschlands in die UNO. Dem Angebot standen „nur" zwei Forderungen gegenüber: die militärische Neutralität und Anerkennung der Oder-Neiße-Grenze.

Die Westalliierten lehnten Stalins Angebot jedoch ab, da ein vereinigtes, neutrales Deutschland überhaupt nicht in ihr außen- und sicherheitspolitisches Konzept gepasst hätte. Offiziell begründeten sie ihre Ablehnung mit dem Fehlen von freien Wahlen in Stalins Angebot.

Daraufhin schob Stalin Anfang April eine zweite Note nach, in der er sich bereit erklärte, die Frage gesamtdeutscher Wahlen „zu erörtern". Dieses Angebot der Wiedervereinigung löste heftige Diskussionen in der Bundesrepublik aus.

DIE BEWERTUNG DER STALIN-NOTEN

Ihre Problematik lässt sich auf drei Fragen reduzieren:

1. Waren sie ernst gemeint oder lediglich propagandistisch-taktische Störmanöver?
2. Hat Adenauer mit der rigorosen Ablehnung der Noten, die gar nicht an die Bundesregierung gerichtet waren, vielleicht eine Chance auf Wiedervereinigung verspielt? Hätte er nicht wenigstens ausloten müssen, wie ernst es Stalin meinte?
3. War seine Deutschlandpolitik mit der Ablehnung schon gescheitert?

Die Beantwortung der ersten Frage ist aufgrund der unzureichenden Quellenlage auch heute noch hypothetisch. Es sprechen jedoch gewichtige Argumente dafür, dass Stalins Angebot eher ein propagandistisches oder taktisches Störmanöver war: der zeitliche Zusammenhang mit dem Deutschland- bzw. EVG-Vertrag. Die Opferung der sozialistischen DDR durch freie Wahlen hätte für die UdSSR als ideologische Führungsmacht des Marxismus einen hohen Prestige- und Glaubwürdigkeitsverlust bedeutet.

Die zweite Frage lässt sich aus mehreren Gründen verneinen: Keine der drei Westmächte war bereit, der Bundesrepublik eine gesamtdeutsche Optionsmöglichkeit zuzugestehen. Zu offensichtlich wäre der geostrategische Verlust gewesen: Ein neutrales Deutschland hätte das Kräfteverhältnis nach Abzug der amerikanischen Truppen in Europa wesentlich zugunsten der UdSSR verschoben. Da die Bundesrepublik zu diesem Zeitpunkt noch nicht souverän war, war ein Alleingang Adenauers undenkbar.

Seine Deutschlandpolitik war damit nicht gescheitert. Nach wie vor war er „fest davon überzeugt, dass, wenn wir auf diesem Weg fortfahren, der Zeitpunkt nicht mehr allzu fern ist, zu dem die Sowjetunion sich zu einem vernünftigen Gespräch bereit erklärt." Zwar dauerte es noch 38 Jahre bis zur Vereinigung, aber die Entwicklung in der UdSSR, im Ostblock und der DDR in den 1980er-Jahren gab ihm Recht.

DIE BEDEUTUNG DER PARISER VERTRÄGE (23.10.1954)

Sie waren aus mehreren Gründen von entscheidender Bedeutung für die Bundesrepublik: Sie markierten das Ende der Besatzungsherrschaft, gaben der Bundesrepublik die Souveränität und machten sie zu einem gleichberechtigten Partner. Nur bezüglich Berlins, der Wiedervereinigung und eines Friedensvertrags behielten sich die ehemaligen westlichen Besatzungsmächte Sonderrechte vor. Wichtig für die Bundesrepublik war auch, dass die Westmächte im Anschluss an die Pariser Verträge die Grundlagen und Ziele ihrer Deutschlandpolitik festlegten:

- Anerkennung der Bundesregierung als einzige rechtmäßige deutsche Regierung;
- eine friedensvertragliche Regelung für Gesamtdeutschland;
- die Wiedervereinigung mit friedlichen Mitteln;
- die Garantie der Sicherheit der Bundesrepublik und Berlins.

SOUVERÄNITÄT DURCH WESTINTEGRATION

1949 31.10. Beitritt zur OEEC (Organization for European Economic Cooperation, Marshall-Plan)

22.10. Petersberger Abkommen: Betritt der BRD zur „Internationalen Ruhrbehörde"; Einschränkung der Demontagen; Erlaubnis, konsularische Beziehungen aufzunehmen

1951 6.3. Revision des Besatzungsstatuts: erweiterte Kompetenzen für die Bundesregierung

1952 10.3., 9.4. Stalin-Noten: Angebot der Wiedervereinigung innerhalb eines Jahres; Forderungen: militärische Neutralität des vereinigten Deutschlands; Anerkennung der Oder-Neiße-Grenze

26.5. Deutschlandvertrag: Souveränität der BRD; Junktim (Koppelung) mit dem EVG-Vertrag

27.5. Der Beitritt zur Europäischen Verteidigungsgemeinschaft (EVG) scheiterte an Frankreich; deshalb trat auch der Deutschlandvertrag nicht in Kraft.

1954 23.10. Pariser Verträge: Leistungen der BRD: Beitritt zur Westeuropäischen Union (WEU), zur NATO; Deutschlandpolitik im Rahmen beider Verträge. Folgen: Souveränität, Gleichberechtigung, Unterstützung der Bonner Deutschlandpolitik durch die Westmächte

1955 5.5. Inkrafttreten der Pariser Verträge (= Souveränität)

DIE ENTSTEHUNG DER BUNDESREPUBLIK

1. Welche Strukturprinzipien des politischen Systems der Bundesrepublik (BRD) nennt Art. 20 GG (= Grundgesetz)?

a) ______________________ b) ______________________

c) ______________________ d) ______________________

2. Nennen Sie Adenauers außen- und deutschlandpolitischen Ziele.

a) ______________________

b) ______________________

c) ______________________

3. Was bedeuteten die Pariser Verträge für die Bundesrepublik?

1. ______________________

2. ______________________

4. Beurteilen Sie die Glaubwürdigkeit der Stalin-Noten.

____

____

____

____

____

LÖSUNGEN

1. a) Demokratie, b) Rechtsstaat, c) Sozialstaat, d) Bundesstaat • **2.** a) Freiheit, b) Frieden, c) Wiedervereinigung • **3.** Ende der Besatzungsherrschaft, Souveränität für die Bundesrepublik • **4.** Wahrscheinlich waren sie Propaganda und Taktik, Ablehnung bedeuteten kein Scheitern der Deutschlandpolitik Adenauers

DIE ETAPPEN DER GESELLSCHAFTSPOLITISCHEN ENTWICKLUNG DER DDR

Die Entwicklung der DDR vollzog sich nach ihrer eigenen Auffassung in Übereinstimmung mit dem Geschichtsverständnis des von Marx geprägten Historischen Materialismus. Der Übergang vom Kapitalismus zum Sozialismus galt deshalb als gesetzmäßig. Die DDR unterschied drei Entwicklungsstufen auf dem Weg zur sozialistischen Gesellschaft:

1. Die antifaschistisch-demokratische Umwälzung (= demokratische Revolution, 1945–1949) endete nach der Beseitigung der faschistischen, militaristischen und kapitalistischen Strukturen mit der Gründung der volksdemokratischen DDR.
2. Der Übergang vom Kapitalismus zum Sozialismus (= sozialistische Revolution, 1949–1961). In dieser Zeit wurde die Macht der „Partei der Werktätigen", also der SED, gesichert und systematisch ausgebaut und die sozialistischen Produktionsverhältnisse (Kollektivierung der Landwirtschaft, Ausbau der Planwirtschaft) geschaffen.
3. Der umfassende Ausbau des Sozialismus (1961–1971): Der Sozialismus durchdrang alle Bereiche der Gesellschaft.

WAS IST EINE VOLKSDEMOKRATIE?

Nach sozialistischem Verständnis war die Volksdemokratie die Herrschafts- bzw. Regierungsform der „Diktatur des Proletariats" in der Übergangsphase vom Kapitalismus zum Sozialismus. Dieser Begriff ist eine Tautologie, da „Demokratie" bereits „Volksherrschaft" bedeutet. Er wurde verwendet, um die wahren Verhältnisse zu verschleiern und um etwas zu betonen, was in der politischen Praxis nicht vorhanden war, nämlich die Herrschaft des Volkes. Die Volksdemokratie hatte folgende wesentliche Charakteristika:

1. Diktatur des Proletariats als Ergebnis eines revolutionären Prozesses;
2. ein von der marxistisch-leninistischen (= kommunistischen) Partei bestimmtes und gelenktes Mehrparteiensystem;
3. Wirtschaftssystem mit verstaatlichten Produktionsmitteln sowie zentraler und gelenkter Planwirtschaft.

   In der politischen Realität ist eine Volksdemokratie eine durch pseudo-demokratische Einrichtungen vertuschte Diktatur der kommunistischen Partei.

SED, VERFASSUNG, STAAT UND GESELLSCHAFT

marxistisch-leninistische Partei (SED)

schafft

↓

Verfassung und damit den Staat als Herrschaftsinstrument gegenüber

↓

Gesellschaft

DIE ENTSTEHUNG DER DDR

Neuaufbau 1945/46: Parteien; Massenorganisationen; Länder-, Zentralverwaltungen; gesellschaftsverändernde Maßnahmen

↓

Erster Deutscher Volkskongress (6./7.12.1947): verlängerter Arm der Besatzungsmacht bzw. der SED

↓

Zweiter Deutscher Volkskongress (17./18.3.1948): wählt den „Ersten Deutschen Volksrat", der die Entwicklung maßgeblich gestaltete

→

Neue Parteien (April 1948): Nationaldemokratische Partei Deutschlands (NDPD), Demokratische Bauernpartei Deutschlands (DBD)

→

SED wird „Partei neuen Typus" (1948/49): Parteikader, Parteidisziplin, systematische Besetzung wichtiger Stellen, Durchsetzung des Marxismus-Leninismus

↑

Verfassung der DDR: Beschluss durch den Volksrat (19.3.1949)

↑

Wirtschaftliche Umgestaltung (1948/49): Planwirtschaft, Ausbau der Verstaatlichung; Führung: Deutsche Wirtschaftskommission (DWK)

↑

Dritter Volkskongress (Mai 1949): Wahl durch Einheitsliste; Annahme der Verfassung

←

7.10.1949: Der Zweite Deutsche Volksrat konstituierte sich als Volkskammer, bestimmte Otto Grotewohl (SED) zum Regierungschef der volksdemokratischen DDR

Emblem der DDR

DIE POLITISCHE STRUKTUR DER DDR

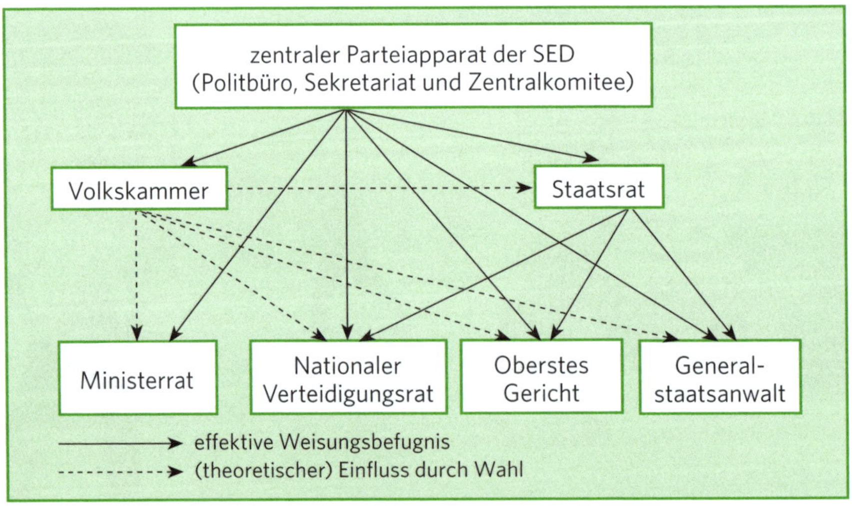

DER AUFSTAND VOM 17. JUNI 1953

Die Bevorzugung der Schwerindustrie und die Forcierung der Kollektivierung führten zu Beginn der 1950er-Jahre zu einer Versorgungskrise. Nach dem Tod Stalins (5. 3. 1953) musste die DDR-Führung auf sowjetischen Druck Fehler eingestehen und einen „Neuen Kurs" einschlagen. Da sie jedoch die Arbeitsnormen bei gleichbleibenden Löhnen um 10 % erhöhte, kam es am 16. Juni in Ostberlin zu Streiks und Arbeiterdemonstrationen. Sie weiteten sich schnell auf mehr als 250 Orte der DDR aus, ca. 10 % der Arbeiterschaft beteiligten sich daran. Am folgenden Tage wurden politische Forderungen laut (freie Wahlen, Rücktritt der Regierung, Wiedervereinigung), die das politische System der DDR bedrohten.

Die brutale Niederschlagung des Aufstands durch die Rote Armee am 17. 6. 1953 kostete ca. 300 Menschen das Leben. Die DDR-Führung reagierte mit Lohnerhöhungen, kündigte Reformen an, spielte den Aufstand als Werk westlicher Agenten und Provokateure herunter und ging rigoros gegen alle vor, die „den Sturz der Arbeiter- und Bauernmacht" angestrebt hatten.

Der Arbeiteraufstand, der in der Bundesrepublik als „Volksaufstand" gefeiert wurde, hatte zwei wesentliche Folgen: Die Behauptung vom „Arbeiterstaat" hatte sich als falsch erwiesen, weshalb die Legitimation der SED in Frage gestellt wurde. Zweitens: Da sich die wirtschaftliche und politische Situation nicht verbesserte, flohen immer mehr DDR-Bürger in die Bundesrepublik und dokumentierten damit die Instabilität der DDR.

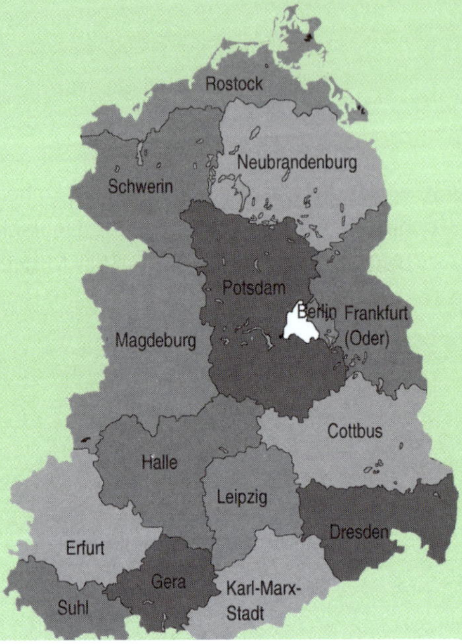

SOUVERÄNITÄT DURCH OSTINTEGRATION

- Der „Aufbau des Sozialismus" (1949–1961) bedeutete die Übernahme des stalinistischen Herrschaftssystems: Säuberung der SED, Ausbau ihres Machtapparats; systematische Besetzung des Staatsapparats mit SED-Funktionären, „demokratischer Sozialismus" (= Ausübung der Macht von oben nach unten); Schaffung der SED-gelenkten „Nationalen Front"; ideologischer „Klassenkampf" gegen selbstständige Bauern, Handwerker und die Kirchen; sozialistische Neuordnung des Gerichtswesens; Aufbau des „Ministeriums für Staatssicherheit"; Wahlen per Einheitsliste; Personenkult um Stalin.
- Förderung der Schwerindustrie, Forcierung der Kollektivierung
- Mitglied im RGW („Rat für gegenseitige Wirtschaftshilfe", 1950)
- erster Fünfjahresplan (1951–1955)
- politische Zentralisierung durch Auflösung der fünf Länder und Schaffung von 14 (SED-geleiteten) Verwaltungsbezirken (1952)
- „Sowjetisierung" von Kunst, Kultur, Erziehung und Wissenschaften durch die „Staatliche Kommission für Kunstangelegenheiten"; Schul- und Hochschulreformen
- brutale Niederschlagung des Aufstands vom 17. Juni 1953 durch die Rote Armee
- Verleihung von „erweiterten Souveränitätsrechten" (23. 5. 1954) durch die UdSSR an die DDR
- völlige Souveränität (15. 5. 1955) mit Ausnahme der alliierten Vorbehalte

DIE ENTSTEHUNG DER DDR

1. Der Dritte Deutsche Volkskongress

- ☐ **A** wurde zum ersten Mal über eine Einheitsliste gewählt.
- ☐ **B** bildete aus seinen Reihen den „Deutschen Volksrat".
- ☐ **C** bestand ausschließlich aus SED-Mitgliedern.

2. Nennen und datieren Sie die Etappen der gesellschafts-politischen Entwicklung der DDR.

____

____

____

3. Nennen Sie die Charakteristika einer Volksdemokratie.

____

____

____

4. Skizzieren Sie den Aufstand vom 17. Juni 1953.

____

____

____

LÖSUNGEN

1. A, B • **2.** Antifaschistisch-demokratische Umwälzung (1945-1949), Übergang vom Kapitalismus zum Sozialismus (1949-1961), Ausbau des Sozialismus (1961-1971) • **3.** Diktatur des Proletariats, von der marxistisch-leninistischen Partei bestimmtes Mehrparteiensystem, verstaatlichte Produktionsmittel, zentrale und gelenkte Planwirtschaft • **4.** Normerhöhung um 10 % trotz Versorgungskrise bei gleichbleibenden Löhnen, Streiks, Demonstrationen, brutale Niederschlagung durch die Rote Armee

DAS WESTLICHE MILITÄRBÜNDNIS

Seine Pfeiler sind die Westeuropäische Union (WEU), die sich 1954 aus dem Brüsseler Pakt entwickelte und die NATO. Nach dem Scheitern der Europäischen Verteidigungsgemeinschaft (1954) schlug der britische Außenminister Bevin die Erweiterung des Brüsseler Pakts vor. Eine wichtige Rolle spielte bei der militärischen Integration des ehemaligen Hauptgegners Deutschland der Koreakrieg. Im Frühsommer 1950 marschierten Truppen der Demokratischen Volksrepublik Korea (Nordkorea), unterstützt von chinesischen Truppen in die Republik Korea (Südkorea) ein. Durch das Eingreifen von UN-Truppen (hauptsächlich amerikanischen) konnte die Front am 38. Breitengrad stabilisiert werden, der seit der Friedenskonferenz von Genf (1954) die Grenze zwischen beiden Ländern bildet.

Die WEU entstand 1954 durch den Beitritt der Bundesrepublik und Italiens zum Brüsseler Pakt. Sie diente der engen militärischen und politischen Verbindung zwischen NATO und den westeuropäischen Partnerstaaten. 2011 ging sie in der Gemeinsamen Sicherheits- und Verteidigungspolitik (GSVP) der EU auf.

Auch außerhalb Europas bildeten sich Bündnisse unter Führung der USA, so z.B. der ANZUS-Pakt (USA, Australien, Neuseeland, 1952) oder die SEATO (South East Asia Treaty Organization: USA, Großbritannien, Frankreich, Australien, Neuseeland, die Philippinen, Thailand und Pakistan, 1954-1977). Zusätzlich schlossen die USA zahlreiche politisch und strategisch wichtige Verträge und sicherten sich ein weltumspannendes Netz von Stützpunkten.

DAS ÖSTLICHE BÜNDNISSYSTEM

Neun Tage nach dem Beitritt der Bundesrepublik zur NATO gründete die UdSSR am 14. 5. 1955 den Warschauer Pakt. De facto hatte er aufgrund bilateraler Verträge schon seit Kriegsende bestanden. Jetzt schlossen die UdSSR, Polen, Ungarn, die Tschechoslowakei, Bulgarien, Rumänien und Albanien (Mitglied bis 1968) den „Vertrag über Freundschaft, Zusammenarbeit und gegenseitigen Beistand". Die DDR trat ihm zur „Verteidigung der gesetzmäßigen (sozialistischen) Errungenschaften" am 28. 1. 1956 bei. Die Notwendigkeit des Warschauer Pakts wurde mit der „Remilitarisierung der revanchistischen Bundesrepublik" begründet. Der Warschauer Pakt war, wie auch die NATO, ein Defensivbündnis. In seiner Struktur unterschied er sich wesentlich von der NATO. Während in dieser trotz der unangefochtenen Führungsrolle der USA das Konsensprinzip galt und gilt, beherrschte die UdSSR den Warschauer Pakt eindeutig und benutzte ihn zur Demonstration der (angeblichen) Geschlossenheit und Homogenität der sozialistischen Staatengemeinschaft.

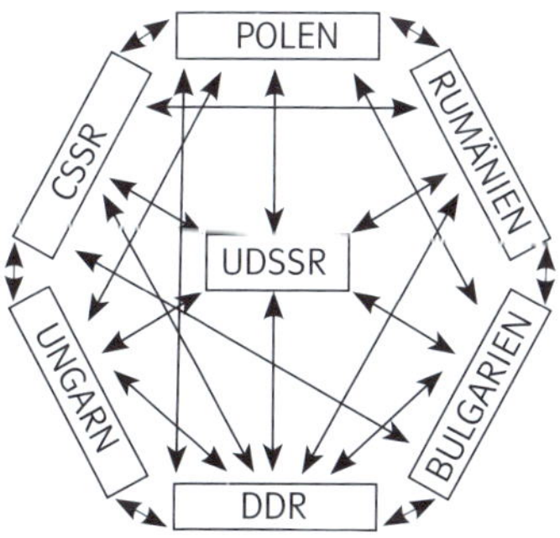

Das Bündnissystem des Ostblocks

15 Die militärische Integration der beiden deutschen Staaten

Brüsseler Pakt (1948): GB, F, Benelux; Militärbündnis gegen die UdSSR

↓

North Atlantic Treaty Organization (NATO, 1949): militärisches Defensivbündnis gegen die UdSSR

↓

Pariser Verträge (1954/55): Beitritt BRD zur WEU und zur NATO

bilaterale **Verträge der Ostblockstaaten** seit Kriegsende „über Freundschaft, Zusammenarbeit und gegenseitigen Beistand"

↓

Warschauer Pakt (1955): militärisches Defensivbündnis; Beitritt der DDR (1956)

Folgen

westliches Bündnis	östliches Bündnis
Eu	ropa
Deutsch	land
Ber	lin

Die Teilung Deutschlands war nun endgültig und auf unabsehbare Zeit erfolgt.
Die deutsche Frage verlor zunehmend ihren hohen Stellenwert und ihre Priorität.
Die Bonner Deutschlandpolitik geriet in die Isolation.

DIE MILITÄRISCHE INTEGRATION

1. Wann und wie entstand die Westeuropäische Union (WEU) und was war sie?

2. Welche Länder gehörten zum Warschauer Pakt?

- ☐ **A** Slowakei
- ☐ **B** Polen
- ☐ **C** Bulgarien
- ☐ **D** UdSSR
- ☐ **E** Finnland

3. Wie wirkte sich die Entstehung der NATO auf die Entwicklung Deutschlands aus?

LÖSUNGEN

1. 1954, durch Beitritt der Bundesrepublik und Italiens zum Brüsseler Pakt, Beistandspakt und Verbindung zwischen NATO und westeuropäischen Partnerstaaten • **2.** B, C, D • **3.** Zementierung der Teilung Deutschlands und Berlins

16 DEUTSCHLANDPOLITIK IM ZEICHEN DES KALTEN KRIEGS

Das Berlin-Problem

BERLIN ALS BRENNPUNKT ÖSTLICHER UND WESTLICHER DEUTSCHLANDPOLITIK

Die Konkurrenz der Supermächte und die kontroverse Deutschlandpolitik der Alliierten verdichteten sich im Berlin-Problem. Die UdSSR sah in der Lage und in der politischen Situation der Stadt die Chance, den Hebel anzusetzen und Druck auf die USA, den Westen bzw. die Bundesrepublik auszuüben. Bezeichnend dafür sind die Berlin-Blockade (1948/49), das Berlin-Ultimatum (1958), der sowjetische Friedensvertragsentwurf (1959) und der Mauerbau (1961). Bei allen deutschlandpolitischen Vorstößen dieser Zeit spielte die **Machtdemonstration der** Blöcke bzw. ihrer **Supermächte** eine unübersehbare Rolle. Berlin war wie kein anderes Objekt geeignet, der Weltöffentlichkeit die „Stärke" und „Überlegenheit" der UdSSR einerseits und die „Schwäche" und „Hilflosigkeit" des Westens bzw. der USA andererseits zu demonstrieren. Aber auch die USA benutzten z.B. 1948/49 die Luftbrücke, um die Überlegenheit ihres Systems aller Welt zu demonstrieren.

DAS BERLIN-UTLIMATUM (27.11.1958)

Ende der 1950er-Jahre wurde Berlin mehr und mehr zum Testfall des Ost-West-Verhältnisses. Am 10. November 1958 forderte der sowjetische Regierungschef Nikita Chruschtschow in seiner Moskauer Sportpalastrede die Beseitigung des Vier-Mächte-Status für Berlin, was ein Aufgehen der ganzen Stadt in der DDR bedeutet hätte. Am 27. November richtete er sein so genanntes Berlin-Ultimatum an die Westmächte: Er erklärte alle Hoheits- und Besatzungsrechte der Alliierten für hinfällig und drohte, die sowjetischen Rechte an die „souveräne Deutsche Demokratische Republik" zu übertragen, wenn der Status Westberlins nicht binnen sechs Monaten in den einer „Freien Stadt" überführt würde. Damit erweiterte er die „Zwei-Staaten-These" zur „Drei-Staaten-These". Dies hätte angesichts der geografischen und politischen Lage Westberlins das Aufgehen der ganzen Stadt in der DDR bedeutet. Außerdem hätten Verhandlungen der Westmächte mit der DDR deren Anerkennung vorausgesetzt. Die Westmächte wiesen das Ultimatum zurück und stellten fest, dass die Berliner Frage nur im Rahmen eines Abkommens mit der Sowjetunion über die gesamte Deutschlandfrage geregelt werden könne.

DER SOWJETISCHE FRIEDENSVERTRAGSENTWURF

Am 10. Januar 1959 richtete Chruschtschow einen ultimativen Friedensvertragsentwurf (Verhandlung innerhalb von zwei Monaten) an die Westmächte. Er beinhaltete alle wesentlichen Forderungen der sowjetischen Deutschlandpolitik seit 1952: Wiedervereinigung auf der Grundlage einer „Konföderation“ beider gleichberechtigter deutscher Staaten, Neutralität des vereinigten Deutschlands, Anerkennung der Oder-Neiße-Grenze, Status einer entmilitarisierten „Freien Stadt“ für Westberlin.

DIE GENFER AUSSENMINISTERKONFERENZ

Angesichts der massiven Drohungen Chruschtschows trafen sich die Alliierten auf die Genfer Außenministerkonferenz (11.5.–13.7.1959), an der erstmalig auch Beratungsdelegationen der beiden deutschen Staaten teilnahmen. Die Konferenz scheiterte einmal mehr an den gegensätzlichen Positionen der alliierten Deutschland- und Berlinpolitik.

DIE AMERIKANISCHE AUSSEN- UND SICHERHEITS-POLITIK IN DEN 1950ER-JAHREN

Präsident Eisenhower (1953–1961) ersetzte die Containment-Strategie durch die aggressive Sicherheitspolitik des „Roll Back" (Zurückdrängen) bzw. der „Massive Retaliation" („massive Vergeltung"). Ziel dieser neuen antikommunistischen Politik war nicht mehr die Eindämmung des Kommunismus. Sie basierte vielmehr auf zahlreichen gegen die UdSSR gerichteten Verträgen und Bündnissystemen rund um die Erde und auf der „Dollarhegemonie" gegenüber strategisch wichtigen Ländern. Als die UdSSR Mitte der 1950er-Jahre das atomare Patt, das „Gleichgewicht des Schreckens" erreichte, musste die US-Außen- und Sicherheitspolitik neu konzipiert werden. Dies tat Kennedy mit dem „geopolitischen Realismus".

KENNEDYS „GEOPOLITISCHER REALISMUS" (20.1.1961)

- Entspannung (frz. „détente"; amerik. „linkage" = politisches Handeln aufgrund von Absprachen) und Kooperation
- Aufgabe des antisowjetischen Kursen
- Anerkennung der sowjetischen Hegemonialstellung in Osteuropa
- Anerkennung der territorialen Verhältnisse in Europa
  Bedeutete: Deutschlandpolitisches Engagement konnte nur noch in diesem Rahmen erfolgen.

KENNEDYS „THREE ESSENTIALS" (25.7.1961)

Kennedy formulierte drei „Essentials", deren Verletzung eine militärische Auseinandersetzung bedeuten würde:
1. Besatzungsrecht der westlichen Truppen in Westberlin,
2. freier Zugang nach Westberlin und
3. Freiheit und Sicherheit für die Bewohner Westberlins.

Bedeutete: Anerkennung Ostberlins als Interessengebiet der UdSSR

DIE SOWJETISCHE AUSSENPOLITIK UNTER CHRUSCHTSCHOW

Aus den parteiinternen Machtkämpfen nach Stalins Tod ging Nikita S. Chruschtschow als Sieger hervor. Seine Außenpolitik war zweigleisig. Mit der Entstalinisierung leitete er 1956 eine **„Phase des Tauwetters"** ein, die in seinem Prinzip der **„friedlichen Koexistenz"** zwischen Völkern unterschiedlicher gesellschaftlicher Systeme gipfelte. Die „friedliche Koexistenz" diente in erster Linie dem nötigen wirtschaftlich-technologischen Profit und bedeutete keineswegs die Aufgabe der bisherigen politischen Ziele. Chruschtschows Außenpolitik gegenüber dem Westen bzw. der USA wurde immer aggressiver, äußerte sich in **Ultimaten**, **Drohgebärden**, **massiver Aufrüstung** und gipfelte in der Kubakrise.

Seine **Außenpolitik gegenüber** den **„sozialistischen Bruderländern"** war geprägt von sowjetischer Dominanz und Unterdrückung, die auch vor brutalsten Methoden (wie z.B. der blutigen Niederschlagung des antikommunistischen Aufstands in Ungarn 1956) nicht zurückschreckte. Die **Kubakrise** verdeutlichte der sowjetischen Führung das unkalkulierbare Risiko ihrer aggressiven Außenpolitik. Deshalb schwenkte sie von der Konfrontation zu der von Kennedy vorgeschlagenen Kooperation um. Damit begann die Entspannung.

DER BERLINER MAUERBAU (13.8.1961)

In den 1950er-Jahren flohen jährlich hundertausende DDR-Bürger über Westberlin in den Westen. Walter Ulbricht, der führende Mann der DDR, wollte die wirtschaftlich und propagandistisch problematische Massenflucht (Höhepunkt 1953: ca. 500 000) durch eine Berliner Mauer stoppen. Noch Anfang Juni 1961 hatte die UdSSR dies verweigert. Kennedys „three essentials" zeigten, dass damit kein Risiko verbunden war. Den Mauerbau begründete die DDR mit den „revanchistischen und militaristischen Kräften" der Bundesrepublik.

DIE KUBAKRISE (OKTOBER 1962)

- Stationierung russischer Mittelstreckenraketen mit atomaren Sprengköpfen auf Kuba
- USA fühlten sich unmittelbar bedroht, Kennedy: „tödliche Herausforderung"
- ultimative Forderung der USA, die Raketen abzubauen (22.10.1962)
- Nachgeben der UdSSR (28.10.1962), Einschwenken auf den Entspannungskurs
- Auswirkungen: Beginn der Entspannung; beiderseitige Respektierung des Status quo; Vermeiden direkter Konfrontation in Krisengebieten; Stellvertreterkriege; Abrüstungsverhandlungen und -verträge
  Bedeutete: Die Lösung der deutschen Frage wurde der Entspannungspolitik untergeordnet.

DIE VIELSCHICHTIGKEIT DER DEUTSCHEN FRAGE

Sie ergab sich aus folgenden Aspekten:

- Juristischer Aspekt: Ist das Deutsche Reich 1945 untergegangen, gibt es eine Rechtsnachfolge, entstanden zwei neue Staaten in Deutschland? Auf welches Gebiet bezieht sich überhaupt „Deutschland“? Wie ist das Verhältnis der beiden deutschen Staaten, sind sie füreinander Ausland? Ist eine Wiedervereinigung überhaupt möglich?
- Historischer Aspekt, der die Entstehung und Entwicklung zweier deutscher Staaten beinhaltet sowie deren Integration in das westliche bzw. östliche Bündnis.
- Politischer Aspekt: Existenz zweier antagonistischer deutscher Staaten (Demokratie - sozialistische Volksdemokratie); Nichtanerkennung der DDR durch die BRD; politischer Status Berlins (Viermächtestadt; Land der BRD?, Hauptstadt der DDR?); Hallstein-Doktrin.
- Territorialer Aspekt: Wozu gehören die deutschen Gebiete östlich von Oder und Neiße? Welchen rechtlichen Status hat die innerdeutsche Grenze? Hat sie den Status einer völkerrechtlichen Staatsgrenze oder den einer Grenze wie zwischen Bundesländern?
- Europäischer Aspekt: Einbindung beider Staaten in Ost und West; Abhängigkeit von den ehemaligen Besatzungsmächten trotz Souveränität (Wiedervereinigung, Berlin). Die Wiedervereinigung wurde im Zeitalter der Entspannungspolitik ein europäisches Problem.
- Kernbereiche: Die Bundesrepublik wollte die staatliche und nationale Einheit wahren und die Wiedervereinigung erreichen. Die DDR forderte die Anerkennung ihrer Souveränität und lehnte die Wiedervereinigung mit der Äquivalenzthese (Äquivalenz = Gleichwertigkeit) ab.

DAS SELBSTVERSTÄNDNIS DER BUNDESREPUBLIK

Es basierte bis 1969 auf folgenden Positionen:

- Rechtsnachfolge: Nach Ansicht der Bundesrepublik war 1945 zwar das nationalsozialistische Regime untergegangen, nicht aber das Deutsche Reich als Staat. Da nur die Deutschen in der BRD aufgrund freier Wahlen über ihr politisches Schicksal hätten entscheiden können, bestehe die „staatliche Lizenz" nur in der Bundesrepublik fort.
- Die Wiedervereinigung (in den Grenzen vom 31.12.1937, also ohne Österreich, das Sudentenland, das Memelgebiet und die im Krieg besetzten Gebiete) als oberstes staatliches Ziel verpflichtete laut Präambel des Grundgesetzes alle Politiker und alle politischen Institutionen.
- Alleinvertretungsanspruch: Da allein die Bundesrepublik ein frei gewählter Staat sei, habe allein sie das Recht, alle Deutschen zu vertreten.
- Nichtanerkennung der DDR: Da der DDR nach Ansicht der Bundesrepublik die freiheitliche Legitimation fehle, wurde sie nicht als Staat anerkannt. Sie galt als geografischer Raum („Ostdeutschland", „die Zone", „drüben" etc.) bzw. als Machtbereich eines autoritären Regimes ohne wirkliche Herrschaftslegitimation („Unrechtsstaat Walter Ulbrichts", „so genannte DDR").
- Hallstein-Doktrin (benannt nach dem Staatssekretär im Auswärtigen Amt Walter Hallstein): 1955 drohte die BRD, keine politischen und wirtschaftlichen Beziehungen zu denjenigen Staaten zu unterhalten, die die DDR völkerrechtlich anerkannten. Im Falle der UdSSR musste sie jedoch von Anfang an eine Ausnahme machen.
- Aus diesen Positionen ergab sich zwingend das Festhalten an der Einheit der Nation.

DAS SELBSTVERSTÄNDNIS DER DDR

Trotz der Äquivalenzthese und der Forderung der völkerrechtlichen Anerkennung durch die BRD hielt die DDR zunächst an der Zwei-Staaten-eine-Nation-These fest. Wiedervereinigung war also möglich, aber nur, wenn das vereinigte Deutschland sozialistisch werden würde. Zu Beginn der 1970er-Jahre gab sie die Position der nationalen Einheit auf und sprach nur noch von zwei deutschen Staaten und zwei (antagonistischen) deutschen Nationen (= Zwei-Staaten-zwei-Nationen-These).

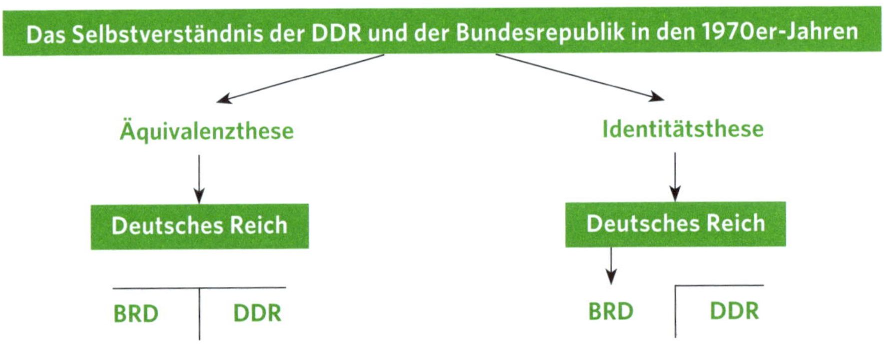

Äquivalenzthese: Das Deutsche Reich ist untergegangen. BRD und DDR sind gleichberechtigte, souveräne, aber antagonistische (= gegensätzliche, feindliche) Nachfolger. Die beiden deutschen Staaten sind füreinander Ausland, die BRD muss die DDR völkerrechtlich anerkennen. Wiedervereinigung ist deshalb nicht möglich.

Zwei-Staaten-zwei-Nationen-These

Identitätsthese: Das Deutsche Reich ist nicht untergegangen, besteht weiter (Kontinuität), lebt aber nur in der BRD fort (Identität Deutsches Reich – BRD). Der andere Staat ist nur geografischer Raum bzw. neu entstandener De-facto-Staat ohne Legitimation. Daraus ergeben sich: Rechtsnachfolge, Alleinvertretungsanspruch. Nichtanerkennung der DDR.

Zwei-Staaten-eine-Nation-These

DAS STAATLICHE SELBSTVERSTÄNDNIS DER BEIDEN DEUTSCHEN STAATEN

1. Was bedeuteten die „three essentials" von Kennedy für Ostberlin?

____

____

____

2. Was war der grundsätzliche Unterschied im Selbstverständnis der DDR und der Bundesrepublik in den 1970er-Jahren?

____

____

____

3. Benennen Sie die Aspekte, die die deutsche Frage so vielschichtig und kompliziert machten.

a) ______________________________________

b) ______________________________________

c) ______________________________________

d) ______________________________________

e) ______________________________________

f) ______________________________________

LÖSUNGEN

1. Anerkennung der DDR als Interessensgebiet der UdSSR • **2.** Eine-Nation-These (+ Möglichkeit der Wiedervereinigung) bzw. Zwei-Staaten-Zwei-Nationen-These (die deutschen Staaten sind füreinander Ausland) • **3.** a) Juristischer Aspekt, b) Historischer Aspekt, c) Politischer Aspekt, d) Territorialer Aspekt, e) Europäischer Aspekt, f) Kernbereich: Wiedervereinigung bzw. deren Ablehnung

GRUNDZÜGE DER BONNER DEUTSCHLAND-POLITIK 1963–1969

Auch nach dem Beginn der Entspannung war die Bonner Deutschlandpolitik bestimmt vom Festhalten der Regierungen Adenauer, Erhard und Kiesinger an der bisherigen Deutschlandpolitik. Damit gerieten sie immer mehr in die Isolation. Die Lösung des europäischen Kernproblems, der deutschen Frage, als Voraussetzung für die europäische Entspannung bedeutete für die Alliierten längst nicht mehr „Wiedervereinigung", sondern „Normalisierung der bestehenden Verhältnisse". Sie sollte durch ein vertraglich geregeltes Nebeneinander der deutschen Staaten erreicht werden. Die Anpassung der Bonner Regierungen an die neuen Verhältnisse geschah nur zögerlich und verbal. Adenauer strebte nun „menschliche Erleichterungen" in der DDR an und erklärte, „über vieles mit sich reden zu lassen", wenn die Bevölkerung der DDR ihr Leben frei gestalten könne. Erhard richtete am 31. 12. 1967 eine „Friedensnote" mit Vorschlägen zur Abrüstung, Friedenssicherung und Entspannung an fast alle Staaten der Welt, allerdings nicht an die DDR. Seine Initiative, die auch wirtschaftliche Verbesserungen mit den Ostblockstaaten zum Ziel hatte, scheiterte an deren Blocksolidarität. Kiesinger erklärte, man müsse „ohne Scheuklappen sehen, was ist". Er ließ die Hallstein-Doktrin stillschweigend fallen, als die BRD diplomatische Beziehungen zu Rumänien und Jugoslawien aufnahm, hielt aber am Alleinvertretungsanspruch fest.

WANDEL DURCH ANNÄHERUNG

Die SPD reagierte seit dem Mauerbau auf die veränderte Situation. Willy Brandt, ehemaliger Regierender Bürgermeister von Berlin, entwickelte mit seinem Berliner Weggenossen Egon Bahr die Leitlinien der neuen SPD-Deutschlandpolitik. Bahr verkündete sie im Juli 1963 („Tutzinger Rede"): „Wir haben gesagt, dass die Mauer ein Zeichen der Schwäche ist. Man könnte auch sagen, sie war ein Zeichen der Angst und des Selbsterhaltungstriebes des kommunistischen Regimes. Die Frage ist, ob es nicht eine Möglichkeit gibt, diese durchaus berechtigten Sorgen dem Regime graduell so weit zu nehmen, dass auch die Auflockerung der Grenzen und der Mauer praktikabel wird, weil das Risiko erträglich ist. Das ist eine Politik, die man auf die Formel bringen könnte: Wandel durch Annäherung."

VON DER GROSSEN KOALITION ZUR SOZIAL-LIBERALEN KOALITION

1963 trat Bundeskanzler Adenauer, wie 1961 mit seiner Partei vereinbart, zurück. Nachfolger wurde Ludwig Erhard, der „Vater des Wirtschaftswunders“. Mitte der 1960er-Jahre beendete eine erste Wirtschaftsrezession den wirtschaftlichen Aufschwung. Erhard ließ Führungskraft vermissen und Ende Oktober 1966 traten die FDP-Minister aus der Regierung aus. Als sich auch die CDU von ihrem Kanzler distanzierte, trat Erhard Anfang Dezember 1966 zurück.

Noch am selben Tage einigten sich CDU/CSU und SPD auf die Große Koalition. Kanzler wurde Kurt Georg Kiesinger, Vizekanzler Willy Brandt.

Nach der Bundestagswahl von 1969 bildeten SPD und FDP die sozial-liberale Koalition unter der Führung von Bundeskanzler Brandt und Außenminister Walter Scheel (FDP).

DIE POLITIK DER SOZIAL-LIBERALEN KOALITION

- Einordnung in den europäischen Rahmen der Entspannung
- Festhalten an den Kernpositionen (Wiedervereinigung, Einheit der Nation)
- Angebot von Verhandlungen auf gleichberechtigter Ebene
- Anerkennung der DDR als existierender Staat, der innerdeutschen Grenze; aber keine völkerrechtliche Anerkennung (als Ausland)
- Angebot des Gewaltverzichts

ZIELE

- Beitrag zur Politik der Entspannung
- vom geregelten Nebeneinander zum Miteinander der deutschen Staaten
- dadurch Milderung der Teilung und
- Veränderung der sozialistischen Herrschaft („Wandel durch Annäherung")

BEDEUTUNG

- De-facto-Aufgabe der bisherigen Bonner Deutschlandpolitik
- De-facto-Anerkennung der DDR als souveräner Staat
- realistische Ost- und Deutschlandpolitik
- Ersetzen der Hallstein-Doktrin durch die Scheel-Doktrin (Bitte an das Ausland, die DDR erst nach Abschluss eines „innerdeutschen Sonderverhältnisses" anzuerkennen)

AUFNAHME

- Ausland: große Zustimmung in Ost und West („Meilenstein der Entspannung")
- BRD: heftig umstritten (v.a. bei CDU/CSU)
- vergiftete die innenpolitische Atmosphäre
- Personalisierung und Verteufelung der Politik Brandts („Ausverkäufer", „Vaterlandsverräter")

MOSKAUER VERTRAG (12.8.1970)

- Leitmotive (Präambel): Friedenssicherung, Charta der Vereinten Nationen, Verbesserung der Beziehungen sowie der wissenschaftlichen, technischen und kulturellen Zusammenarbeit
- Art. 1: Ziele: Friedenssicherung, Entspannung und Normalisierung der Lage in Europa auf der Basis des Status quo
- Art. 2: Gewaltverzicht
- Art. 3: Achtung der territorialen Integrität der europäischen Staaten, Unverletzlichkeit der Grenzen (inkl. Oder-Neiße-Grenze und der innerdeutschen Grenze); keine Gebietsansprüche

INTERPRETATION VON KERNBEGRIFFEN DES MOSKAUER VERTRAGS

Zwischenstaatliche Verträge verwenden aufgrund komplizierter historischer und/oder juristischer Sachverhalte oft eine spezifische Sprache, deren Begriffe und Formulierungen richtig „übersetzt“ werden müssen. Der Moskauer Vertrag ist ein Paradebeispiel hierfür. Die Präambel bezog sich u.a. auf die Aufnahme diplomatischer Beziehungen, die beide Staaten 1955 vereinbart hatten. In diesem Vertrag hatten sie „die Wiederherstellung der Einheit eines demokratischen Staates“ als „Lösung des gesamten nationalen Hauptproblems des deutschen Volkes“ vereinbart. Dieses Ziel der Bonner Deutschlandpolitik bestätigte die UdSSR durch die Erwähnung des Vertrags von 1955 sehr zum Ärger der DDR erneut. Grund für dieses Zugeständnis war das Bemühen der UdSSR, mit der Bundesrepublik und dem Westen allgemein zu vertraglich geregelten Verhältnissen zu kommen, aus denen sie wirtschaftliche und politische Gewinne schlagen konnte.

Art. 3 enthält folgende Schlüsselbegriffe: „Achtung der territorialen Integrität“, „antasten“ und „unverletzlich“. Diese bewusst gewählten Begriffe schließen jede Art von Gewalt oder Druck aus. „Achtung“ bedeutet aber auch, dass die Bundesrepublik Grenzen zwar faktisch akzeptiert, ihre Entstehung jedoch nicht billigt. Da „Unverletzlichkeit“ und „Achtung“ weit entfernt sind von einer völkerrechtlichen „Anerkennung“, war dieser Passus ein deutliches Zugeständnis der UdSSR an die Bonner Deutschlandpolitik.

DIE BEWERTUNG DES VERTRAGS DURCH DIE OPPOSITION

Die Opposition äußerte harte Kritik. Der Vertrag erkenne die Teilung Deutschlands an, legalisiere Mauer, Stacheldraht und die Verweigerung der Grundrechte für die Bürger der DDR und verstoße gegen das Wiedervereinigungsgebot des Grundgesetzes.

DER „BRIEF ZUR DEUTSCHEN EINHEIT"

Die starke Orientierung des Vertrags am Status quo brachte der Regierung Brandt den Vorwurf der Opposition ein, die Wiedervereinigung nicht ernsthaft zu betreiben. Um diesen Vorwurf zu entkräften, richtete Außenminister Scheel am Tag der Vertragsunterzeichnung den „Brief zur deutschen Einheit" an seinen Amtskollegen Gromyko, in dem das Ziel der friedlichen Wiedervereinigung in freier Selbstbestimmung betont wurde. Dies erhöhte die Chancen für eine Ratifizierung (Annahme) der Ostverträge im Bundestag.

WARSCHAUER VERTRAG (7.12.1970)

- Präambel: Erinnerung an die leidvolle Vergangenheit; Ziele: Friedenssicherung; friedliches Zusammenleben, normale Beziehungen
- Art. 1: Oder-Neiße-Grenze ist „Staatsgrenze Polens"; Unverletzlichkeit der bestehenden Grenzen, Achtung der territorialen Integrität, keine Gebietsansprüche
- Art. 2: Beziehungen auf der Grundlage der UN-Charta (= Gewaltverzicht)
- Art. 3: wirtschaftliche, wissenschaftliche, wissenschaftlich-technische, kulturelle Zusammenarbeit

DER WARSCHAUER VERTRAG UND BRANDTS KNIEFALL

Die Kritik der Opposition konzentrierte sich auf die Bezeichnung westliche „Staatsgrenze" Polens. Nach Ansicht vieler Völkerrechtler beinhaltete dieser Begriff die De-facto-Anerkennung der Oder-Neiße-Grenze und damit den Verzicht auf die früher deutschen Ostgebiete. Am Vorabend der Vertragsunterzeichnung sprach Brandt in Warschau das Unrecht der Vertreibung an, gedachte jedoch durch seinen Kniefall vor dem Warschauer Getto-Mahnmal am folgenden Tag auch der Opfer des Getto-Aufstands (April/Mai 1943).

BERLIN ALS „NEURALGISCHER PUNKT“ DER OST-WEST-BEZIEHUNGEN

Nach der von den Siegern 1944/45 vereinbarten Rechtslage war Berlin eine Viermächtestadt. Daran änderte sich auch mit der Entstehung der beiden deutschen Staaten und ihrer Souveränität de jure nichts. Die Problematik Berlins ergab sich daraus, dass sich die faktischen Verhältnisse jedoch anders entwickelten. Westberlin wurde durch die 1952 von den Westmächten gebilligte Gesetzgebungs-, Rechts-, Wirtschafts-, Finanz-, außenpolitische und diplomatische Einheit mit der Bundesrepublik praktisch ein Land der Bundesrepublik, wenngleich Berliner Bundestags- und Bundesratsabgeordnete nicht stimmberechtigt waren.

Ostberlin wurde 1949 im Gegensatz zu den alliierten Absprachen, aber mit Billigung der UdSSR, Hauptstadt der DDR, die am 20. Mai 1955 von der UdSSR die Kontrolle des gesamten zivilen Verkehrs nach Berlin erhielt. Damit waren in der Praxis West- und Ostberlin Teile der beiden deutschen Staaten. Diese Diskrepanz zwischen juristischen Bestimmungen und faktischer Entwicklung schuf und bestimmte den problematischen Status Berlins. Die UdSSR benutzte zudem Westberlin zwischen 1948 und 1971 als Krisenhebel, dokumentierte ihre Überlegenheit und ihren Machtanspruch in ihrem Interessengebiet dort und betrieb eine „Politik der Nadelstiche“ (vgl. Berlin-Blockade 1948/49, Niederschlagung des Arbeiteraufstands 1953, Chruschtschows Berlin-Ultimatum 1958, Bau der Berliner Mauer 1961).

DIE GÜNSTIGE SITUATION ZU BEGINN DER SIEBZIGER JAHRE

Das Rüstungswettrennen belastete die UdSSR finanziell sehr und verhinderte die notwendige Verbesserung der wirtschaftlichen und innenpolitischen Situation. Deshalb war sie an einer Beschleunigung der Entspannung und der damit verbundenen Abrüstung sehr interessiert. Zusätzlich versprach sie sich von einer Berlin-Regelung wirtschaftliche, technische und finanzielle Vorteile von der Bundesrepublik. Deshalb rückte die UdSSR von ihrer bisherigen Berlinpolitik ab und bestand nicht mehr auf der „Umwandlung" Westberlins in eine „selbstständige politische Einheit". Außerdem hatte die Bundesrepublik eine zufriedenstellende Berlin-Regelung mit der Ratifizierung der Ostverträge verknüpft. Auch die UdSSR verknüpfte das Berlin-Abkommen mit der Bonner Ost- und Deutschlandpolitik Aus diesen Gründen ergab sich zu Beginn der 1970er-Jahre eine für die Bundesrepublik günstige Situation, in der die Sowjets Zugeständnisse machen mussten.

DAS VIERMÄCHTE-ABKOMMEN ÜBER BERLIN (3. 9. 1971)

Die große Bedeutung des Viermächte-Abkommens (3. 9. 1971) ergab sich aus seiner mehrfachen Verknüpfung mit dem deutschlandpolitischen und internationalen Rahmen. Es dokumentierte den Willen der Supermächte und ihrer Verbündeten, die Entspannung in Europa voranzutreiben, band die deutschen Staaten durch Verpflichtungen zu konkreten Maßnahmen in diesen Entspannungsprozess ein und gab den Rahmen vor, innerhalb dessen die beiden deutschen Staaten Vereinbarungen konkretisieren sollten. Insgesamt normalisierte das Abkommen die Situation Berlins und die Stadt verlor ihren Charakter als potenzieller Störfall des Ost-West-Konfliktes.

DIE SITUATION BERLINS BZW. WESTBERLINS

vor 1971	nach 1971
Status	
UdSSR bestritt Viermächte-Verantwortung	Viermächte-Verantwortung bestätigt
Zugang nach Westberlin	
keine Regelung; Willkür der DDR gegenüber Durchreisenden; langwierige, oft schikanöse Abfertigung von Gütertransporten	verbindliche Regelungen, Verpflichtung der UdSSR, für unbehinderten Zugang zu sorgen; plombierte LKW, keine Kontrollen
Bindung Westberlins an die BRD	
Westberlin kein Teil der BRD; aber de facto: Rechts-, Wirtschafts- und außenpolitische Einheit; Westberliner Abgeordnete beraten nur	Bestätigung der gewachsenen Bindungen, keine BRD-Hoheitsakte mehr in Westberlin; Westberliner Abgeordnete beraten nur
Regelungen für Westberliner	
Besuche nur in dringlichen Familienangelegenheiten; kein Telefonverkehr	30 Eintages-Verwandtenbesuche in Ostberlin und DDR; Telefonverkehr

Bedeutung

Bestätigung des Viermächte-Status; keine abschließende Lösung der Berlinfrage; Entspannung der Lage Berlins, insbesondere Westberlins durch praktische Regelungen; Erleichterung des Zusammenlebens der Berliner; wesentliche Voraussetzung für die Entspannung in Europa

DEUTSCH-DEUTSCHE GESPRÄCHE

Die Regierungserklärung Brandts löste ost- und westdeutsche Initiativen aus. Ulbricht bot im Dezember 1969 einen Vertrag über die Aufnahme gleichberechtigter Beziehungen an, Brandt im Januar des folgenden Jahres einen breit angelegten Meinungsaustausch zu grundlegenden Fragen inklusive gleichberechtigter Beziehungen.

Nach mühsamen protokollarischen Vorgesprächen trafen sich die Regierungschefs Willy Brandt und Willi Stoph in Erfurt (19.3.1970). Die Bedeutung des Treffens lag nicht in Ergebnissen, die es gar nicht bringen konnte, sondern in der Tatsache, dass sich zum ersten Male seit Juni 1947 (Münchner Ministerpräsidentenkonferenz) wieder ost- und westdeutsche Politiker trafen. Auch das zweite Treffen in Kassel (21.5.1970) brachte kein konkretes Ergebnis, da Stoph die völkerrechtliche Anerkennung der DDR durch die BRD forderte und Brandt an den „besonderen" innerdeutschen Beziehungen – also keinen völkerrechtlichen – festhielt.

TRANSITABKOMMEN UND VERKEHRSVERTRAG

Anfang Mai 1971 kam es in der DDR zu einem Machtwechsel. Erich Honecker, der Nachfolger Ulbrichts, wehrte sich gegen die von der UdSSR verordnete Verbesserung des deutsch-deutschen Verhältnisses und sah als ausschließliche Grundlage für Verhandlungen mit der BRD das „Verhältnis der Klassenfeindschaft". Er musste sich jedoch dem sowjetischen Druck beugen und am 17.12.1971 unterzeichneten die beiden deutschen Staaten das Transitabkommen, das den Personen- und Güterverkehr von der BRD nach Westberlin regelte. Am 11.5.1972 folgte der Verkehrsvertrag. Dieser regelte Rechtsfragen für den Straßen-, Schienen- und Wasserverkehr. Seine Bedeutung lag, abgesehen von den inhaltlichen Bestimmungen, darin, dass er der erste Staatsvertrag zwischen BRD und DDR war.

DAS KERNPROBLEM DER NATIONALEN EINHEIT

Die diesbezüglichen Ansichten waren derart gegensätzlich, dass es nicht einmal einen Kompromiss geben konnte. Für Brandt bedeutete Nation „mehr als gemeinsame Sprache und Kultur, als Staat und Gesellschaftsordnung". Nation gründete sich für ihn auf „das fortdauernde Zusammengehörigkeitsgefühl der Menschen eines Volkes." Die SED-Führung sah dagegen die Ideologie als entscheidendes nationales Kriterium und sprach von einer sozialistischen und einer kapitalistischen Nation. Aus diesem Grund wurde das Kernproblem aus dem eigentlichen Vertrag herausgehalten und die unterschiedlichen Positionen in dem „Zusatzprotokoll über die Staatsbürgerschaft" dargelegt. Dort erklärte die Bundesrepublik: „Staatsangehörigkeitsfragen sind durch den Vertrag nicht geregelt worden." Die DDR gab zu Protokoll: „Die Deutsche Demokratische Republik geht davon aus, dass der Vertrag eine Regelung der Staatsangehörigkeit erleichtern wird." Die Bundesrepublik fügte dem Vertrag den „Brief zur deutschen Einheit" (vgl. Moskauer Vertrag) bei, den die DDR aber nicht als Teil des Vertrags ansah.

DER GRUNDLAGENVERTRAG (21.12.1972)

„Vertrag über die Grundlagen der Beziehungen zwischen der Bundesrepublik Deutschland und der Deutschen Demokratischen Republik"

Bedingungsfaktoren

Entspannung, gesamteuropäische Friedenskonferenz	wirtschaftliche Bedürfnisse von UdSSR und DDR	Brandts Ost- und Deutschlandpolitik

Inhalte

- Präambel: Beitrag zur Entspannung und Sicherheit, Unverletzlichkeit der Grenzen; Gewaltverzicht; unterschiedliche Auffassung von Nation; verbesserte Zusammenarbeit
- Art. 1: „gutnachbarliche" Beziehungen auf der Grundlage der Gleichberechtigung
- Art. 2: Grundlage des Verhältnisses: Charta der UN (Gewaltverzicht, souveräne Gleichheit, Achtung der Unabhängigkeit und der territorialen Integrität)
- Art. 3: Grenzachtung, Gewaltverzicht

- Art. 4: Ende des Alleinvertretungsanspruchs
- Art. 5: deutscher Beitrag zur Abrüstung und zur europäischen Friedenskonferenz
- Art. 6: Betonung der Souveränität der Vertragspartner
- Art. 7: Normalisierung wichtiger Bereiche (Wirtschaft, Wissenschaft, Verkehr etc.)
- Art. 8: Austausch von „ständigen Vertretern"

Konfliktpotenzial

nationale Frage bzw. Wiedervereinigung; völkerrechtlicher Status der DDR; unterschiedliche Interpretation der „gutnachbarlichen Beziehungen"

GEWINNE UND ZUGESTÄNDNISSE

Die BRD hatte folgende Gewinne verbuchen können: Festhalten an der Wiedervereinigung; keine völkerrechtliche Anerkennung der DDR, die Beziehungen der deutschen Staaten sind „von besonderer Art"; der Vertrag brachte menschliche Erleichterungen, ist damit ein erster Schritt des „Wandels durch Annäherung".

Die BRD musste Zugeständnisse machen bei den „inneren Angelegenheiten der DDR" (Mauer, Grenze, Schießbefehl, Menschenrechte, Auslegung der „gutnachbarlichen Beziehungen"). Erleichterungen im humanitären Bereich (Reiseerleichterungen, Umtauschquoten DM-West in DM-Ost, Freikauf von politischen Gefangenen, Bau von Transitwegen etc.) waren nicht konkretisiert worden und konnten von der DDR rückgängig gemacht oder verschlechtert werden. Die Opposition kritisierte, die BRD habe sich unsichere Verbesserungen mit „harter Währung" erkauft.

DIE PHASEN DER ENTSPANNUNG

1. Von der Konfrontation zur begrenzten Kooperation (1963–1969): Beginn der Entspannung nach der Kubakrise mit ersten Mitteln und Formen der Kooperation der Supermächte: Einrichtung des „Heißen Drahts" (direkte Telefonverbindung zwischen den Regierungschefs der USA und der UdSSR) und Atomteststopp-Abkommen (beide 1963).
2. Die begrenzte Aufrüstung (1969–1975): Erste Ergebnisse wurden erreicht: der SALT-I-Vertrag (Strategic Arms Limitation Talks, USA – UdSSR) begrenzte 1972 die Aufrüstung und dokumentierte die Bereitschaft der Supermächte zur Rüstungssteuerung. 1973 begannen in Wien die Verhandlungen zwischen NATO und Warschauer Pakt über den gegenseitigen ausgewogenen Abbau nichtnuklearer Streitkräfte in Mitteleuropa (MBFR, Mutual Balanced Forces Reduction). Aufgrund der komplizierten Materie wurde ein Abkommen erst 1990 erreicht. In diese Phase fallen die ost- und deutschlandpolitischen Verträge.
3. Der Durchbruch (1975–1979). Die KSZE (Konferenz über Sicherheit und Zusammenarbeit in Europa, Helsinki, 1975) schuf die Grundlage für das von Ost und West angestrebte System der kollektiven Sicherheit. Das Abkommen unterzeichneten 35 Staaten (33 europäische, darunter BRD und DDR, sowie USA, Kanada). Neben sicherheitspolitischen Absprachen verpflichteten sich die Teilnehmer zu vertrauensbildenden Maßnahmen: Unverletzlichkeit der Grenzen, friedliche Regelung von Streitfällen, Nichteinmischung in die inneren Angelegenheiten anderer Staaten, Wahrung der Menschenrechte und Grundfreiheiten. Folgekonferenzen (Belgrad, Madrid, Wien) und der bilaterale SALT-II-Vertrag (1979, Festschreibung der Obergrenze für nukleare Trägersysteme bis 1985) verbesserten das System der kollektiven Sicherheit weiter.

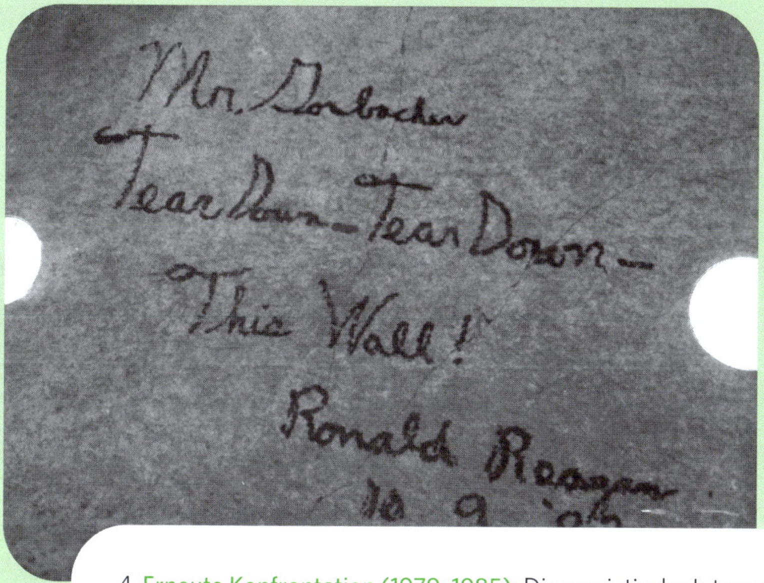

4. Erneute Konfrontation (1979–1985): Die sowjetische Intervention in Afghanistan (Dezember 1979), die ein Übergreifen der islamischen Revolution auf die islamischen Südrepubliken der UdSSR verhindern sollte, löste wirtschaftliche Sanktionen der USA gegenüber der UdSSR und hektische Aufrüstung der Supermächte aus. Präsident Ronald Reagan propagierte die „Politik der nationalen Stärke" gegenüber dem „Erzfeind". Entscheidend war jedoch, dass trotz der Spannungen die bilateralen Kontakte nicht völlig beendet wurden.
5. Die endgültige Entspannung (1985–1991): In dieser Phase zeigte sich, dass die UdSSR ein „Koloss auf tönernen Füßen" war (wirtschaftlich-technologische Rückständigkeit, niedriger Lebensstandard, Nationalitätenkonflikt, wachsende Opposition) und den Westen dringend brauchte. Michail Gorbatschow, der 1985 die Macht übernahm, versuchte mit Perestroika (= Umgestaltung) und Glasnost (= Offenheit) den Untergang der UdSSR aufzuhalten. Ergebnis dieser Situation war der erste wirkliche Abrüstungsvertrag über die nuklearen Mittelstreckenraketen (INF, Intermediate Range Nuclear Forces) 1987.

DAS DEUTSCH-DEUTSCHE VERHÄLTNIS

Zahlreiche Folgeverträge des Grundlagenvertrags bewirkten eine spürbare Verbesserung des deutsch-deutschen Verhältnisses (innerdeutscher Reiseverkehr, Verwandtschaftsbesuche, touristische Reisen, Begegnung von Sport- und Schulgruppen etc.). Die deutsche Frage blieb aber weiterhin offen, obwohl sie aus Sicht der Supermächte seit 1972 „gelöst" war. Die Verschlechterung der amerikanisch-sowjetischen Beziehungen 1979 wirkte sich auch auf das deutsch-deutsche Verhältnis aus, führte aber nicht zum Abbruch der Beziehungen. So gab es Gespräche zwischen Bundeskanzler Schmidt (SPD) und dem Generalsekretär der SED Honecker (z.B. am Werbellinsee in der Mark Brandenburg, 1981). Honeckers Staatsbesuch in der Bundesrepublik 1987 und seine Gespräche mit Bundeskanzler Helmut Kohl (CDU) verdeutlichten die faktische Anerkennung der DDR durch die BRD. An der Einstellung beider Staaten zur deutschen Frage änderte er nichts.

Entspannungsbemühungen von Ost und West

Moskauer Vertrag BRD - UdSSR 12.8.1970	Warschauer Vertrag BRD - Polen 7.12.1970
Viermächte-Abkommen USA - GB - F - UdSSR 3.9.1971	SALT I UdSSR - USA 26.5.1972
Grundlagenvertrag BRD - DDR 21.12.1972	MBFR multilateral Beginn: 15.5.1973
Prager Vertrag BRD - CSSR 11.12.1973	KSZE multilateral 1.8.1975
SALT II UdSSR - USA 18.6.1979 (nicht ratifiziert)	INF UdSSR - USA 7.12.1987

Sicherheit und Entspannung in Europa (System der kollektiven Sicherheit)

DEUTSCHLAND NACH 1945

1. Welche Bedeutung hatte das Berliner Viermächte-Abkommen?

2. Zwischen 1984/85 und 1989/90 fanden alle bundesrepublikanischen Pokalspiele im Westberliner Olympiastadion statt. Überlegen Sie, warum die DDR dagegen regelmäßig protestierte.

3. Nennen und datieren Sie die wichtigsten deutschlandpolitischen Verträge 1970–1972.

4. Nennen Sie die wesentlichen deutschlandpolitischen Inhalte des Grundlagenvertrags.

LÖSUNGEN

1. Bestätigung des Viermächte-Status, Entspannung der Lage Berlins, wesentliche Voraussetzung für die Entspannung in Europa • **2.** Viermächtestatus, Westberlin kein Teil der Bundesrepublik • **3.** Moskauer Vertrag 12.8.1970, Warschauer Vertrag 7.12.1970, Vier-Mächte-Abkommen 3.9.1971, Grundlagenvertrag 21.12.1972 • **4.** „Gutnachbarliche" Beziehungen, Grenzziehung, Ende des Alleinvertretungsanspruchs, Betonung der Souveränität, Normalisierung wichtiger Bereiche, Austausch von „ständigen Vertretern"

17 DIE REVOLUTION IN DER DDR 1989/90

Die politischen, gesellschaftlichen und wirtschaftlichen Ursachen

„HEXENMEISTER" GORBATSCHOW

1985 kam mit Perestroika und Glasnost ein weiterer, für die unflexible SED-Führung höchst gefährlicher Faktor hinzu. Der welthistorisch einzigartige Übergang einer Diktatur mit hegemonialem Anspruch zu einem aufgeklärten autoritären System und die damit verbundenen demokratischen Ansätze stärkten die Opposition in den Ostblockstaaten und lösten die Revolution gegen die jetzt „rückständigen" kommunistischen Parteien der Ostblockstaaten aus. Die Geister, die Gorbatschow rief, überwältigten nicht nur ihn, den „Hexenmeister", sondern beschleunigten den Untergang des Sozialismus.

POLITISCHE URSACHEN

- Suprematie der SED, Machtlosigkeit der anderen Parteien
- keine Unterstützung durch die UdSSR
- Diskrepanz zwischen Pseudodemokratie und politischer Realität
- Grundrechte nur im sozialistischen Rahmen
- Verfolgung Oppositioneller

WIRTSCHAFTLICHE URSACHEN

- niedriger Lebensstandard, schlechte Versorgungslage
- schlechte Wohnverhältnisse
- schlechte Infrastruktur
- unverhältnismäßig teure „Luxusgüter“
- unterschiedliches Warenangebot für Normalbürger und Funktionäre sowie Devisenbesitzer

GESELLSCHAFTLICHE URSACHEN

- Zweiklassengesellschaft (Normalbürger – Funktionäre)
- Bevormundung, Gängelung, erzwungene Unterstützung
- SED und der Sozialismus verlieren an Glaubwürdigkeit
- andere Bezugssysteme (westliche Demokratie, BRD, Polen, UdSSR seit 1985)

HAUPTURSACHE

Grundlegende Probleme: Gesellschaftspolitisches System, das von der UdSSR installiert wurde ohne Berücksichtigung der historischen, politischen und wirtschaftlichen Entwicklung Ostdeutschlands; die Übertragung des totalitären sowjetisch-stalinistischen Systems und seine Durchsetzung sowie Erhaltung ließen das Konfliktpotenzial permanent ansteigen. Die Hauptursache ist also – wie bei den anderen Ostblockstaaten – die gesellschaftliche Krise des poststalinistischen Sozialismus.

„WER ZU SPÄT KOMMT, DEN BESTRAFT DAS LEBEN“

Die Veränderungen in der UdSSR gaben der SED-Führung größeren innenpolitischen Spielraum. Im Gegensatz zu Polen und Ungarn nützte die DDR ihn paradoxerweise zum Festhalten an den alten Gesellschaftsstrukturen. Die SED sprach zwar von „Kontinuität und Erneuerung“, sträubte sich aber in der Praxis gegen Reformen. Die offensichtlichen Probleme und Konflikte wurden nicht gelöst. Schlimmer noch: Die Führung nahm die Existenz derartiger grundlegender Probleme nicht wahr oder leugnete sie einfach. Diese halsstarrige Haltung der SED-Führung bewog Gorbatschow bei seiner Ankunft in Ostberlin am 5.10.1989 zu deutlicher Kritik: „Gefahren warten nur auf jene, die nicht auf das Leben reagieren. Wer die vom Leben, von der Gesellschaft ausgehenden Impulse aufgreift und dementsprechend seine Politik gestaltet, der dürfte keine Schwierigkeiten haben. Das ist eine normale Erscheinung.“ Die viel zitierte Kurzfassung seiner Kritik („Wer zu spät kommt, den bestraft das Leben.“) äußerte er gegenüber Honecker zwei Tage später in einem Vieraugengespräch.

DIE ENTLASSUNG ERICH HONECKERS

Führende SED-Funktionäre versuchten, die revolutionären Volksmassen mit einem Bauernopfer zu besänftigen. Sie stürzten deshalb am 18.10.1989 Erich Honecker. Die Begründung seines Sturzes war identisch mit der, die die SED 18 Jahre zuvor verkündet hatte, als Honecker Ulbricht entmachtete. Fernsehen und Rundfunk meldeten am Abend des 18. Oktober: „Egon Krenz ist seit heute neuer Generalsekretär des Zentralkomitees der SED. Die 9. Tagung des Zentralkomitees wählte ihn am Nachmittag in diese Funktion. Zugleich wird das Zentralkomitee der Volkskammer vorschlagen, Egon Krenz zum Vorsitzenden des Staatsrates und zum Vorsitzenden des Nationalen Verteidigungsrates zu wählen. Zuvor hatte die 9. Tagung der Bitte Erich Honeckers entsprochen, ihn aus gesundheitlichen Gründen von diesen Funktionen zu entbinden und ihm für sein politisches Lebenswerk herzlich gedankt.“ Am 3.12.1989 wurde Honecker aus der SED ausgeschlossen.

DIE ÖFFNUNG DER GRENZE

Am 9. November 1989 fiel die Berliner Mauer unerwartet aufgrund von Abstimmungsfehlern der DDR-Führung. Am Ende einer im Fernsehen übertragenen Pressekonferenz kramte Günther Schabowski, Mitglied des Politbüros und Erster Sekretär der SED-Bezirksleitung Ost-Berlin, einen Zettel aus seinen Unterlagen hervor und verkündete, dass Privatreisen nach dem Ausland „ohne Vorliegen von Voraussetzungen" beantragt werden können. Schabowski hatte offensichtlich keine konkreten Informationen zum neuen DDR-Reisegesetz, das eigentlich am 10. November hätte in Kraft treten sollen. Auf die Frage eines Journalisten, ab wann diese Regelung gelte, antwortete er reichlich verwirrt: „Das tritt nach meiner Kenntnis ... ist das sofort, unverzüglich." Nur Minuten später gaben die Nachrichtendienste in aller Welt die Eilmeldung heraus, dass ausreisewillige DDR-Bürger ab sofort über alle Grenzübergänge in die BRD ausreisen könnten. Tausende von Menschen strömten noch in derselben Nacht über die Grenzübergänge und feierten den Fall der Mauer. Die Öffnung der Grenze löste bei der Bevölkerung nicht nur Begeisterungsstürme aus, sondern bestärkte sie in der Gewissheit, sich diesmal durchsetzen zu können.

DER RUNDE TISCH

Egon Krenz gelang es nicht, die Wogen zu glätten. Politische Forderungen, vor allem die nach der Wiedervereinigung („Wir sind ein Volk", „Deutschland – einig Vaterland"), wurden immer lauter. Auch der neue Vorsitzende des Ministerrats, Hans Modrow (SED), konnte trotz der Einbeziehung der revolutionären Kräfte die Revolution nicht stoppen. Am 7. Dezember trat erstmalig der „Runde Tisch" zusammen. Er hatte keine legislative oder exekutive Befugnis, verstand sich aber als Kontrollorgan der Regierung. Der „Runde Tisch" tagte wöchentlich und setzte sich aus Vertretern der Regierung, der beiden Kirchen, verschiedener Oppositionsbewegungen, der SED, der Blockparteien und der Massenorganisationen zusammen.

Um der wirtschaftlichen und politischen Krisensituation zu begegnen, beschloss er die Wahl der Volkskammer für den 6.5.1990. Aufgrund der revolutionären Entwicklung wurde sie auf den 18.3.1990 vorgezogen.

ZUSAMMENBRUCH? WENDE? REVOLUTION?

Die Ereignisse des Herbst 1989 wurden in Deutschland unterschiedlich gesehen und bewertet. Dies verdeutlichen Begriffe wie Revolution, Wende, Umwälzung, Umbruch, Umsturz, Zusammenbruch oder Implosion, die damals benutzt wurden. Ehemalige DDR-Bürger bezweifelten, dass von einer Revolution gesprochen werden könne. Tatsächlich gab es Gründe für diese Skepsis: Alte und neue politische Gruppierungen wollten keine Vereinigung mit der BRD, sondern einen „Sozialismus mit menschlichem Antlitz"; der Neuanfang verlief schleppend, die PDS erreichte ein überraschend gutes Wahlergebnis im März 1990 und alte Funktionärseilschaften konnten - vor allem in den ländlichen Gebieten - einen Teil ihrer Macht halten. Zieht man die klassischen Revolutionen von 1789 und 1917 als Vergleichsmaßstab heran, dann wird rasch deutlich, dass mit Ausnahme des gewaltsamen Elements alle wesentlichen Charakteristika einer Revolution vorhanden sind. Auch ein Vergleich mit den deutschen „Revolutionen" von 1848 und 1919 macht deutlich, dass es sich bei den Ereignissen des Herbst 1989 um die erste wirkliche deutsche Revolution handelte.

DIE REVOLUTION IN DER DDR 1989/1990

1. Nennen Sie die wichtigsten politischen, wirtschaftlichen und gesellschaftlichen Ursachen der Revolution in der DDR.

2. Warum verlief der Herbst 1989 anders als der 17. Juni 1953?

3. Beurteilen Sie die Ereignisse vom Herbst 1989.

LÖSUNGEN

1. Suprematie der SED, Diskrepanz zwischen Pseudodemokratie und politischer Realität, keine Unterstützung durch die UdSSR, Grundrechte nur im sozialistischen Rahmen, niedriger Lebensstandard, teure „Luxusgüter", unterschiedliches Warenangebot für Normalbürger und Funktionäre bzw. Devisenbesitzer; Zweiklassengesellschaft (Funktionäre – Normalbürger), Bevormundung und Gängelung, SED und Sozialismus verlieren an Glaubwürdigkeit, andere Bezugs-systeme • **2.** Die UdSSR, die aufgrund ihrer innenpolitischen Probleme den Westen brauchte, hatte deutlich gemacht, dass sie – anders als 1953 – die Haltung der reformunwilligen SED-Führung nicht zu unterstützen bereit war. • **3.** Vergleich mit klassischen Revolutionen von 1789 und 1917 zeigt: erste wirkliche deutsche Revolution

18 DIE VEREINIGUNG DEUTSCHLANDS

Die äußeren Aspekte der Vereinigung

DER VÖLKERRECHTLICHE UND POLITISCHE RAHMEN DER VEREINIGUNG DEUTSCHANDS

Mit der Anerkennung der Oder-Neiße-Grenze als endgültige Westgrenze Polens durch die beiden deutschen Parlamente (21. 6. 1990) kann von der Wiedervereinigung Deutschlands in den Grenzen vom 31. 12. 1937 nicht mehr gesprochen werden. Stattdessen wird der Begriff „Vereinigung" verwendet.

Im Deutschlandvertrag („Vertrag über die Beziehungen zwischen der Bundesrepublik Deutschland und den Drei Mächten"), der am 5. 5. 1955 in Kraft trat, war vereinbart worden: „Art 2: Im Hinblick auf die internationale Lage, die bisher die Wiedervereinigung Deutschlands und den Abschluss eines Friedensvertrages verhindert hat, behalten die Drei Mächte die bisher von ihnen ausgeübten oder innegehabten Rechte und Verantwortlichkeiten in Bezug auf Berlin und auf Deutschland als Ganzes einschließlich der Wiedervereinigung Deutschlands und einer friedensvertraglichen Regelung." Diese alliierten Vorbehaltsrechte galten auch im Jahre 1989 noch, weshalb die Wiederherstellung der deutschen Einheit in erster Linie eine Angelegenheit der Siegermächte war.

DER WANDEL DER SOWJETISCHEN DEUTSCHLANDPOLITIK

Entscheidend für die Vereinigung war die UdSSR, da die Entlassung des Bündnispartners DDR aus dem sowjetischen Machtbereich eine tiefgreifende Änderung ihrer bisherigen Deutschlandpolitik bedeutete.

An dieser Deutschlandpolitik hatte sich auch im Herbst 1989 nichts geändert. Am 1. November 1989 versicherte Gorbatschow in Moskau dem SED-Generalsekretär Krenz, alle Fragen, die Deutschland beträfen, würden „nirgendwo anders als in der Hauptstadt der DDR" entschieden." Mitte Dezember 1989 stellte Außenminister Schewardnadse sieben Fragen zur Einheit Deutschlands und am 10.1.1990 sicherte Gorbatschow Kanzler Kohl bei dessen Besuch in Moskau zu, dass alle Deutschen in einem Staat leben können. Knapp drei Wochen später erklärte Gorbatschow: „Mir scheint, es gibt ein gewisses Einverständnis darüber bei den Deutschen in Ost und West sowie bei den Repräsentanten der Vier Mächte, dass die Vereinigung der Deutschen niemals und von niemandem prinzipiell in Zweifel gezogen wird." In Gesprächen mit Kanzler Kohl im Kaukasus (Juli 1990) tat Gorbatschow den letzten, entscheidenden Schritt und gestand dem vereinigten Deutschland auch die freie Entscheidung über seine Bündniszugehörigkeit zu.

DIE WESENTLICHEN INHALTE UND DIE BEDEUTUNG DES ZWEI-PLUS-VIER-VERTRAGS (12.9.1990)

Die Grenzen des vereinten Deutschlands sind die der BRD und der DDR; Beendigung der alliierten Rechte und Verpflichtungen bezüglich Berlin und Deutschland; volle Souveränität des vereinten Deutschlands, das militärische Fragen „verantwortungsbewusst entscheidet" (Protokollnotiz).

Der Vertrag ersetzte den Friedensvertrag, beendete die Teilung Deutschlands, verstärkte die Entspannung, beschleunigte die Einigung Europas.

DIE PLÄNE ZUR ÜBERWINDUNG DER DEUTSCHEN TEILUNG

Bundeskanzler Kohl ergriff mit seinem Zehn-Punkte-Programm, das keinen konkreten zeitlichen Rahmen hatte, die Initiative. Sein Plan wurde von CDU/CSU und FDP begrüßt. Die SPD lehnte Kohls Vereinigungskonzept als verfrüht ab. In der DDR wurde es unterschiedlich aufgenommen: CDU (Ost) und NDPD begrüßten es vorsichtig. Der Vorsitzende der CDU (Ost), Lothar de Maizière, bezeichnete Kohls Programm als „interessantes Konzept". Die Regierung Modrow lehnte es ab, da es unrealistisch sei und die Souveränität der beiden deutschen Staaten außer Acht lasse.

Ende 1989 wurde der Druck der UdSSR auf die DDR- Regierung immer stärker. Am 30.1.1990 machte Gorbatschow dem Vorsitzenden des Ministerrates Modrow in Moskau seine Einstellung zur Vereinigung unmissverständlich klar. Sie waren sich am Ende ihres „Gesprächs" einig, dass „beide deutsche Staaten ihre Beziehungen zueinander zielstrebig ausbauen" sollten, um so „das Zusammenrücken der DDR und der BRD auf dem Wege einer Konföderation weiterzuverfolgen." Modrow reagierte, gab seine Ablehnung gegenüber einer Vereinigung auf und legte am 1. Februar seinen Vierstufenplan vor. Beide Pläne wurden von der politischen Realität überholt. Die Übersiedlerwelle von DDR-Bürgern nahm zum Jahresanfang 1990 drastisch zu, der wirtschaftliche Kollaps der DDR war offenkundig und Gorbatschow sagte den Deutschen am 10. Februar die Vereinigung explizit zu.

VEREINIGUNGSPLÄNE

1989 28.11. Kohls „Zehn-Punkte-Programm zur Überwindung der Teilung Deutschlands und Europas": Hilfe für die DDR; Fortsetzung der Zusammenarbeit und deren Vertiefung nach Reformen in der DDR; Ausbau einer Vertragsgemeinschaft; Konföderation der beiden Staaten; Einbindung in den europäischen Prozess; Handelsabkommen zwischen EG und DDR; Fortführung des KSZE-Prozesses; Abrüstung und Rüstungskontrolle; Vereinigung.

1990 1.2. Modrows Vierstufenplan „Für Deutschland einig Vaterland": Vertragsgemeinschaft; Konföderation; Übertragung von Souveränitätsrechten an sie; Schaffung einer Deutschen Föderation (oder eines Deutschen Bundes). Voraussetzung: militärische Neutralität.

DIE VOLKSKAMMERWAHL

Sie hatte eine große Bedeutung, da sie die Art der Vereinigung entschied. Die rapide Verschlechterung der wirtschaftlichen und innenpolitischen Situation der DDR und vor allem der Druck der DDR-Bevölkerung („Kommt die D-Mark, bleiben wir hier. Kommt sie nicht, geh'n wir zu ihr!") erzwangen eine Vorverlegung der ersten freien Parlamentswahl in Ostdeutschland seit dem November 1932 auf den 18. März 1990.

Der Wahlkampf wurde ausschließlich von der Frage, wie die Vereinigung vollzogen werden sollte, bestimmt. Während einige wenige kleine Parteien die Erhaltung der Eigenständigkeit der DDR forderten, waren sich die anderen einig in dem vorrangigen Ziel der Vereinigung. Umstritten war lediglich deren Tempo.

Die CDU, die mit der Deutschen Sozialen Union (DSU) und dem Demokratischen Aufbruch (DA) die „Allianz für Deutschland" gegründete hatte, gewann die Wahl, weil sie den DDR-Bürgern eine möglichst schnelle Vereinigung über Art. 23 GG („Beitritt anderer Teile Deutschlands" zum Geltungsbereich des Grundgesetzes) versprach und Bundeskanzler Kohl seinen Amtsbonus und seine Popularität in die Waagschale warf. Die neu gegründete SPD, die auf eine lange Tradition zurückschauen konnte, verlor, weil sie den langsamen Weg der Vereinigung über Art. 146 (Schaffung einer neuen Verfassung und deren Annahme durch das Volk) bevorzugte. Das Bündnis 90, in dem sich die Initiativgruppen der Revolution vereinigt hatten, wurde für sein Ziel eines modifizierten Sozialismus in einer eigenständigen DDR bestraft. Das erstaunlich gute Ergebnis der PDS hatte zwei Gründe: Sie schürte systematisch die Ängste vor der Vereinigung und die bisher Privilegierten erhofften sich von ihr Schutz und Besitzstandswahrung.

Am 5. April trat die letzte Volkskammer der DDR zusammen und wählte Sabine Bergmann-Pohl (CDU) zur Präsidentin und Lothar de Maizière zum letzten Ministerpräsidenten.

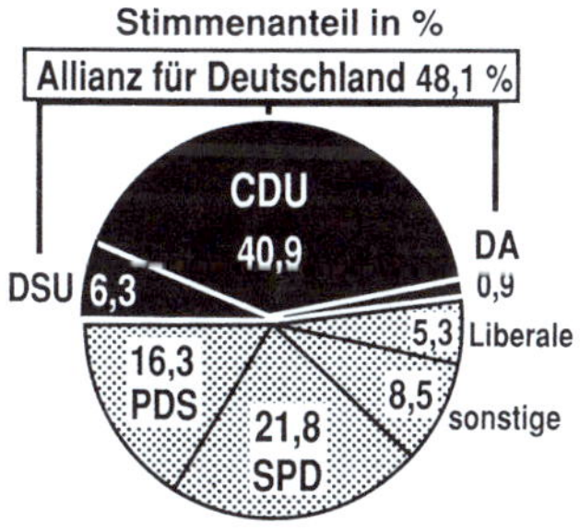

VOLKSKAMMERWAHL (18.3.1990)

Gewinner: CDU; Verlierer: SPD, Bündnis 90; ausschlaggebend dafür: Art der Vereinigung (Art. 23 oder 146 GG bzw. Erhaltung der sozialistischen DDR); die Wahl bewirkt die schnelle Vereinigung.

STAATS- UND EINIGUNGSVERTRAG

Der rapide Verfall der DDR-Wirtschaft, die extrem hohe Staatsverschuldung und der lautstarke Wunsch der Masse der DDR-Bürger nach schnellen Veränderungen ließen für den **Staatsvertrag** keine Zeit für längere volkswirtschaftliche Überlegungen. Die äußerst komplexe und komplizierte Problematik der Währungs- und Wirtschaftsunion schrumpfte deshalb auf die Frage des „richtigen" Umstellungskurses (für DDR-Löhne, Gehälter, Renten, Mieten, Pachten, Bankguthaben etc.) zusammen.

Nur zwei Monate nach der Volkskammerwahl unterzeichneten beide Staaten den Staatsvertrag. Er trat – **für viele zu schnell und überhastet** – schon am 1. Juli nach der Billigung durch die beiden Parlamente in Kraft.

Der **Einigungsvertrag** war trotz breiter Zustimmung in Details heftig umstritten (z.B. bei Fragen der sozialen Sicherheit und Gerechtigkeit). Über seine **außenpolitische Bedeutung** dagegen waren sich alle Parteien trotz der erheblichen Skepsis der Nachbarstaaten wegen der befürchteten dominierenden Rolle des vereinten Deutschlands in Europa oder gar gegenüber dem Rückfall in nationalistische Machtpolitik einig. Deshalb betonte die Präambel die internationale Bedeutung des Vertrags stark: Das vereinte Deutschland werde einen Beitrag zur Einigung Europas und zum Aufbau einer europäischen Friedensordnung leisten. Die europäische Bindung bedeute eine **klare Absage** an eine **nationalistische Politik**.

DIE WESENTLICHEN BESTIMMUNGEN DES STAATS- UND DES EINIGUNGSVERTRAGS

Staatsvertrag

- einheitliches Wirtschaftsgebiet (= Währungs- und Wirtschaftsunion)
- Einführung der D-Mark in der DDR zu bestimmten Umtauschkursen
- Liberalisierung der Wirtschaft (= Aufgabe der Planwirtschaft)
- Einführung der sozialen Marktwirtschaft in der DDR
- Übernahme des bundesrepublikanischen Systems der sozialen Sicherheit

Einigungsvertrag

- Beitritt der DDR bzw. zu schaffender Länder zum Geltungsbereich des Grundgesetzes
- Vereinigung Berlins, Hauptstadt der BRD
- Änderung der Präambel des Grundgesetzes
- Übertragung des bundesrepublikanischen Rechts auf die DDR
- Das Vermögen der DDR wird Bundesvermögen, das des Ministeriums für Staatssicherheit erhält die Treuhandanstalt.

DIE BEDEUTUNG DER BEIDEN VERTRÄGE

Ende der Teilung Deutschlands, Ende der DDR, Lösung des europäischen Kernproblems seit 1945, Impuls für den europäischen Einigungsprozess.

DIE VEREINIGUNG IN DER SICHT DES AUSLANDS

Am 3. Oktober feierten die Deutschen unter großer Anteilnahme des Auslands die nationale und territoriale Vereinigung. Entscheidend war, dass Deutschland seine Einheit in Zusammenarbeit mit seinen Nachbarn und Partnern auf friedlichem Wege erreicht hatte. Deshalb überwog im Ausland die positive Einschätzung der Vereinigung.

Die französische Zeitung „Le Monde“: „Fürchten die Franzosen die deutsche Einheit? Ja, natürlich. Sie fürchten die große Macht von 77 Millionen Einwohnern mitten in Europa, die starke Industrie. [...] Dennoch bleibt festzuhalten, dass das heutige Deutschland nicht mehr das unserer Väter und Großväter ist. Die Deutschen haben [...] zum größten Teil dem Nationalismus abgeschworen und sich dem Aufbau eines einigen Europas gewidmet.“

Die sowjetische Zeitung „Iswestija“: „[...] Dennoch entsteht bei vielen Leuten die Frage, ob man den Deutschen eines vereinigten Deutschlands trauen kann. [...] Doch meine Antwort lautet: Ja, man kann Vertrauen haben.“

Die tschechische „Lidova Demokracie“: „Die Wiedervereinigung [...] erweckt hier überwiegend keine Ressentiments aus alten Zeiten, sondern vielmehr Hoffnungen, dass die Zusammenarbeit der Länder Mitteleuropas eine bedeutende Rolle spielen wird.“

Die Wiener „Allgemeine Zeitung“: „Die Deutschen hatten das erste und das letzte Wort. Eins-Plus-Rest-Gespräche, das waren die Verhandlungen um die Wiederherstellung deutscher Souveränität. Letztlich hat Bonn die Verhandlungen diktiert. [...] Im Verlauf dieser Verhandlungen spiegelte sich die neue Machtstruktur der alten Welt. Deutschland hat diktiert. Nein, nicht mittels militärischer Macht. Heute regiert der gar nicht so diskrete Charme der D-Mark.“

DER SCHWIERIGE WIRTSCHAFTLICHE TRANSFORMATIONSPROZESS

Die marode DDR hatte in vierzigjähriger Misswirtschaft immense Probleme angehäuft. Nachdem die erste Vereinigungseuphorie abgeklungen war, zeigte sich bald, dass die Bewältigung der Vereinigung wesentlich komplizierter und mühsamer werden würde, als selbst Skeptiker angenommen hatten. Dafür gab es eine Hauptursache: Die Umstellung von der staatlichen Befehlswirtschaft auf die Marktwirtschaft und die damit verbundene komplexe und komplizierte Reorganisation hätten viel mehr Zeit benötigt. Eben diese gewährten die gesellschaftlichen und politischen Verhältnisse in den unmittelbaren Vereinigungsjahren nicht. Verständlicherweise gingen viele Ostdeutsche in den Westen, da sie dort bessere berufliche Perspektiven fanden. Bei denen, die „zu Hause" blieben, wuchsen Befürchtungen und Verärgerung, entstand das Gefühl, nach 40 Jahren DDR zum zweiten Male benachteiligt worden zu sein.

Die Umsetzung des Staatsvertrags führte zu einer schweren Wirtschaftskrise. In den neuen Bundesländern vertraute man der leistungsstarken Wirtschaft der Bundesrepublik und dem Wundermittel D-Mark. Im Westen überschätzte man die Selbstheilungskräfte der Marktwirtschaft, die vor allem durch die ungeklärten Eigentumsverhältnisse gebremst wurden. Bis März 1991 wurden mehr als eine Millionen Anträge auf Rückgabe von in den Anfangsjahren der DDR enteignetem Eigentum gestellt. Damit waren die noch im Aufbau befindlichen Behörden schlichtweg überfordert. Diese problematische Situation wurde zusätzlich verschärft durch den Rückgang des Handels mit den osteuropäischen Staaten um ca. 66 %, der bis 1989 den DDR-Außenhandel beherrscht hatte. Die wirtschaftliche Umstrukturierung verursachte einen riesigen Schuldenberg (1994 ca. 128 Mrd. €). Von 1995 bis 2020 zahlten alle Steuerpflichtigen einen Solidaritätszuschlag für die neuen Bundesländer.

TRANSFORMATION: VON DER STAATSWIRTSCHAFT ZUR MARKTWIRTSCHAFT

„Abwicklung" von 8500 Volkseigenen Betrieben und Verwaltung von ca. 45 000 Einzel betrieben durch die Treuhandanstalt (THA); schmerzhafter Transformationsprozess (Verlust von ca. 3,5 Mio. Arbeitsplätzen, sprunghafter Anstieg der Arbeitslosigkeit, gewinnorientierte, westdeutsche Investoren); komplizierte Eigentumsfragen; 1994 Ende der THA; Fortführung ihrer Tätigkeit durch „Bundesanstalt für vereinigungsbedingte Sonderaufgaben" (BVS), Kreditanstalt für Wiederaufbau (KfW), Oberfinanzdirektionen.

DIE ENTWICKLUNG DER NEUEN BUNDESLÄNDER

Insgesamt positive Entwicklung (hohe Steigerung der Wertschöpfung und der Produktivität, deutlicher Anstieg des Wohlstands, 2006 ca. 88 % des Westniveaus). Die Kehrseite waren jedoch eine Reihe von Problemen: Fast doppelt so hohe Arbeitslosigkeit wie im Westen, geringere berufliche Perspektiven, langsamere Entwicklung strukturschwacher Gegenden, langsame Anpassung an Westlöhne, schwierige Überprüfung der politischen Vergangenheit. Die Probleme bildeten den Nährboden für das Aufkommen von Rechtsradikalismus.

Das Gefühl „Bürger 2. Klasse" zu sein, sorgte für Spannungen zwischen Ost- und Westdeutschen.

DEUTSCH-DEUTSCHE BEFINDLICHKEITEN

Ernüchtert von der für sie problematischen Situation sehnten sich manche Ostdeutsche nach dem Sozialismus zurück, der ihnen, anders als die Marktwirtschaft, Arbeitsplätze garantiert hatte. Aus dieser Gefühlslage entstand eine DDR-Nostalgie, die wiederum in Westdeutschland Unverständnis und Kritik („Motzkis", „nörglerisch", „unflexibel", „undankbar" etc.) hervorrief.

DIE VISION DER BLÜHENDEN LANDSCHAFTEN

In den Wahlen des Vereinigungsjahres (letzte Volkskammerwahl und erste Bundestagswahl) hatten Politiker aus wahltaktischen Gründen viel versprochen. In seiner Rede zum Staatsvertrag verkündete Bundeskanzler Kohl am 1. 7. 1990 die Vision der „blühenden Landschaften" im Osten Deutschlands und auch Lothar de Maizière behauptete, dass es „keinem schlechter, aber vielen besser" gehen werde. Als deutlich wurde, dass sich nicht alle Versprechen realisieren ließen und *alle* Deutschen für die Kosten der Vereinigung aufkommen mussten, machten sich im Westen wie im Osten Ernüchterung und Verärgerung breit.

DIE VEREINIGUNG DEUTSCHLANDS

1. Welches sind die vertraglichen Grundlagen der Vereinigung?

2. Nennen Sie die wesentlichen Bestimmungen des Staats- und Einigungsvertrags.

3. Nennen Sie die Faktoren, die die Volkskammerwahl vom 18.3.1990 entschieden.

4. Nennen Sie die wesentlichen Inhalte und die Bedeutung des Zwei-plus-Vier-Vertrags.

LÖSUNGEN

1. Staatsvertrag (18.5.1990), „Einigungsvertrag" (31.8.1990) • **2.** Staatsvertrag: Einheitliches Wirtschaftsgebiet, Aufgabe der Planwirtschaft, Einführung der sozialen Marktwirtschaft, Einigungsvertrag: Beitritt der DDR zum Geltungsbereich des GG, Vereinigung Berlins (Hauptstadt), Übertragung des bundesrepublikanischen Rechts auf die DDR, DDR-Vermögen wird Bundesvermögen • **3.** Entscheidend war die Frage nach der Schnelligkeit der Vereinigung; CDU = Gewinner, weil schnelles Tempo versprochen wurde • **4.** Die Grenzen des vereinten Deutschlands sind die der BRD und der DDR, Beendigung der alliierten Rechte und Verpflichtungen bezüglich Berlin und Deutschland, volle Souveränität für das vereinigte Deutschland, ersetzt den Friedensvertrag, beendet Teilung Deutschlands, wichtigstes Dokument nach 1945

19 DIE ENTWICKLUNG DER DDR 1949–1990 UND DER BRD 1949 BIS HEUTE

Die innere Entwicklung der DDR 1949–1990

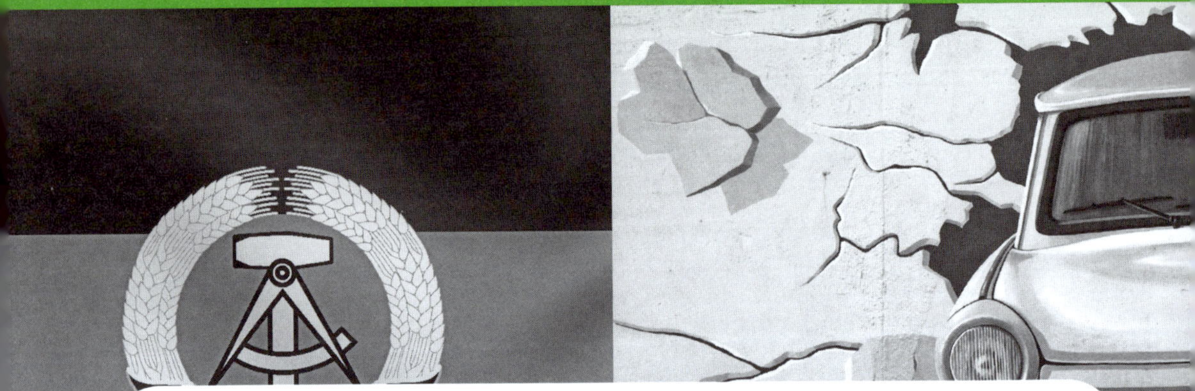

RELATIVE STABILISIERUNG UND MODERNISIERUNG IM SCHATTEN DER MAUER

Die Massenflucht nach dem Arbeiteraufstand von 1953 zeigte die Unzufriedenheit der DDR-Bürger mit den gesellschaftspolitischen Verhältnissen und zwang die SED zur Reaktion. Das Jahr **1961** wurde zu einer **Zäsur**: Mauerbau und systematischer Ausbau der Grenze zur Bundesrepublik stoppten den Flüchtlingsstrom, zwangen die Bürger, sich mit den Verhältnissen zu arrangieren und ermöglichten eine **relative Stabilisierung und Modernisierung**. Als Ausgleich gestand die Partei den DDR-Bürgern **größere Freiräume im privaten Leben** zu (Kirchen, Sport, Freizeitvereine). In der Folgezeit versuchte die DDR-Führung durch eine **„wissenschaftlich-technische Revolution“** Anschluss an das Weltniveau zu finden: Das „**Neue ökonomische System der Planung und Leitung**“ (1963) dezentralisierte die Wirtschaft und führte sogar marktwirtschaftliche Mechanismen ein (z.B. Selbstverantwortung und Selbstverwaltung). Zweieinhalb Jahre später kehrte die DDR durch das **Ökonomische System des Sozialismus** (ÖSS) wieder zur zentralen Planung und Leitung zurück. Das **Bildungsgesetz** (1965) und die **Hochschulreform** (1969) sollten die Grundlagen schaffen für einen modernen, hoch entwickelten Industriestaat. Der **Perspektivplan** 1966–1970 legte als Wirtschaftsschwerpunkte die Petrochemie, die Elektronik, den Städtebau und die enge Zusammenarbeit mit dem Rat für gegenseitige Wirtschaftshilfe (RGW) fest. Von der **Mitte der 1960er- bis zur Mitte der 1970er-Jahre** war die **DDR erfolgreich**: Schwerindustrie, Industrieproduktion und Lebensstandard wuchsen, Löhne und Renten wurden erhöht, die Fünftagewoche eingeführt und Sozialleistungen (Kindergärten, Babyjahr etc.) verbessert. Zu Beginn der 1970er-Jahre hatte die DDR den höchsten Lebensstandard im Ostblock und war nach der UdSSR die zweitstärkste Wirtschaftsmacht des RGW.

STAGNATION UND ERSTARRUNG

Die Ölkrise von 1973/74 brachte den Wendepunkt. Das sowjetische Erdöl musste nun in Dollar zum Weltmarktpreis bezahlt werden, weshalb die für die Modernisierung der Industrie notwendigen Devisen fehlten. Die Staatsverschuldung stieg rapid an, der Lebensstandard stagnierte. Oppositionelle Bürgerrechts-, Umwelt- und Friedensbewegungen entstanden. Der Staat unterdrückte „abweichlerische" Meinungen und verfolgte Oppositionelle rigoros.

DAS ENDE DER DDR

Die zweite Ölkrise von 1979/80 stürzte die DDR in eine existenzbedrohende Krise. Der Staatsbankrott konnte durch einen von Franz Josef Strauß vermittelten Milliardenkredit westdeutscher Banken abgewendet werden, für den die Bundesrepublik eine Bürgschaft gab. Die DDR musste im Gegenzug Zugeständnisse machen (verbesserter Reise- und Besucherverkehr, Aufhebung des Schießbefehls, großzügigere Ausreisepraxis für DDR-Bürger). Die Entwicklung in der UdSSR stärkte die oppositionellen Gruppen. Darauf reagierte die SED erfolglos mit der Verschärfung staatlicher Repressalien. Massenflucht, Revolution und der Vereinigungsprozess besiegelten 1989/90 ihren Untergang.

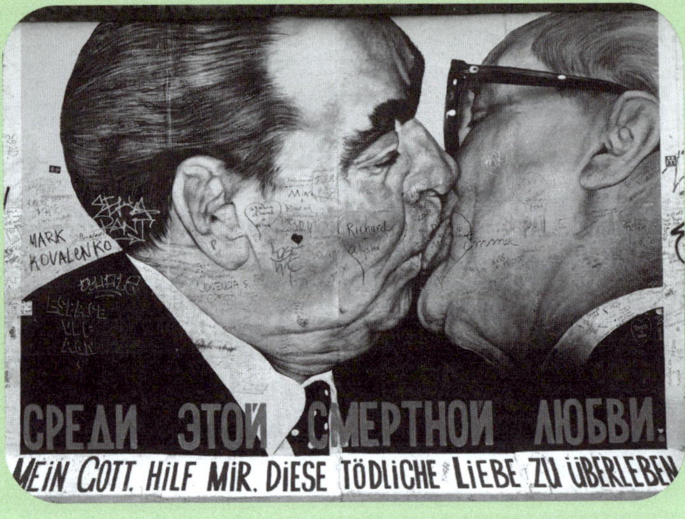

FAZIT: VON DER GRÜNDUNG BIS ZUM UNTERGANG

1949: 7. 10. Gründung der DDR

1953: Arbeiteraufstand

1961: 13. 8. Bau der Berliner Mauer erzwang Akzeptanz der Verhältnisse, ermöglichte relative Stabilisierung

1963: neues ökonomisches System der Planung und Leitung (NÖS)

1965–1969: Bildungs- und Hochschulreform

1966–1970: wirtschaftlicher Perspektivplan

1971: Sturz W. Ulbrichts durch E. Honecker; beachtliches Wirtschaftswachstum, höherer Lebensstandard, freiere Kulturpolitik, außenpolitische Anerkennung, sportliche Erfolge bewirkten wachsende Identifizierung mit dem Staat

1973/74: Die Ölkrise beendete die „guten" Jahre; Wirtschaftsrückgang, wachsender technischer Rückstand, stagnierender Lebensstandard

1979/80: Verschlechterung durch die zweite Ölkrise: Staatsverschuldung, Wirtschafts- und Finanzkrise, Milliardenkredit aus der BRD (1983), Ende der liberalen Kulturpolitik, wachsende Kluft zwischen SED und Jugend, Entstehung von oppositionellen Bewegungen, Verschärfung staatlicher Repressalien

1989/90: Massenflucht, 40-Jahresfeier, Revolution, freie Volkskammerwahl, Staats- und Einigungsvertrag

Vereinigung (nach Art. 23) 3. 10. 1990

DIE INNERE ENTWICKLUNG DER DDR

1. Charakterisieren Sie die Situation der DDR zu Beginn der 1970er-Jahre.

2. Wodurch konnte der drohende Staatsbankrott der DDR 1979/1980 abgewendet werden?

3. Welche gesellschaftspolitischen Faktoren bestimmten die Situation der DDR 1979/80 bis 1989?

LÖSUNGEN

1. Sturz Ulbrichts durch Honecker, Wirtschaftlicher Perspektivplan, Neues ökonomisches System der Planung und Leitung, Bildungs- und Hochschulreform • **2.** Durch den Milliardenkredit westdeutscher Banken • **3.** Staatsverschuldung, Wirtschafts- und Finanzkrise, Milliardenkredit aus der BRD, Kluft zwischen SED und Jugend, Entstehung von oppositionellen Bewegungen

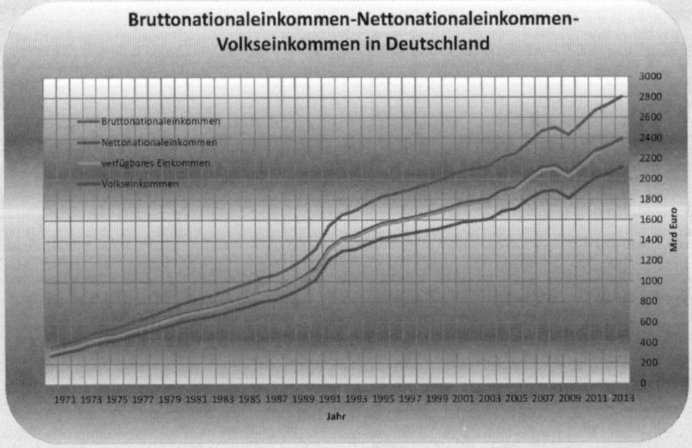

DAS WIRTSCHAFTSWUNDER

Ursachen: Das sogenannte Wirtschaftswunder hatte völlig reale Ursachen: Währungsreform und Marshall-Plan; wirtschaftliche Integration in den Westen, Mitgliedschaft in westeuropäischen Organisationen; kluge Geld- und Kreditpolitik der Bundesbank; Aufbau moderner Produktionsanlagen, sehr hohe Produktivität; harte und intensive Arbeit der Bevölkerung; riesige, kriegsbedingte Nachfrage nach Wohnungen, Konsumgütern, moderner Technologie; niedriges Lohnniveau; genügend qualifizierte Arbeiter (Flüchtlinge, Vertriebene); Konzentration der USA auf den Koreakrieg (1950–1953).

Verlauf: Rasanter Wirtschaftsaufschwung seit Beginn der 1950er-Jahre; Vollbeschäftigung; Gastarbeiter; boomender Außenhandel; deutliche Erhöhung der Lebensqualität; verbesserte Sozialleistungen; wirtschaftliche und gesellschaftliche Aufstiegschancen; Erhöhung der Löhne; „Fress-“, Motorisierungs- und Reisewelle; ausgeprägtes Konsumdenken; Aufstieg zur stärksten europäischen Industrienation bis Ende der 1950er-Jahre.

Gesellschaftsstruktur

weniger landwirtschaftlich Beschäftigte, starke Zunahme im produzierenden und Dienstleistungsgewerbe; soziale Mobilität; „verbürgerlichte“ Gesellschaft

neue Lebensformen

Lockerung traditioneller Werte; Statussymbole; Subkultur der „Halbstarken“, „Amerikanisierung“ des Alltagslebens

Ausbau des Sozialstaats

betraf sozial Schwache: Kriegsbeschädigte, Flüchtlinge, Vertriebene, alleinerziehende Mütter, Opfer des Nationalsozialismus; Rentner, Studenten, Arme

„Wir-sind-wieder-wer-Gefühl“; Identifikation mit der jungen Bundesrepublik

NIERENTISCHE, BOMBERJACKEN, ROCK 'N' ROLL

In den Nachkriegsjahren wollten die Deutschen wieder bürgerliche Normalität erleben. Familie, Arbeit und Konsumfreiheit prägten das Leben, von Politik hatte man zunächst „die Nase voll". Das „Wirtschaftswunder" brachte eine konsumorientierte Wohlstandsgesellschaft hervor. Auf die „Fresswelle" folgten die Reise- und schließlich die Motorisierungswelle. Autos und moderne Wohnungseinrichtungen mit ungewöhnlichem Design (z.B. nierenförmige Tische) wurden Statussymbole. Der Massenwohlstand in der zweiten Hälfte der 1950er-Jahre veränderte die Lebensgewohnheiten und die Mentalität der Westdeutschen. Modern war jetzt, was fremdartig oder gar exotisch war. Traditionelle Werte und Bindungen (Familie, Partnerschaft, bürgerliche Normalität, Kirche) begannen sich zu lockern.

In dieser Zeit entstand aus der Kritik an der „Spießergesellschaft" der Väter die Subkultur der „Halbstarken", die nach individuellen Freiräumen suchten und geprägt waren vom „American way of life". Ihre Vorbilder waren amerikanische Idole: die Sänger Bill Haley und Elvis Presley, die Schauspieler James Dean und Marlon Brando. Charakteristika dieser neuen Lebensweise, die von der älteren Generation als „vulgär" oder „primitiv" abqualifiziert wurde, waren auffällige Kleidung (Jeans, „Bomberjacken" = winddichte Blousonjacke aus Nylon, wie sie amerikanische und britische Bomberbesatzungen getragen hatten), eine ausgeprägte Körpersprache, ein Freizeitverhalten mit lässigem Auftreten und insbesondere der Rock 'n' Roll. Italienische Eisdielen, die „Jukebox" mit amerikanischer Musik, amerikanische Filme, Mode, Zigaretten, Coca Cola waren „in" und trugen wesentlich zur Amerikanisierung des Alltagslebens bei. Diese neue Lebensweise hatte auch deutliche gesellschaftliche Auswirkungen: Sie schwächte die traditionellen Werte des Bürgertums und förderte das Selbstbewusstsein der lohnabhängigen Volksschichten, der „einfachen" Leute.

DIE WIRTSCHAFTSPOLITIK DER GROSSEN KOALITION

Für die erfolgreiche Wirtschaftspolitik der Großen Koalition (ab 1966) waren in erster Linie Wirtschaftsminister Karl Schiller (SPD) und Finanzminister Franz Josef Strauß (CSU) mit folgenden Maßnahmen verantwortlich:

Die Konzertierte Aktion (= enge Zusammenarbeit von Bund, Ländern, Tarifpartnern und Wissenschaftlern) beriet und koordinierte die Wirtschafts- und Sozialpolitik der Regierung.

Das Stabilitätsgesetz (1967) verpflichtete die Bundesregierung zur Einhaltung der vier grundlegenden Ziele: Wirtschaftswachstum, Preisstabilität, Vollbeschäftigung und außenwirtschaftliches Gleichgewicht. Das gesamtwirtschaftliche Gleichgewicht sollte mit Hilfe der staatlichen Globalsteuerung erreicht werden. Die antizyklische Wirtschaftspolitik förderte die Konjunktur in Krisenzeiten durch staatliche Investitionen.

DIE REFORMPOLITIK DER REGIERUNG BRANDT

Brandts Innenpolitik stand unter dem Motto „Wir wollen mehr Demokratie wagen". Zu seiner umfangreichen Reformpolitik gehörten u.a.: Betriebsverfassungsgesetz, betriebliches Mitbestimmungsgesetz, vermögenswirksame Leistungen für Arbeitnehmer, Rentenreformgesetz, Erhöhung der Krankenversicherung und des Kindergeldes, Volljährigkeit mit 18 Jahren, Bildungsreform sowie das Ehe- und Familienrecht. Letzteres förderte die Gleichberechtigung von Mann und Frau und verbesserte die Lage geschiedener bzw. alleinerziehender Frauen. Das heftig umstrittene Abtreibungsrecht erlaubte eine straffreie Abtreibung unter bestimmten, weit gefassten Voraussetzungen.

DIE AUSSERPARLAMENTARISCHE OPPOSITION (APO)

In der zweiten Hälfte der 1960er-Jahre entstand in der westlichen Welt eine Protestbewegung gegen die gesellschaftspolitischen Verhältnisse. Die APO in der Bundesrepublik bestand überwiegend aus Studenten und setzte sich aus ideologisch unterschiedlichen kleineren Gruppen zusammen.
Allen war ein militanter Antikapitalismus und Antiamerikanismus gemeinsam. Die APO lehnte jegliche Art von Autorität und Zwang ab, bekämpfte den „Parteienfilz", Rechtsdiktaturen, den US-Imperialismus und dessen Kriegsführung in Vietnam. Sie propagierte den Marxismus-Leninismus und verherrlichte sozialistische Politiker, Ideologen und Freiheitskämpfer (z.B. Mao Tse-tung, Ho Chi Minh, Che Guevara) kritiklos. Sie hatte folgende Ziele: „Befreiung der Massen" von Bevormundung, Unterdrückung und Ausbeutung, Gleichberechtigung der Frau, Modernisierung der Hochschulstrukturen und Bekämpfung des „Konsumterrors".

Der harte Kern der APO war der Sozialistische Deutsche Studentenbund (SDS). Nach der Erschießung des Demonstranten Benno Ohnesorg in Berlin durch einen Polizisten (Juni 1967) kam es in zahlreichen Großstädten zu Massendemonstrationen, Krawallen und Straßenkämpfen zwischen der militanten Linken und rigoros vorgehenden Ordnungskräften.

Die Notstandsgesetze vom Mai 1968 (größere Kompetenzen des Bundes im Verteidigungsfall, bei innerer Unruhe oder Naturkatastrophen) verschärften die Spannungen. Nach dem Zerfall der APO Ende der 1960er-Jahre bekämpfte eine radikale Minderheit (Rote-Armee-Fraktion) den Staat mit Anschlägen auf Gebäude, Entführung und Ermordung von Repräsentanten des Staates und der Wirtschaft. Mit dem Selbstmord ihrer inhaftierten Anführer Ulrike Meinhof im Mai 1976, Andreas Baader, Gudrun Ensslin und Jan-Carl Raspe im Oktober 1977 endete die zweite Generation der RAF.

Bis zur Auflösung der RAF 1998 beging die dritte Generation weitere Morde. Unter den Opfern waren u.a. MTU-Chef Ernst Zimmermann (1985), der Vorsitzende der Motoren und Turbinen-Union und Vorsitzender des Bundesverbands der Deutschen Luft- und Raumfahrtindustrie, der Siemens-Manager Karl Heinz Beckurts, der Bonner Spitzendiplomat Gerold von Braunmühl (beide 1986), Deutsche Bank-Chef Alfred Herrhausen (1989) und Treuhand-Chef Detlev Karsten Rohwedder (1991).

Die RAF war nach ihrem Selbstverständnis eine kommunistische, antiimperialistische Stadtguerilla (spanisch: militante, gewaltbereite Untergrundorganisation) nach südamerikanischem Beispiel.

1963–1966: LUDWIG ERHARD

Christlich-liberale Regierung Erhard (CDU): erste Rezession; Führungsschwäche Erhards; FDP verließ 1966 die Regierungskoalition; Rücktritt des Kanzlers.

1966–1969: KURT GEORG KIESINGER

Große Koalition (CDU/CSU, SPD; „Vernunftheirat"): Kanzler Kiesinger (CDU). Zielgerichtete Wirtschaftspolitik (Konzertierte Aktion, Stabilitätsgesetz, antizyklische Wirtschaftspolitik); Entstehung der Außerparlamentarischen Opposition (APO); sie bekämpfte: Autoritäten, Kapitalismus, das „verrottete" Gesellschaftssystem („Establishment"); bürgerkriegsähnliche Situation; Zerfall der APO Ende der 60er-Jahre. Folgen: „Marsch (Unterwanderung) durch die Institutionen" (größter Teil) bzw. Gründung terroristischer Gruppen; große gesellschaftliche Bedeutung der 68er-Bewegung (alternative Lebensformen, sexuelle Revolution, Erziehung und Familienleben, Selbstbestimmung der Frau, Politisierung der BRD).

1969–1974: WILLY BRANDT

Sozial-liberale Regierung Brandt (SPD): Neue Ost- und Deutschlandpolitik; ausgeprägte Reformpolitik; wachsende innenpolitische Probleme (zu „demokratischer" Regierungsstil Brandts, teure Reformen, schwindende Mehrheit); Misstrauensvotum scheiterte 1972 knapp; Rücktritt Brandts 1974 wegen Guillaume-Affäre.

1974–1982: HELMUT SCHMIDT

Sozial-liberale Regierung Schmidt (SPD): Fortsetzung der Außen- und Deutschlandpolitik Brandts; initiierte den NATO-Doppelbeschluss; zwei Ölkrisen (1973/74 und 1979/80) verschlechterten die wirtschaftliche Lage. Veränderung der Parteienlandschaft (Die Grünen; Die Republikaner, Deutsche Volksunion); gesellschaftliche Konflikte (rechtsextreme Organisationen, Gastarbeiter, Aussiedler, Übersiedler, Asylanten); die FDP verließ die Koalition, stürzte Schmidt.

1982–1998: HELMUT KOHL

Die christlich-liberale Regierung Kohl (CDU) hatte eine zweiseitige Erfolgsbilanz: Fortsetzung der sozial-liberalen Außen- und Deutschlandpolitik und große Verdienste bei der Vereinigung („Kanzler der Einheit") einerseits, keine wirksame Bekämpfung der Dauerprobleme Arbeitslosigkeit, Staatsverschuldung, Gesundheitswesen andererseits. Die Folgen waren wirtschaftlicher Stillstand, Reformstau, Aussitzen problematischer Entscheidungen und die Verschlechterung der wirtschaftlichen, finanziellen und politischen Situation durch den schwierigen Vereinigungsprozess. In dieser Zeit entwickelte sich die BRD zur „Zwei-Drittel-Gesellschaft": Der größere Teil verdiente gut und konnte sich mehr leisten als je zuvor, der kleinere Teil war bedroht von Arbeitslosigkeit und sozialem Abstieg.

1998–2005: GERHARD SCHRÖDER

Die rot-grüne Regierung unter Schröder (SPD) führte die Deutschland- und Europapolitik der Vorgängerregierungen fort und vertrat außenpolitisch einen eigenständigen „deutschen Weg" (z.B. Ablehnung einer Beteiligung am Irak-Krieg 2003). Schröders Regierungsprogramm, die „Agenda 2010", sollte die Europäische Union bis 2010 zur „wettbewerbsfähigsten und dynamischsten wissensbasierten Region der Welt" machen und in Deutschland den Arbeitsmarkt und das Sozialsystem grundlegend reformieren. Trotz umfassender Maßnahmen in den Bereichen Wirtschaft, Steuern, Bildung, Arbeitsmarkt, Gesundheit, Rente und Familie konnten keine durchschlagenden Erfolge erzielt werden. Arbeitslosigkeit und Staatsverschuldung stiegen weiter an. Der Kritik an seiner Politik und seiner zu starken Medienpräsenz begegnete Schröder mit der Stellung der Vertrauensfrage im Bundestag. Lediglich 151 von 595 Abgeordneten sprachen ihm am 1. 7. 2005 noch das Vertrauen aus.

2005–2021: ANGELA MERKEL

Die Bundestagswahl vom 18. 9. 2005 bewirkte eine christlich-soziale Koalition. Angela Merkel wurde Kanzlerin und blieb es bis 2021.

Innenpolitik: Die **christlich-sozialen** bzw. **christlich-liberalen** Regierungen **Merkel (CDU)** verdeutlichten im europäischen Vergleich **die innenpolitische Stabilität** der BRD. Daran änderte auch die **Entstehung neuer Bewegungen und Parteien** nichts. Am rechten Rand der Parteien entstanden rechtsextremistische, gewaltbereite Organisationen (Nationalsozialistischer Untergrund, NSU; Patriotische Europäer gegen die Islamisierung des Abendlandes, Pegida) und neue Parteien (Die Linke, auch DIE LINKE als Nachfolgepartei der PDS und die rechtsextreme Alternative für Deutschland, AfD).

Die **Außenpolitik** der BRD wurde seit 1990 weitgehend von europäischen und außereuropäischen Krisen bestimmt (→ S. 315 f.). Mit „friedenssichernden Maßnahmen" unterstützte die BRD NATO-Truppen logistisch, bildete in Krisengebieten einheimische Sicherheitskräfte aus und leistete humanitäre Hilfe. Die Regierungszeit des US-Präsidenten Donald Trump 2017–2021 („America first") belastete die Beziehungen zwischen Deutschland und den USA; unter Joe Biden verbesserten sie sich wieder.

Die wirtschaftliche Entwicklung: Wirtschaftlich entwickelte sich die Bundesrepublik Deutschland gut. Die Arbeitslosigkeit war z. B. 2017 mit 5,6 % die niedrigste seit der Vereinigung. Die BRD ist für Europa der wichtigste Wirtschaftsfaktor und ein wichtiger in der Welt.

DIE FLÜCHTLINGSKRISE 2015/2016

Der „Arabische Frühling" begann Ende 2010 und führte in Nordafrika, dem Nahen Osten und Teilen Asiens zum Sturz autokratischer Regime und löste blutige **Bürgerkriege** aus (z. B. in Syrien seit 2011). Daraus ergaben sich zwei Folgeprobleme, die Europa beeinflussten bzw. beeinflussen: Der **Terror** durch radikal-islamistische Organisationen (Hamas, Hisbollah, Boko Haram, Al-Quaida, Islamischer Staat) und vor allem die **Flucht** von Millionen Menschen ins sichere Europa, das auf diese Problematik nicht vorbereitet war. Der Flüchtlingsstrom hatte starke nationale und europäische Auswirkungen: innenpolitische Spannungen; unterschiedliche Bereitschaft, Flüchtlinge aufzunehmen; Entstehung extrem-nationalistischer Parteien und Gruppierungen; Verdeutlichung der Zerstrittenheit und Uneinigkeit der EU.

Die Flüchtlingskrise wurde für die BRD zu einer Zerreißprobe und spaltete die Gesellschaft, da die hohe Zahl von Flüchtlingen (2015 knapp 900 000 Menschen) und Merkels Haltung dazu („Wir schaffen das!") nicht nur von nationalistischen Rechtskreisen, sondern auch von Teilen der Bevölkerung kritisiert wurde.

DIE CORONA-PANDEMIE AB 2020

Ende 2019 brach in China eine hochinfektiöse Lungenkrankheit aus, verursacht von dem bis dahin unbekannten Erreger Sars-CoV-2. Der Erreger verbreitete sich in unterschiedlichen Varianten rasant und wuchs sich in wenigen Monate zu einer weltweiten Pandemie aus. Weltweit haben sich mehr als eine halbe Milliarde Menschen mit dem Virus infiziert, mehr als sechs Millionen Infizierte sind gestorben, in Deutschland mehr als 160 000 Menschen. Viele Genesene leiden unter zahlreichen Langzeitfolgen.

Die COVID-19-Pandemie verlangte zahlreiche Maßnahmen, die nicht nur gesundheitliche, sondern auch soziale, gesellschaftliche und ökonomische Folgen hatten. Um die Verbreitung des Virus einzudämmen, wurden Grenzen geschlossen, Einreiseverbote, Ausgangssperren, Beschränkungen im Nah- und Fernverkehr, Kontakt- und Versammlungsverbote verhängt. Aber auch Kindergärten und Schulen wurden geschlossen und auf digitalen Unterricht zu Hause umgestellt. Dies alles ging einher mit der Zunahme von häuslicher Gewalt, von Ängsten, Depressionen und anderen psychosomatischen Beschwerden, die auch nach dem Ende der Pandemie noch Auswirkungen haben.

Die Schließung von Einzelhandelsgeschäften und Betrieben, Restaurants, Theatern und Museen führte zu massiven Umsatzeinbußen, zu Existenzgefährdungen und zum Erliegen des Kulturbetriebs. Die wirtschaftlichen Folgen waren finanzielle Verluste, eine steigende Arbeitslosigkeit und ein starker Anstieg von Kurzarbeit, die Veränderung der Arbeitswelt durch die Umstellung auf Homeoffice, unterbrochene Lieferketten und ein sinkender Export. Es kam zu einem drastischen Wachstumsrückgang und zu einer schweren wirtschaftlichen Rezession. Die staatlichen Corona-Hilfsmaßnahmen für betroffene Betriebe und die gestiegenen Ausgaben im Gesundheitswesen ließen die Staatsschulden ansteigen.

Lockdowns und die Einschränkung von Grundrechten riefen auch Proteste hervor und wurden zur innenpolitischen Belastungsprobe. Manche Protestierende zeigten eine hohe Affinität zu Verschwörungstheorien, was zu Radikalisierungen führte. Die Mehrheit der Bevölkerung hielt die Maßnahmen der Pandemiebekämpfung aber für angemessen. Die Demokratie hat sich trotz Protesten als wehrhaft erwiesen.

SEIT 2021: OLAF SCHOLZ

Am 8.12.2021 wählte der Bundestag den SPD-Politiker Olaf Scholz mit absoluter Mehrheit zum 14. Bundeskanzler. Er bildete eine „Ampelkoalition" aus SPD (Parteifarbe rot), Bündnis 90/Die Grünen (grün) und FDP (gelb). Die Koalitionsbildung erwies sich wegen unterschiedlicher politischer, wirtschaftlicher und sozialer Ansichten der Parteien als schwierig. Immer wieder traten die Differenzen auch während der Regierungszeit zu Tage, z.B. bei der Suche nach Lösungen für steigende Lebensmittel-, Benzin- und Energiepreise und beim Umgang mit der Energiekrise, die die Einstellung der russischen Erdgaslieferungen infolge des Ukraine-Kriegs (→ S. 316) verursacht hatte.

Am 27.2.2022 bezeichnete Scholz den Angriff Russlands auf die Ukraine und die dadurch verursachten nationalen und globalen Probleme als „Zeitenwende", was bedeute, dass die Welt mit Beginn des Ukraine-Kriegs nicht mehr dieselbe sei wie zuvor. Er kündigte die Ausrüstung und Modernisierung der Bundeswehr mithilfe eines 100 Milliarden Euro starken Sonderetats an sowie die militärische Unterstützung der Ukraine durch Waffenlieferungen. Die BRD vollzog eine Abkehr von bislang gültigen Überzeugungen wie „Wandel durch Handel" (politische Annäherung durch wirtschaftliche Kooperation) oder „Frieden nur mit und nicht gegen Russland".

DIE ENTWICKLUNG DER BRD 1949–2005

1. Nennen Sie die Ursachen und die Auswirkungen des „Wirtschaftswunders".

Ursachen: ______________________________

____

____

____

Auswirkungen: ______________________________

____

____

____

2. Ordnen Sie den Jahreszahlen die Kanzler und die Kanzlerparteien zu.

1963–1966: ______________________________

1966–1969: ______________________________

1969–1974: ______________________________

1974–1982: ______________________________

1982–1998: ______________________________

1998–2005: ______________________________

2005–2021: ______________________________

LÖSUNGEN

1. Ursachen: Währungsreform und Marshallplan, wirtschaftliche Integration in den Westen, Mitgliedschaft in westeuropäischen Organisationen, kluge Geld- und Kreditpolitik der Bundesbank, moderne Produktionsanlagen, sehr hohe Produktivität, harte Arbeit der Bevölkerung, riesige Nachfrage nach Wohnungen, Konsumgütern und moderner Technologie, niedriges Lohnniveau, genügend qualifizierte Arbeiter, Konzentration der USA auf den Koreakrieg (1950–1953). Auswirkungen: Konsumorientierung, Lockerung traditioneller Werte und Bindungen des Bürgertums, Förderung des Selbstbewusstseins der „einfachen" Leute. • **2.** 1963–1966 Erhard (CDU), 1966–1969 Kiesinger (CDU), 1969–1974 Brandt (SPD), 1974–1982 Schmidt (SPD), 1982–1998 Kohl (CDU), 1998–2005 Schröder (SPD), 2005 bis 2021: Merkel (CDU).

20 DIE ENTWICKLUNG EUROPAS

Der europäische Einigungsprozess

WICHTIGE SCHRITTE DES EINIGUNGSPROZESSES

1949 Zehn nord- und westeuropäische Staaten gründeten den Europarat, Ziel: Förderung des wirtschaftlichen und sozialen Fortschritts.

1951 Frankreich, Italien, die Benelux-Staaten und die Bundesrepublik schufen die Europäische Gemeinschaft für Kohle und Stahl (EGKS, auch: Montanunion), einen europäischen Wirtschaftsverband mit dem Ziel, den Zugang der Mitgliedstaaten zu Kohle und Stahl zu regeln.

1957 Die Römischen Verträge begründeten die Europäische Wirtschaftsgemeinschaft (EWG) und vereinbarten die friedliche Nutzung der Atomenergie (EURATOM). Gründungsmitglieder sind die Benelux-Staaten, Frankreich, Italien und die BRD.

1967 Durch die Zusammenlegung von EGKS, EWG und EURATOM entstand die Europäischen Gemeinschaft (EG, auch: Europäische Gemeinschaften, EGn).

1970 Die EG-Staaten vereinbarten die Europäische Politische Zusammenarbeit (EPZ), deren Ziel die koordinierte Vertretung ihrer außenpolitischen Interessen ist.

Hinweis: Die wesentlichen Stationen sind durch grüne Jahreszahlen hervorgehoben.

1973 Die „Norderweiterung“ der EG bedeutete den Beitritt Großbritanniens, Irlands und Dänemarks.

1981
1986 Mit der „Süderweiterung“ traten Griechenland (1981), Spanien und Portugal (1986) der EG bei.

1992 Den Vertrag von Maastricht („Vertrag über die Europäische Union“), das wichtigste Dokument der europäischen Einigung, unterzeichneten zwölf europäische Staaten. Der Vertrag schloß die EWG, die EGKS und EURATOM politisch und wirtschaftlich zur Europäischen Union (EU) zusammen.

Ziele der EU sind die Förderung des wirtschaftlichen und sozialen Fortschritts durch einen Wirtschaftsraum ohne Binnengrenzen, die Errichtung einer Europäischen Wirtschafts- und Währungsunion, eine gemeinsame Sicherheits- und Außenpolitik, die Stärkung der Bürgerrechte und die Weiterentwicklung der EG.

1992 Zusammenschluss von EU und Europäischer Freihandelszone (EFTA,Island, Norwegen, Liechtenstein, Schweiz) zum Europäischen Wirtschaftsraum (EWR).

1995 Beitritt Österreichs, Schwedens und Finnlands zur EU.

1995 Das Schengener-Abkommen bestimmt den Wegfall der Grenzkontrollen im europäischen Binnenraum.

1997 Die Verträge von Amsterdam, Nizza, Lissabon und der „Vertrag über die
2001 Arbeitsweise der Europäischen Union“ (AEUV) erweiterten und konkretisierten
2007 die Zusammenarbeit der EU in den Bereichen Demokratie, Beschäftigungspolitik,
2009 Freiheit, Sicherheit, Recht, Reform der europäischen Institutionen, gemeinsame Außen-und Sicherheitspolitik, erweiterte Zusammenarbeit.

2016 Großbritannien beschließt aus der EU auszutreten (Brexit).

2002 Der Europäische Währungs- und Wirtschaftsraum wurde vereinbart mit der Euro-Binnenwährung. Ziel: Verwirklichung des europäischen Binnenmarktes.

2004–
2007 Osterweiterung der EU durch den Beitritt von zwei südeuropäischen Ländern (Malta, Zypern) und zehn Ländern des ehemaligen Ostblocks (2004: Estland, Lettland, Litauen, Polen, Slowakei, Tschechien, Slowenien, Ungarn; 2007: Rumänien, Bulgarien).

2010 Der Europäische Finanzstabilisierungsmechanismus (EFSM, auch: Euro-Rettungsschirm) für wirtschaftlich schwache Mitgliedsstaaten wird vereinbart.

Hinweis: Die wesentlichen Stationen sind durch grüne Jahreszahlen hervorgehoben.

FAZIT

Der europäische Einigungsprozess war sehr erfolgreich:
Er schuf Frieden und Stabilität in Europa. Der gemeinsame Markt bildet die Voraussetzung des wirtschaftlichen Wohlstands in der EU; die innereuropäischen Grenzen sind gefallen; im Euroraum mit der Eurowährung sind derzeit 20 Mitglieder zusammengeschlossen.
Der EU gehören (ohne Großbritannien) 27 Mitgliedstaaten (Stand 2023) an.

DIE JUGOSLAWIEN- ODER BALKANKRIEGE (1991–1999)

In den 1990er-Jahren zerfiel die Sozialistische Föderative Republik Jugoslawien. In brutalen und grausamen Kriegen gegen Serbien und untereinander erkämpften Slowenien, Kroatien, Bosnien-Herzegowina, der Kosovo, Mazedonien sowie Albanien ihre nationale Unabhängigkeit. Erst das Eingreifen der NATO und der massive amerikanische Druck bewirkten das Ende der Balkankriege.

NATIONALISTISCHE REGIERUNGEN

Die zunehmende Kritik am Zentralismus und der Bürokratie der EU bewirkte die Entstehung europakritischer oder europafeindlicher nationalistisch-populistischer Rechtsparteien in fast allen EU-Ländern. Z. B. in Ungarn, Polen, Tschechien, Italien und der Slowakei kamen europadistanzierte, nationalistische Regierungen an die Macht.

DIE FINANZKRISE VON 2008

Sie entstand 2007 aus der US-Immobilienkrise, hatte starke wirtschaftliche Auswirkungen auf Europa und machte die desolate finanzielle und wirtschaftliche Situation einiger europäischer Länder deutlich (Italien, Spanien, Portugal, Irland, Rumänien, Bulgarien, Zypern und vor allem Griechenland). Sie benötigten sehr hohe Unterstützungskredite. Diese und die damit verbundenen strengen Auflagen verschlechterten die Einstellung zur EU in den Geberländern ebenso wie in den Empfängerländern.

DER BREXIT

Im Juni 2016 stimmten 51,9 % der britischen Bevölkerung für den Austritt aus der EU, der am 31.1.2020 vollzogen wurde. Befürworter des Austritts wollten dadurch die Rückkehr Großbritanniens zur vollen Souveränität erreichen. Der Brexit bedeutete einen Rückschlag für das europäische Einigungsbestreben.

DER UKRAINE-KRIEG

Im Februar 2014 begann der Ukraine-Konflikt mit der russischen Besetzung der strategisch und wirtschaftlich wichtigen ukrainischen Halbinsel Krim und ostukrainischer Gebiete. Acht Jahre später eskalierte dieser Konflikt zu einem erbittert geführten Krieg. Am 24. 2. 2022 griff der russische Staatspräsident Putin die Ukraine an. Er sprach der Ukraine die Souveränität sowie der demokratisch gewählten Regierung in Kiew ihre Legitimität ab und erklärte die besetzten Gebiete völkerrechtswidrig zu „unabhängigen Volksrepubliken“ (Donezk und Luhansk). Russland ging mit äußerster Brutalität vor, bombardierte und besetzte ukrainische Städte und zerstörte systematisch die Wirtschaftsstruktur der Ukraine. Den Krieg spielte Putin als „bewaffneten Konflikt“ herunter. Er rechtfertige ihn mit der Bedrohung Russlands durch die Ausweitung der NATO nach Osten und als Befreiung der russisch-ukrainischen Bevölkerung von dem dort seiner Meinung nach regierenden faschistischen Regime.

Die Generalversammlung der Vereinten Nationen verurteilte den russischen Überfall auf die Ukraine und die von russischen Truppen zahlreich begangenen Kriegsverbrechen mit großer Mehrheit. Die USA und viele europäische Staaten unterstützten die Ukraine und verhängten wirtschaftliche Sanktionen gegen Russland. Dank umfangreicher Waffenlieferungen durch die USA und westeuropäischer Staaten gelang es der Ukraine, besetzte Gebiete zurückzuerobern und eine Gegenoffensive zu starten. Bis Ende 2022 kostete der trotz zahlreicher Schlichtungsversuche immer noch andauernde Krieg schon mehr als 100 000 Menschen das Leben. Die Kosten für den Wiederaufbau der Ukraine bezifferte die Europäische Investitionsbank bereits im Juni 2022 auf mehr als eine Billion US-Dollar.

FAZIT

Die nationalen, politischen und wirtschaftlichen Probleme wie z. B. der Zerfall Jugoslawiens, nationalistische Regierungen, die Finanzkrise von 2008, der Brexit und der Ukraine-Krieg sowie immer wieder auftretende unterschiedliche bzw. konträre Interessenslagen der Mitgliedsstaaten zeigen, dass die EU trotz des bisher Erreichten in wichtigen Angelegenheiten nicht grundsätzlich solidarisch ist. Einheit und Geschlossenheit müssen immer wieder – mitunter mühsam – errungen werden.

EUROPA

1. Datieren und benennen Sie die wesentlichen Stationen des europäischen Einigungsprozesses.

2. Nennen Sie die wesentlichen Probleme und Schwierigkeiten des europäischen Einigungsprozesses seit 1990.

LÖSUNGEN

1. 1949 Europarat, 1951 Europäische Gemeinschaft für Kohle und Stahl EGKS, 1957 Römische Verträge, 1967 Europäische Gemeinschaft(en), 1992 Vertrag von Maastricht, 1995 Schengener Abkommen, 2002 Europäischer Währungs- und Wirtschaftsraum. • **2.** Jugoslawien- bzw. Balkankriege (90er-Jahre), Entstehung rechtsextrem-nationalistischer und europakritischer Regierungen, Finanzkrise 2008, Ukrainekonflikt (seit 2014), Flüchtlingsproblematik, Brexit.

BILDNACHWEIS

S. 3 Mädchen sitzend • Fotolia (Yuri Arcurs)
S. 6 Wiener Kongress • iStockphoto (Stefan Hosemann)
S. 6 Palais am Ballhausplatz • Shutterstock (Bertl123)
S. 7 Napoleon • Thinkstock (GeorgiosArt)
S. 7 Ballsaal Wien • Shutterstock (Boris Stroujko)
S. 9 Karte Europa 1815 • Wikimedia Commons
S. 12 Wappen Deutscher Bund • Wikimedia Commons (David Liuzzo)
S. 14 Museum König, Bonn • Shutterstock (Bildagentur Zoonar GmbH)
S. 15 Thomas Hobbes • Shutterstock (Georgios Kollidas)
S. 15 Montesquieu • Shutterstock (Everett Historical)
S. 16 Metternich • Shutterstock (Morphart Creation)
S. 17 Briefmarke Grundgesetz • Shutterstock (Bocman1973)
S. 18 Reichstag • Thinkstock (oleg7799)
S. 20 Revolution 1848, Berlin • Thinkstock (Photos.com)
S. 21 Wilhelm IV, Berlin • Shutterstock (Bocman1973)
S. 21 Revolution 1848, Paris • Thinkstock (Photos.com)
S. 24 Schloss Schönbrunn, Wien • Thinkstock (AnnaDudek)
S. 25 Pflug, historisch • Thinkstock (ToniFlap)
S. 27 Potsdam Orangerie • Shutterstock (Igor Plotnikov)
S. 28 König Ludwig I. Bayern • Shutterstock (FooTToo)
S. 30 Paulskirche Frankfurt • Thinkstock (Meinzahn)
S. 30 Briefmarke Nationalversammlung • Shutterstock (Boris15)
S. 32 Militärhelm Preußen • Thinkstock (Nerthuz)
S. 33 Nationalversammlung 1848 • Wikimedia Commons
S. 36 Kaiser Franz Joseph, Wien • Thinkstock (Banet12)
S. 38 Tintenfass • Thinkstock (zim286)
S. 40 Kanonen • iStockphoto (rha2503)
S. 41 Otto von Bismarck • Wikimedia Commons (Kabinett-Fotografie)
S. 41 Kaiser Wilhelm I. • Thinkstock (Georgios Kollidas)
S. 42 Statue Wilhelm I. • Shutterstock (Mikhail Markovskiy)
S. 44 Preußen Krieg 1870 Thinkstock (Photos.com)
S. 49 Bismarck Denkmal • iStockphoto (ricul)
S. 50 Krönung Kaiser Wilhelm 1870 • Thinkstock (Photos.com)
S. 52 Reichstag Inschrift • Fotolia (empics)
S. 57 Otto von Bismarck Koblenz • Thinkstock (Andrew Nisbet)
S. 59 Eiffelturm • Thinkstock (Photos.com)
S. 60 Sozial • Thinkstock (Jason Enterline)
S. 63 Reichsgesetzblatt • Wikimedia Commons
S. 64 Karikatur Bismarck, Napoleon III. • Thinkstock (Photos.com)
S. 68 Taschenuhr • Thinkstock (Predialas)
S. 70 Fabrik • Thinkstock (Felipe Dupouy)
S. 71 Rad, Eisen • Thinkstock (SafakOguz)
S. 71 Kinderarbeit • Thinkstock (Photos.com)
S. 72 Dampfmaschine • Thinkstock (touch_the_sky)
S. 74 Zeche Zollverein • Shutterstock (Takashi Image)
S. 76 Schuhe 19. Jhd. • Thinkstock (nicrite)
S. 78 Dampflok • Thinkstock (Dar1930)
S. 80 Schornsteine • Thinkstock (netopaek)
S. 81 Telegraphenmast • Thinkstock (RR-Photo)
S. 82 Autoindustrie historisch • Thinkstock (Hulton Collection)
S. 84 Obdachloser • Thinkstock (Alexey Klementiev)
S. 86 Fabrik historisch • Shutterstock (Everett Historical)
S. 88 Eierkarton • Thinkstock (Hemera Technologies)
S. 89 Marx, Engels • Thinkstock (Elisabetta Barone)
S. 91 Arbeiterstatue, Vilnius • Thinkstock (agustavop)
S. 92 Karl Marx • Thinkstock (Georgios Kollidas)
S. 94 Papst Leo XIII. • Thinkstock (Photos.com)
S. 96 Kaiser Wilhelm Gedächtniskirche • Thinkstock (me_storyteller)
S. 97 Wilhelm II. • Thinkstock (Photos.com)
S. 97 Hafen Rhodos • Thinkstock (Dmytro Strelbytskyy)
S. 97 Wilhem II. Unterschrift • Wikimedia Commons
S. 100 Kanone • Thinkstock (Roman Humpelstetter)
S. 102 Versailler Vertrag, Spiegelsaal • Shutterstock (Everett Historical)
S. 103 Erster Weltkrieg, Kanone • Thinkstock (Paolo Maffi)
S. 103 Erster Weltkrieg, U-Boot • Shutterstock (Everett Historical)
S. 104 1914 • Thinkstock (janniswerner)
S. 107 Gavrilo Princip, Sarajevo • Thinkstock (Photos.com)
S. 108 Erster Weltkrieg, Soldaten • Fotolia (piotrpolaczyk.pl)
S. 111 Erster Weltkrieg, Schützengraben • Thinkstock (Havana1234)
S. 112 Kriegsgräber • Thinkstock (Havana1234)
S. 114 Kriegsgefangene • Shutterstock (Everett Historical)
S. 116 Paul von Hindenburg • Shutterstock (Everett Historical)
S. 116 Rosa Luxemburg, Briefmarke • Shutterstock (YANGCHAO)
S. 117 Burg Hohenzollern • Shutterstock (softdelusion66)
S. 118 Schloss Belvedere, Weimar • Shutterstock (mary416)
S. 121 Fabrikgebäude • Shutterstock (Marcin Balcerzak)
S. 122 Rathaus Bremen • Shutterstock (Marzolino)
S. 124 Hände • Shutterstock (Anna Omelchenko)
S. 129 Wilson, Poincare • Shutterstock (Everett Historical)
S. 130 Vertrag von Versaille • Shutterstock (Everett Historical)
S. 132 Aufstand 1923 • Shutterstock (Everett Historical)
S. 133 Reichsmark, Geldschein • Shutterstock (Olemac)

S. 134 Woodrow Wilson • Shutterstock (Olga Popova)
S. 138 Reichsbanner 1927 • Wikimedia Commons (Fornax)
S. 140 Lichter • Shutterstock (Alastair Wallace)
S. 141 Schloss Rapallo • Shutterstock (Agnesss)
S. 143 Friedrich Ebert • Shutterstock (Everett Historical)
S. 143 Paul von Hindenburg • Wikimedia Commons
S. 144 Kamera 1930 • Shutterstock (NotarYES)
S. 146 Börse Ticker 1929 • Shutterstock (Everett Historical)
S. 147 Parlament • Shutterstock (Oscity)
S. 147 Deutsche Reichsmark • Shutterstock (Solodov Alexey)
S. 150 verfallene Brauerei • Thinkstock (Heiko Küverling)
S. 151 Brüning Grabstätte • Wikimedia Commons (Suedwester93)
S. 152 Weimar • Shutterstock (Anticiclo)
S. 155 Stimmzettel 1932 • Wikimedia Commons
S. 157 Hindenburch, Schleicher 1932 • Wikimedia Commons (Robert Sennecke)
S. 160 Soldaten, Nürnberg • Shutterstock (Everett Historical)
S. 161 Hitler, Mussolini 1940 • Shutterstock (Everett Historical)
S. 161 Reichstag Berlin • iStockphoto (EyeEmCLOSED)
S. 162 Plakat Volksempfänger • Shutterstock (360b)
S. 163 Hitler • Shutterstock (Everett Historical)
S. 165 NSDAP • Shutterstock (Emka74)
S. 168 Bücherverbrennung 1933 • Shutterstock (Everett Historical)
S. 172 Göbbels, Blomberg • Shutterstock (IgorGolovniov)
S. 172 Hitlerjugend, Baldur von Schirach • Shutterstock (IgorGolovniov)
S. 173 Plakat Hitlerjugend • Shutterstock (Everett Historical)
S. 174 Mein Kampf • Shutterstock (360b)
S. 179 BDM • Shutterstock (Everett Historical)
S. 180 Wahlplakat NSDAP • Shutterstock (Everett Historical)
S. 182 Flakgeschütz, 2. Weltkrieg • Shutterstock (kzww)
S. 186 Zeitung Australien, 2. Weltkrieg • Shutterstock (Robyn Mackenzie)
S. 187 Soldat UdSSR, Stalin • Shutterstock (Ivan Cholakov)
S. 191 Hitler • Shutterstock (Elzbieta Sekowska)
S. 191 Stalin • Shutterstock (De Visu)
S. 194 Polenfeldzug, 2. Weltkrieg • Shutterstock (Everett Historical)
S. 195 Soldatenhelm • iStockphoto (kvkirillov)
S. 196 Kriegsgefangene, Stalingrad • Shutterstock (Everett Historical)
S. 198 Gedenkstein München • Shutterstock (Gudjon E. Olafsson)
S. 199 Judenverfolgung • Shutterstock (Everett Historical)
S. 199 Konzentrationslager Auschwitz • Shutterstock (Jakub.it)
S. 200 Auschwitz • Shutterstock (guusvr)
S. 202 Weiße Rose, Widerstand • Shutterstock (anahtiris)
S. 204 Mahnmal Holocaust, Berlin • Shutterstock (turtix)
S. 205 Mahnmal Auschwitz • Shutterstock (S-F)
S. 208 Potsdamer Abkommen 1945 • Shutterstock (Olga Popova)
S. 209 Grabmal unbekannter Soldat • Shutterstock (Peeter Viisimaa)
S. 209 Trümmer • Shutterstock (Heiko Kueverling)
S. 210 Roosevelt, Churchill 1945 • Shutterstock (Neftali)
S. 212 Denkmal Jalta 1945 • Shutterstock (Freephotographer)
S. 215 Schloss Cecilienhof Potsdam • Shutterstock (Anton_Ivanov)
S. 216 Militärfriedhof • Shutterstock (LENS-68)
S. 217 Deutsche Flüchtlinge 1945 • Shutterstock (Everett Historical)
S. 218 Zerstörung Wien 1945 • Shutterstock (Everett Historical)
S. 221 Kriegsgefangengene • Shutterstock (Everett Historical)
S. 222 Nürnberger Prozesse • Wikimedia Commons (Office of the U.S. Chief of Counsel for the Prosecution of Axis Criminality)
S. 223 Justizpalast Nürnberg • Shutterstock (Karl-Friedrich Hohl)
S. 224 Besatzungszonen Deutschland • Wikimedia Commons (WikiNight2)
S. 226 FDGB Mitgliedsbuch • Fotolia (PhotographyByMK)
S. 228 Word Cloud Kalter Krieg • Shutterstock (PlusONE)
S. 230 Eiffelturm, Paris • Shutterstock (vladmark)
S. 231 Außenministerium, Moskau • Shutterstock (Alex Alekseev)
S. 234 Währungsreform, Deutsche Mark • Wikimedia Commons
S. 235 Denkmal Luftbrücke Berlin • Shutterstock (ArTono)
S. 235 Grundgesetz Deutschland 1949 • Wikimedia Commons
S. 236 Deutscher Bundestag Logo • Wikimedia Commons (Bundestag)
S. 237 Briefmarke Grundgesetz • Wikimedia Commons (Deutsche Post AG)
S. 239 Adenauer Münze • iStockphoto (Jaap2)
S. 241 Karte BRD / DDR Grenzen • Wikimedia Commons (Alexrk2)
S. 246 DDR Trabant • Shutterstock (dimbar76)
S. 248 DDR Wappen • Shutterstock (Emilio Pastor de Miguel)
S. 249 DDR Volksaufstand, Berlin • Shutterstock (Everett Historical)
S. 250 DDR Bezirke • Wikimedia Commons (Hans G. Oberlack)
S. 252 Nato Flagge, Cardiff • Shutterstock (Richard Whitcombe)
S. 253 Warschauer Pakt, Briefmarke • Shutterstock (Bocman1973)

S. 256 Berliner Mauer • Shutterstock (Everett Historical)
S. 257 DDR Stacheldraht, Turm • Shutterstock (Kuznetsov Alexey)
S. 257 sowjetischer Panzer • Shutterstock (Gutzemberg)
S. 258 Kreml, Moskau • Shutterstock (zebra0209)
S. 259 Kapitol, Washington • Shutterstock (M DOGAN)
S. 261 Chruschtschow N.S. • Wikimedia Commons (Militaryace/John Fitzgerald Kennedy Library)
S. 261 Kennedy, J.F. • Shutterstock (360b)
S. 262 Fernsehturm Berlin • Shutterstock (Akeksandar Mijatovic)
S. 262 Gedächtniskirche Berlin • Shutterstock (AR Pictures)
S. 267 Willy Brandt • Wikimedia Commons (Presse- und Informationsamt der Bundesregierung)
S. 267 Ludwig Erhard, Briefmarke • Shutterstock (Boris15)
S. 271 Kniefall Brandt 1970, Warschau • Shutterstock (marekusz)
S. 272 Checkpoint Charlie Sektorengrenze • Shutterstock (bernd.neeser)
S. 274 Checkpoint Charlie historisch • Wikimedia Commons (CIA)
S. 277 Quadriga, Brandenburger Tor • Shutterstock (Carsten Medom Madsen)
S. 278 Matrjoschkas • Shutterstock (JCVStock)
S. 279 Berlin Gedenkstein, Ronald Reagan • Shutterstock (360b)
S. 282 Berliner Mauer Bodenplatte • Shutterstock (Christian Draghici)
S. 283 Mauerfall Postkarte • Shutterstock (Neftali)
S. 283 Wahlplakat CDU • Wikimedia Commons (Konrad-Adenauer-Stiftung e.V.)
S. 284 Gorbatschev Graffiti • Shutterstock (Photoprofi30)
S. 285 Deutsche Farben 3. Oktober • Shutterstock (designelements)
S. 286 Bundestag Berlin • Shutterstock (thobo)
S. 288 Kohl, Modrow, Momper • Wikimedia Commons (Defenseimagery.mil/SSGT F. Lee Corkran)
S. 289 Berliner Mauer, Riss • Shutterstock (aztec123)
S. 289 Reichstag Fahne • Shutterstock (Traida)
S. 290 Helmut Kohl, Briefmarke • Shutterstock (catwalker)
S. 292 DDR Mark • Shutterstock (Claudio Divizia)
S. 292 D-Mark • Shutterstock (Manuel Ploetz)
S. 294 internationale Zeitungen • Shutterstock (Thinglass)
S. 296 Rostock • Shutterstock (clearlens)
S. 298 Flagge DDR • Shutterstock (yui)
S. 298 Trabant durchbricht Berliner Mauer, Gemälde von Birgit Kinder, East Side Gallery Berlin • Shutterstock (Abel Tumik)
S. 298 Registrierkasse • Shutterstock (Mike Richter)
S. 299 Berliner Mauer mit Fernsehturm • Shutterstock (pixelklex)
S. 300 Ostberlin Graffiti, Bruderkuss • Shutterstock (EQRoy)
S. 302 Bruttosozialeinkommen • Wikimedia Commons (Este)
S. 303 Elvis Presley Briefmarke • Shutterstock (Sergey Goryachev)
S. 304 Willy Brandt Briefmarke • Shutterstock(catwalker)
S. 309 Schüler mit Masken, Corona-Pandemie • Shutterstock (Rawpixel.c om)
S. 310 Emmanuel Macron, Wolodymyr Selenskyj, Olaf Scholz in Paris, Feb. 2023 • Shutterstock (Frederic Legrand - COME)
S. 312 EU Flagge • Shutterstock (IBvectors)
S. 313 Europaparlament Straßburg • Shutterstock (Hadrian)
S. 313 Euro Banknoten • Shutterstock (PhotographyByMK)

2. Auflage 2024

Autor: Dr. Walter Göbel
Dieser Titel basiert in Teilen auf 978-3-12-949329-8.
Logoentwurf: Erwin Poell, Heidelberg
Logoüberarbeitung: Sabine Redlin, Ludwigsburg
Titelfoto: akg-images, Berlin (AP)
Satz: tebitron gmbh, Gerlingen, DTP-Studio Andrea Eckhardt, Göppingen
Druck: Plump Druck & Medien GmbH, Rheinbreitbach

Printed in Germany
ISBN 978-3-12-562596-9